중국
의
미래

진찬롱(金燦榮) 지음
김승일, 김도훈 옮김

경지출판사
Korea Wisdom China
耕智出版社

이 책을 읽는 분께

　중국은 18차 당 대회부터 '중국의 꿈(中國夢)'을 대대적으로 선전하기 시작했다. 그러한 "중국의 꿈"이 무엇인지는 아직까지 명확하게 제시되고 있지는 않지만, 우리는 얼마든지 추측할 수가 있다. 예를 들면 배곯지 않고 풍족하게 먹을 수 있는 나라, 누구나 다 따뜻한 보금자리를 갖고 화목한 생활을 할 수 있는 나라, 일한 만큼 수입을 올려 하고자 하는 바를 얼마든지 안정되게 향유할 수 있는 나라를 만드는 것이 아마도 그 꿈이 아닐까 한다. 어찌 보면 이러한 꿈은 매우 평범하여 시시해 보일 수도 있겠지만, 중국이라는 거대한 나라에서 보면 이는 수천 년 동안 이어져 온 국가 차원의 꿈이었던 것이다. 그러나 요즘의 발전 형세를 보면 중국은 이미 이러한 문제를 해결했다고 볼 수 있을 만큼 전 세계 발전의 축이 되고 있다. 그런 차원에서 본다면 아마도 중국의 진정한 꿈은 미국과의 체제 경쟁에서 승리하여 '중화질서(Pax Sinica)'를 수립하겠다는 데에 있을지도 모른다는 생각도 든다. 이러한 중화질서는 고대부터 중국이 견지해온 동아시아 질서와 같은 체제일지, 아니면 21세기에 걸맞는 새로운 세계적 시스템을 펼치려는 것은 아닐까 하는 생각도 들지만, 아마도 그것은 중국만이 꿈꾸는 세계적 시스템이 될 것임에는 틀림없다고 하겠다. 어쨌거나 중국은 이 꿈을 실현시키기 위해서 불철주야 노력하고 있다는 것만큼은 최근의 행보를 통해서 충분히 엿볼 수 있는 것이다.

　미국 시카고 대학의 경제학자인 로버트 포겔(Robert Fogel) 교수는 이러한 중국의 행보를 잘 예측해 냈다. 즉 2040년 중국의 경제 총량은 123조 달러에 달하게 되어 2000년 전 세계 경제의 3배의 규모가 될 것이고, 동시에 개인당 수입 역시 유럽 평균의 배가 될 것이라고 내다보았다. 이러한 중국의 경제 규모는 세계 경제의 40%가 될 것이고, 미국은 14%, 유럽은 5%에 불과하여 중국이 세계 경제의 패권을 장악할 것이라고 예측하였다. 그렇게 될 가능성에 대한 근거로 포겔은 다음과 같은 분석을 내놓았다. 첫째, 중국은 교육에 대해 막대한 투자를 하고 있으며, 이러한 투자는 생산의 효율성을 극대화시킬 것이라고 했다. 장쩌민(江澤民) 시기부터 시작한 중국의 교육에 대한 투자는 당시 전체 대학생 수가 340만 명에서 현재 700만 명에 달하고 있다는 데서 알 수 있다. 둘째, 중국의 농촌이 미래 중국의 발전에 큰 동력이 될 것이라고 했다. 현재 중국의 농촌 인구는 전체 인구의 약 50% 이상인데, 현재 시진핑(習近平)

정부가 추진하고 있는 도시화 정책은 농민들을 도시민으로 변화시키게 될 것이고, 이들이 바로 새로운 노동력을 제공하는 동시에 소비자 역할을 담당하게 되어 중국의 발전 엔진이 꺼지지 않도록 할 것이라고 보았다. 이는 중국이 세계적인 금융위기 속에서 탈출할 수 있었던 것이 바로 내수시장을 확대함으로서 가능했다고 하는 점에서도 알 수 있는 것이다. 이러한 가능성을 가진 농촌 인구가 전체 인구의 50% 이상이 된다고 하는 사실은 앞으로도 50% 이상의 발전 여력을 가지고 있다는 것을 의미한다는 점이기도 하다. 셋째, 중국 경제와 관련한 통계가 실제보다 낮게 보고되고 있다는 점을 강조했다. 이것은 세계은행에서 기존의 통계시스템을 버리고 실질 경제현황을 파악하는 새로운 통계방식으로 바꾼 결과 세계 각국의 경제 순위가 확 뒤바뀐 결과를 내놓았던 점에서도 알 수 있다. 특히 중국이 서비스산업 방면에서 덜 개방되었다는 점에서 보면 중국의 경제발전은 훨씬 더 높게 평가될 것이라고 했다. 넷째, 중국의 정치제도에 대해 세계는 오해하고 있다는 점을 강조했다. 중국 정부가 비록 개방된 민주주의 체제는 아니지만 경제와 관련하여 이미 독재 혹은 전체주의를 벗어나 고효율을 강조하는 방향으로 움직이고 있다는 것이다. 실제로 중국은 매년 경제학자들을 모아놓고 회의를 개최하면서 중국 정부의 정책에 대해 비판하고, 이것이 정책에 반영되도록 하고 있다는 점에서도 확인할 수 있다. 이처럼 중국은 이제 그 누구도 상상하지 못했던 빠른 속도로 경제적 성장을 이룩하고 있으며 미국을 비롯한 서방의 많은 국가들이 위협을 느끼고 있는 정도가 되었다.

 그러나 중국에게 마냥 핑크빛 미래만 기다리고 있는 것은 아니다. 중국이 진정으로 세계경제를 손에 넣기 위해서는 우선 자신의 내부적인 문제들을 해결하지 않으면 안 되는 과제가 많이 남아 있는 것이다. 예를 들면, 그림자 금융, 부동산 버블, 금융의 불안정, 환경오염, 임금의 급속한 상승에 따른 생산성의 저하, 빈부 차의 확대, 노령인구의 증가 등 여러 가지 복병들이 산적해 있어, "중국의 꿈"을 실현하는 장애가 되고 있음은 주지의 사실이다.

 이러한 문제점을 지적하면서 그에 대한 해결책을 제시하고 있는 것이 바로 이 책이다. 저자는 이 책을 통해서 중국이라는 대국이 이루고자 하는 "중국의 꿈"을 경제, 사회, 평화, 미래라는 주제를 통해 중국이 향후 나아가야 할 방향을 제시해 주었고, 나아가 세계 인류를 위해 가져야 할 "대국의 책임"이 무엇인지를 논하였다. 이를 통해 우리는 중국이 어떤 나라이고, 어떤 미래를 지향하고 있는지, 그리고 그들과 상생할 수 있는 길이 어디에 있는지 등을 생각해 봐야만 할 것이다. 1998년 김대중 대통령이 중국을 방문해 주룽지(朱鎔基) 총리를 만났을 때, 주 총리가 "오랜 수감생활을 어떻게 이겨 냈습니까?" 하고 묻자, "심심해서 파리를 잡기도 했는데, 파리를 너무 꽉 잡으면 죽어버리니 재미가 없어서, 죽지 않을 정도로만 잡았다가 풀어주고 다시 잡곤 했지요"라고 대답해 주었다. 그러자 주 총리가 호기심이 발동했는지, "어떻게 그렇게 할 수 있습니까?" 하고 되묻자, 김 대통령이 "한국에 오면 보여주겠다"고 하니, 주 총리는 파안대소하였다는 일화가 전해지고 있다. 결국 주 총리는 2000년 한국을 방문하여 삼성화재에게 중국 내 영업허가권을 선사했다.

중국 경제의 사령탑을 한국으로 부르는 김 대통령의 절묘한 수는 이후 중국 최고위 통치자들이 차례로 한국을 방문케 하는 계기가 되었고, 한국기업이 중국에 진출하는 청신호를 켜주었던 것이다.

중국에 대한 우리의 관심은 먹고사는 문제인 경제에 집중돼 있다. 92년 수교 당시 63억 달러였던 양국 교역액이 2014년에는 3,000억 달러로 치솟았고, 양국을 오간 이도 지난해 1,000만 명이 넘었다. 그러나 이러한 교류와 교역이 지속되어 양국이 윈-윈하기 위해서는 상대를 아는 것이 무엇보다도 중요하다는 것을 우리는 그 동안의 역사를 통해서 충분히 인식하고 있다. 부디 이 책을 통해서 중국의 현재 상황, 그리고 그들이 지향하고자 하는 미래가 무엇인지를 잘 이해하여, 향후 영원토록 우호와 협력이 지속되는 양국관계가 이루어질 수 있도록 하는데 보탬이 되었으면 하는 바람이다.

2015년 6월

옮긴이

차례

1장.
진정한 중국

1. 중국은 누구인가? – 중국의 네 가지 모습

나는 국제문제연구학자로서 몇 번의 국외 여행의 기회를 얻어 다른 나라 사람들과 접촉할 수 있었다. 한번은 미국 중서부의 와이오밍주 여행 중에 길거리에 있는 맥도널드 가게에 차를 세우고 휴식을 하였다. 여름 초원의 아름다움에 이끌려 음식을 들고 맥도널드 가게 밖에 있는 의자에 앉아서 경치를 즐기고 있었다.

잠시 후 대형트럭 하나가 맥도널드 가게 옆에 멈추고 높은 운전석에서 기사가 내렸다. 나는 그를 봤다. 그는 전형적인 미국의 중서부 남자로 식견이 많은 사람처럼 보였다. 그는 건들거리면서 내 옆으로 와서 말을 걸기 시작했다.

"당신은 관광객입니까? 아니면 일본사람입니까?" 그가 물었다. "아뇨, 난 중국 사람입니다"라고 대답했다.

미국에서는 많은 사람들이 중국인과 일본인을 확실히 구별 못한다. 그러나 이 트럭기사는 일본과 중국을 명확하게 구분할 줄 알았다. 이때 그의 표정에서 동정의 빛이 보였기 때문이다. 이어서 그가 미국은 중국을 포함해서 다른 나라를 당연히 더 많이 도와야 한다고 말했다. 이 미국인 기사의 눈에서도 나타났듯이 아마 외국인들이 중국을 처음 보았을 때의 모습일 것이다.

한 달 후 난 워싱턴에서 "전략과 국제연구중심"이 주최하는 "청년 리더" 모임에 참가하여 또 다른 하나의 중국을 봤다. 양복을 단정히 입은 30살이 넘은 한 사람이 커피를 들고 자신만만하게 나를 향해 걸어오고 있었다. 그의 모습에서 그의 사업이 상승기에 있음을 알 수 있었다. 그는 내가 중국에서 온 것을 알고는 흥분을 감추지 못하는 기색이었다. 그는 감탄하면서 "미래의 시장은 중국에 있다"고 하였고, 그 후 그는 나와 중국에서 할 수 있는 "새로운 사업"에 대해 의논하기 시작했다.

"나는 중국에서 크레이그리스트(Craiglist)와 같은 웹 사이트를 하나 만들 계획입니다. 내가 어떻게 만들어야 합니까? 크레이그리스트를 아십니까?"라고 나에게 물었다.

나는 "크레이그리스트를 안다"고 대답했다.

그것은 정보를 공유하는 웹 사이트로 많은 사람들이 즐겨 사용하고 있었다. 그러나 내가 알기로는 이미 중국에 유사한 웹 사이트 몇 개가 서로 격렬히 경쟁하고 있었다. 이 남자의 얼굴에서 믿기 어렵다는 표정을 볼 수 있었다. 나는 그에게 중국 웹 사이트의 주소를 적

어 주어야만 했다. 그는 정성스럽게 접어 넣고는 체념하지 않고 나
에게 물었다.

"중국에 페이스북(facebook) 같은 웹 사이트가 있습니까?"

"있습니다."

"아마존 같은 것은요?"

나는 생각 끝에 "있습니다"라고 대답했고, 나의 대답으로 그가 실
망할까봐 좀 걱정되었다. 곧 바로 내가 미국인의 낙관정신을 무시
했다는 것을 알아차렸다. 그는 커피 한잔을 마시면서 "좋아요. 내가
할 게 뭐라도 있겠지요"라고 말했다.

나는 "우선 당신이 중국에 가 보는 것이 좋겠습니다"라고 마지막
으로 말했다. 그러자 그는 "알겠습니다"라고 하면서 나의 손을 꼭
잡았다.

워싱턴 같은 지역에서 난 미국사람에게 중국에 가본 적이 있는지
에 대해 묻고 싶은 것을 자주 참아야 했다. 대다수의 미국인들은 중
국에 가보지 않았다. 그들은 매일 중국 상품을 사용하고, 중국에서
온 많은 사람들을 본 것이 눈에 익어버렸거나 혹은 당혹감을 느꼈
을 것이다. 예를 들면 텔레비전에서 중국 상품의 품질 문제가 보도
되고 있기 때문이다. 요즘 텔레비전에서 미국인들이 일할 기회를
빼앗아가고, 미국정부는 중국에 많은 돈을 빚지고 있다고 앞 다퉈
보도하고 있다. 이러한 것이 미국인들로 하여금 중국의 존재를 더
의식하게 했지만, 그러나 중국은 그들로 하여금 더 곤혹감을 느끼게
했다. 지금 서양에서는 중국이 화제이지만 중국을 이야기하는 사람
중에서 소수만이 중국에 가본 적이 있다.

몇 년 전, 나는 몇 사람과 같이 북경에서 미국 메릴랜드대학에 재직하는 본제밍 바버 교수를 접대하였다. 바버 교수는 걸출한 정치학자이고, 중국은 두 번째 방문하는 것이었다. 첫 번째 방문은 1980년대였다. 바버 교수와 같이 공항에서 시내로 들어오는 길에서 나는 그가 차창 밖을 보면서 감탄하고 있다고 느꼈다. 처음 방문했을 때는 지금 연이어 들어서 있는 빌딩자리가 황무지였기 때문이었다. 그는 오는 도중 침묵으로 일관하였다. 그리고 며칠 동안 그는 묵묵히 관찰만 하였다. 어느 날 북경 중심지에 낡은 사합원(四合院, 중국 전통가옥 - 역자 주)을 지날 무렵 본제밍은 갑자기 흥분된 소리로 "이것이 내 기억속의 북경이야!"라고 말했다.

오래되고 역사의 변천과 문화적으로 신비하여 쉽게 접근할 수 없는 것이 중국이다. 당시 아쉽게도 나는 이 점을 명확히 생각지 못했다. 바버 교수가 북경을 떠나기 전 "중국 연극"을 보기를 원하였다. 시간이 촉박하여 바로 그를 데리고 북경에서 제일 좋은 극장에서 한 편의 가무극을 보았다. 관람이 끝난 후 그는 확실히 실망했었다. 난 그 사실을 나중에야 알았다. 가무극은 좋았지만 모든 것이 다 너무 서양적이고 현대화되었기 때문이었다. 그럼 내가 그를 데리고 경극을 보러 가야만 했을까? 그렇다면 그는 바로 내가 경극을 모른다는 것을 알아차렸을 것이다. 사합원이든 경극이든 외국인이 생각하는 중국의 상징들이 오늘날에는 갈수록 줄어들고 있다.

위에서 말한 세 편의 이야기는 세계가 중국을 보는 완전히 다른 모습들을 나타낸 것이다. 이 세 편은 모두가 서양인과 관련된 것이다. 나는 마지막으로 서방세계가 아닌 곳에서 중국을 보는 것에 관한 넷째 모습을 이야기하고자 한다.

몇 개월 전 중국기자방문단에 가입하여 파키스탄을 방문하였다. 그곳 거리에서는 서양인을 찾아보기 힘들었다. 오사마 빈 라덴이 미군 특수부대에 의해 사살되자 각지에서 보복이 전개되고 있었다. 우리는 각종 테러 소식을 접하면서 파키스탄의 많은 도시를 다녔지만, 이런 어려운 상황에서도 평온함과 호의를 느꼈다. 인도와의 위험한 군사대치, 아프가니스탄과 이란 접경지역에서 통제가 힘든 상황, 미군 전투기와 헬기의 국경 침범, 심각한 적자로 인한 어려운 경제상황, 이러한 것이 제3세계의 전형적인 모습인데, 중국은 어떠한 모습을 보여주고 있는가?

그곳에서는 중국은 선진국이었다. 라호르 박물관에서 - 여기에는 4000년 전 인도 고대문명이 진열되어 있고 멀지 않은 곳에 무굴제국의 고궁이 있다 - 머리에 검은 차도르를 두른 현지인 소녀가 조만간에 중국에 유학 갈 것이라고 나에게 상기된 목소리로 말했다. 그가 갈 학교는 북경에 있는 유명한 이공계 대학으로 내가 재직하고 있는 대학과도 멀지않은 곳에 있다. 그녀는 너무 들뜬 나머지 모르는 외국 남자와 너무 많은 이야기를 나누면 안 된다는 것도 잊어버렸다. 그곳에서는 중국에게 우호적이다. 이슬라마바드 산중턱에 있는 전망대에 있던 시민들은 중국기자들과 같이 사진 촬영을 하려고 와서는 우리에게 형제라 불렀다. 그들이 너무 환대하니 긴장한 안전요원들이 그들을 우리에게서 떼어 놓았다. 이외에도 그곳에서는 중국이 미래를 대표하는 국가이다. 파키스탄 북부에 위치한 캐시미르 행정수도에서 성장이 중국기자단을 자기의 천막에 초대하였다. 그는 영어를 모르는 것 같았으며 현지어로 미국을 슈퍼 대국이라고 찬양했다. 난 이 말을 듣고는 천막 밖에 히말라야 설산을 물끄러미 바라보며 이 말이 이 부락 지역에서는 어떤 의미인지를 생각했다. 산허리를 굽이치는 국도를 달리는 카스미르 트럭기사도 아마 이렇게 말했을 것이다. 그들과 내가 미국에서 만난 트럭기사의 시각은 완전히 상반된 것이었다. 그들은 중국 회사에서 차를 운전하고 있다. 중국인들은 세계에서 해발 높이가 가장 높은 이곳에서 국제도로를 건설하고 있다.

현실적으로는 광활한 제3세계 사람들의 중국에 대한 인상과 서방국가 사람들이 중국에 대한 인상은 다 같이 복잡하고 모순되고 분열되어 있었다. 파키스탄 사람들은 강대한 중국 형제들이 미국의 패권을 억제해 줄 것이라 생각할 수도 있을 것이다. 동남아 몇몇 국가들은 미국의 패권과 중국의 자본 사이에서 평행을 이루는 실용주의를 추구할 것이다. 중국이 강대하고 중요하기 때문에 관계 악화를 방지하려는 시도도 할 것이다. 아프리카인들 중에는 중국이 성공한 발전모델을 만들었다고 보는가 하면, 어떤 이는 서방언론에 중국의 "신식민주의"를 말하고 있다. 그러나 종합적으로 말하면 서방세계에 속하지 않은 사람들은 서방에서 보편적으로 존재하는 자아중심적인 관념의 영향을 적게 받아 더 쉽게 객관적인 시각으로 중국을 볼 수 있다. 이러한 시각에서 대다수 비 서방국가 사람들은 이렇게 알고 있다. "중국은 거대한 잠재력을 지니고 있기 때문에 중국은 굴기할 것이고, 이러한 굴기의 뜻은 하나의 거대한 신흥시장의 출현을 의미한다"고 말이다. 그러나 그렇게 간단히 말할 수는 없는 것이다.

이상에서처럼 백인 트럭기사, 워싱턴 기업인, 서양학자와 파키스탄 부락지역의 지도자 등 세계가 중국을 보는 네 가지의 시각을 보았다. 이 네 가지의 모습을 좀 더 구체적으로 나누어보면 다음과 같다.

첫째 모습 : 제3세계의 중국.

중국은 개발도상국으로서 거대하고 궁핍하며 제3세계의 갖가지 특징들을 가지고 있다. 정치나 경제를 막론하고 중국은 선진국가의 지도와 도움을 받아야 한다.

둘째 모습 : 신흥시장인 중국.

중국은 세계에서 제일 큰 신흥시장 중 하나이다. 이곳은 빠른 속도로 발전된 경제·안정된 사회와 건실한 인프라 구축은 외국자본이 높은 이윤을 얻을 수 있는 천당이다. 중국과 만난다는 것은 경제의 기회를 얻는 것을 의미한다.

사진 설명 : 서부대개발로 서부지역에는 많은 변화가 있었지만 여전히 일부 농촌은 낙후되어 있다. 사진은 섬서성의 한 마을이다.

셋째 모습 : 유구한 문명을 가진 중국.

중국은 유구하며 신비한 동양문명을 대표한다. 이것은 산발적인 서양문명과는 확연히 다른 사람을 끌어당기는 기운을 가지고 있다.

넷째 모습 : 슈퍼 대국인 중국.

중국은 향후 슈퍼 대국이 될 수 있는 가능성을 가졌다. 세계가 비록 두려움, 위안 아니면 초조함을 느낄지라도 중국은 세계적인 큰 영향력을 빠르게 형성하여 산업혁명 이래 세계역사에서 전환점이 될 수 있는 변화를 줄 수 있다.

이처럼 서양인이나 비서양인 눈에는 중국이라는 나라가 여전히 여러 가지 모습으로 남아 있다. 각자의 마음속에는 자기만의 중국에 대한 느낌을 가질 수 있지만, 많은 사람들 모두가 앞서 말한 중국의 네 가지 모습에서 어떤 점이든 간에 공유하고 있을 것이다. 하지만 여기에는 문제점이 있다. 즉 중국은 도대체 어떤 모습일까? 낙후된 곳일까, 발전된 곳일까? 새로운 모습일까, 진부한 모습일까? 글로벌화와 현대화가 되었을까, 아니면 신비적이며 대중과는 동떨어져 있는 곳일까? 근본이 약하여 도움이 필요한 곳인지, 아니면 수용력이 거대하여 두려움을 느낄 만한 곳인지? 이처럼 많은 모순을 가지고 있는 중국에서, 우리들은 이런 문제에 대한 통일되고 연관성이 있는 답을 찾을 수 있을지? 등이 그것이다.

유감스럽게도 중국학자가 의도적으로 쓴 《중국의 진실》이라는 책에서도 답이 없다는 걸 우리는 인정해야만 한다. 그리고 한걸음 더 나아가 인정해야 할 것은 이런 중국의 모순된 모습은 세계가 중국에 대한 무지에서 나온 것이 아니라는 사실이다. 중국인 스스로

자기 국가에 대한 시각조차도 종종 모순되고, 분열되며 쉽게 변할 수 있기 때문이다.

중국 중서부의 광대한 농촌에서 생활하는 중국인들은 첫 번째 모습을 인정할 것이다. 만일 당신이 기차를 타고 중국 대륙을 통과하여 이 도시에서 저 도시로 건너뛰는 것이 아니라면 그들의 집들을 볼 수 있을 것이다. 그러나 차창 밖을 자세히 볼 필요가 있는데, 그들의 집이 철로변에 광활한 황토에 반쯤 묻혀 황량한 땅과 혼연 일체가 되어있기 때문이다. 혹은 기차를 타고 고산 터널에서 빠져 나올 때 순식간에 산 중턱을 지날 것이다. 나의 아버지도 이런 산악지대에서 1년 정도 일한 적이 있었다. 그는 나에게 온갖 수식어를 다 동원하여 극빈한 생활을 말해 주었다. 그가 그 시골에서 일할 때 제일 좋은 건물은 향(鄕)청사였다고 했다. 그러나 그 3층 높이의 건물에 화장실이 없어서, 직원들은 건물 옆에다 하늘이 보이는 장막을 세워서 용변을 해결하였다고 했다. 또 많은 가정에서 문 밖으로 나오는 의복들은 다 "공유물"이었다고도 했다.

이러한 중국의 농민이나 산악지대 주민들은 하나같이 중국이 선진국이고 부상하는 슈퍼대국이라고 말할 사람은 없을 것이다. 중국 인구의 반 이상이 낙후된 농촌에서 생활하고 있다. 중국의 도시민 중 많은 사람들이 몇 년 혹은 몇십 년 동안 이러한 농촌에서 이주한 사람들로, 농촌에서의 생활은 지우기 힘든 기억들을 소유하고 있다. 이것이 많은 중국인들이 최근 몇 년 사이 서양에서 중국을 찬양하는 것에 대해 이해하기 힘든 원인 중의 하나이다. 아직도 많은 중국인들은 아직 중국이 제3세계 국가이고, 1인당 평균 GDP는 세계

사진 설명 : 상해 푸동신구의 번화한 전경

100위 전후이며, 개발도상국의 중간에 속한다고 믿고 있다.

그러나 만일 당신이 이러한 중국 농민에게 "무엇으로 이 낙후된 것을 바꿀 수 있겠는가?" "민주화를 이룰 수 있겠는가?" 하고 질문한다면, 아마도 불가능하다는 대답을 듣게 될 것이다. 특히 민주라는 말에 대해서는 애매하게 고개를 갸우뚱하면서 화제를 돌려 당신과 정책을 이야기할 것이다. 대다수 중국인들은 당장 곤궁에 빠졌을 때는 정부가 도와줄 것을 기대하지, 정부를 바꿀 생각은 하지 않는다. 이러한 점에서 보통의 중국인과 외국에서 제3세계라는 인상을 가진 사람과는 사고의 맥락이 같지 않음을 알 수 있다.

비록 첫 번째 그림에서 중국이 광범위하고 견실한 기초가 있다고 할 수도 있겠지만, 두 번째 그림에서는 오히려 갈수록 중국의 형상에 대해 부정적인 것이 주류가 될 것이다. 중국 몇십 개의 중·대형 도시에서 1억 명의 사람들이 현대화된 도시생활을 하고 있다. 그들은 자기의 생활이 현대 상업세계에 속해 있다고 확신하며 개인의 성공을 믿고, 열심히 재산 증식을 추구할 것이다. 그들은 해외여행 사치품 소비, 웹 페이지 등록, 블로그 개설, 신용카드로 물건 구매를 할 것이다.

애플 핸드폰, BMW 자동차와 아라미스 여성복 등은 중국에서 각자의 시장을 구축하기 위해 진력을 다하고 있다. 중국의 젊은이들은 웹 사이트에서 한편으로는 민주를 논하고, 다른 한편으로는 미국을 비평하면서도, 미국 여행이나 유학 갈 계획을 서두르고 있다. 중국의 도시생활과 세계의 모든 현대화된 도시의 생활을 비교하면, 더욱 새롭고, 더욱 크며, 더욱 빠르고, 더욱 활력이 있다는 말을 제외하면 차이점을 찾을 수가 없다. 이러한 도시들 중에서 온주(溫州)는 상대적으로 작은 도시의 하나이다. 여기서는 매년 만 개 이상의 기업들이 생겨나지만 같은 수의 기업들이 또한 문을 닫고 있다. 동관(東莞)도 같은 예에 속한다. 이것을 사람들은 활력이 넘치고, 기회가 무한한 중국이라고 즐겨 이야기한다.

갈수록 늘어나는 중국 도시의 엘리트들은 자국의 변화를 인식하면서, 새로운 상업문화와 도시생활에 익숙해져 있다. 도시의 "90년 후(90년 이후 출생자)" 신세대들은 대부분이 중산계급의 가정에서 자랐다. 많은 사람들이 국가의 발전에 자부심을 가지고 있기 때문에 갈수록 국제적으로 중국의 존엄에 도발하는 것을 참지 못하고 있다. 또 다른 어떤 문제들로 많은 사람들이 정부와 엘리트들을 비판하고, 동시에 서로 격렬히 논쟁을 벌인다. 발전된 도시경제에 수

반하여, 변화되고 다원적이며, 활력 넘치는 시민사회가 잉태되고 있다.

"신흥시장"인 중국을 "고대문명"인 중국에 비교하면 공통점을 쉽게 찾을 수는 없지만, 오히려 이런 것들을 도처에서 발견할 수 있다. 사합원과 경극극장이 줄어들곤 있지만 중국인의 특징은 아직도 강렬하다. "제3세계"에서 생활하는 사천성 농민이나 "신흥시장"인 상해시민이나 모두가 중국인의 특징을 지니고 있다. 이러한 특징은 몇 천 년 동안 내려오는 중국전통 문화에 뿌리를 두고 있다. 중국은 글로벌한 중국과 폐쇄된 중국 혹은 하나의 서양화된 중국이나 하나의 정통적인 중국으로 분열하지 않고 있다. 강력한 문명의 역량이 중국인을 시종일관 하나로 응집시켰으며, "신흥시장"인 도시 엘리트와 "제3세계"의 중국농민의 가치관의 차이는 미국 민주당과 공화당의 차이만큼 크지 않다. 요즘 중국인은 "잃어버린 전통"을 점차적으로 생각하기 시작했지만, 어떤 점에서는 그들은 줄곧 전통의 궤도로 자신도 모르게 전진하고 있었다.

중국에서 앞서 말한 세 번째 모습을 "슈퍼대국"의 모습과 비교한다면, 아마 극소수만이 동일시할 것이다. 중국인의 마음속에 있는 중국은 대다수가 "제3세계", "신흥시장"과 "고대문명"의 혼합체이다. 이러한 배합으로써 "슈퍼대국"이라는 칵테일을 제조하기는 힘들다. 많은 중국인들이 농촌생활에서 각인된 기억을 말하길 꺼려하고 있지만, 넓은 도시에서의 중국인들은 대다수의 힘을 - 내가 지적하는 것은 돈 벌기와 출세에 힘쓰는 것을 제외한 남는 힘 - 새로 생겨난 "도시병"에 관심을 가진다. 예를 들면, 교통 혼잡·높은 집값·사회의 불평등·환경오염·약자들의 모임 등이 그것이다. 텔레비전, 신문과 네트워크에서는 이러한 화제가 사람들의 지속적이고 강렬한 관심꺼리가 된다. 최초의 우주정거장 발사나 첫째 항공모함 진수 등은 일시적인 뉴스에 불과하다. 요즈음 중국 시민은 마치 1880년대, 1920년대와 1960년대의 미국 시민을 합쳐놓은 것 같다. 그들은 한편으로는 사회발전에 따른 개인의 성공을 추구하지만, 다른 한편으로는 금전 지상주의가 낳은 무질서와 실추된 도덕을 개조할 생각을 하면서도 결국 이 모든 것에 대해 염증을 느낄 뿐이다. "슈퍼대국?" 이것이 어떻게 가능할 것인가?

이후 우리들은 서방의 중국에 대한 시각에서 "관념의 격차"를 이야기할 기회가 있을 것이다. 외국인들은 중국인들이 습관적으로 자기가 이룬 성과를 등한시하는 점을 갈수록 알아차리게 될 것이다. 중국이 첫째 항공모함을 진수할 때 중국인은 미국이 열두 척의 항공모함을 가졌다고 이야기하였다. 중국의 국민총생산이 일본을 넘어 세계 제2위가 될 때도 중국의 언론들은 냉담했으며, 그리고 중국의 1인당 평균 GDP가 아프리카 작은 국가와 견줄 수 있다고 계속 말했다. 어떤 외국인들은 이것이 중국 사람들이 큰 야심과 먼 미래를 바라보는 계획이 있다거나, 혹은 일종의 "골드 메달 문화" 때문이라고 알고 있다. - 중국인은 올림픽 때 금메달에는 열광하지만 2등을 하면 실패로 생각한다.

이것은 재미있는 해석이다. 그러나 실제생활에서 이러한 해석은 중국인들을 설득하지 못 할 것이다. 네트워크를 열어 매일 거기에서 벌어지는 논쟁을 보면 이 중에서 어떠한 먼 미래를 바라보는 계획을 볼 수 있는 사람은 없을 것이다. 중국에서 우리들은 넷째 모습을 찾을 수 있고, 또 사십 번째 모습도 찾을 수 있다. 여기서는 미래를 바라보는 계획도 없고 통일된 답안이나 간단한 논리도 없으며 더욱이 완전히 일치하는 의식도 없다. 오직 한마디로 복잡하다고 할 수 있다. 이것은 마치 유럽의 다원화와 미국의 광활함과 금자탑의 고루함과 나날이 새롭게 변하는 천개의 두바이같이 닮은 중국의 문제는 19세기, 20세기와 21세기의 문제를 집결시킨 것이라 할 수 있다. 중국이 직면한 도전은 아프리카가 직면한 도전·인도가 직면한 도전·월가가 직면한 도전·크레믈린 궁이 직면한 도전과 브뤼셀이 직면한 도전을 합친 것이다. 이것이 중국이고, 이것이 진정한 중국이다. 무엇이든지 모든 것이 아니고 무엇이든지 모든 것인, 이러한 문제와 도전이 존재하기 때문에 중국은 사람을 황홀경에 빠지게 하는 것이다.

2. "다른 사람들의 착각" - 우리들이 중국을 이해하는 방식

우리들은 한편으로는 자기의 생각이 둘 도 없다는 것을 항상 좋아 하면서도, 한편으로는 다른 사람들도 모두 자기와 같기를 희망하는 것이 아마도 사람의 천성에서 나온 것일 거다. 더욱이 그다지 잘 알지도 못하는 국가에 대해서는 우리들 인성의 이러한 편집이 더 강하게 나타난다.

실은 중국은 그렇게 특별한 게 없다. 중국과 세계의 다른 나라와 비교해 보면 이해를 어렵게 하는 차이가 없다. 우리들은 중국은 아주 복잡한 국가라고 말하지만, 어느 국가가 복잡하고 변화하지 않으면서 모순이 가득 차 있는지? 중국과 같이 거대한 국가가 몇 종류 심지어 몇십 종류의 다른 모습으로 구성된 종합체가 아닌 국가가 있는지? 미국에서 설령 작은 뉴욕의 맨해튼에서도 중앙공원 남쪽과 북쪽은 확연히 다른 모습을 보인다. 외국 관광객들이 통상 스퀘어 광장이나 자유의 여신상 강변에서 사진을 한 장 찍어 와서 자기의 친구들에게 이것이 미국이라고 말한다.

많은 외국인들이 그들이 중국에 오기 전에는 중국 사람들은 같은 제복을 입고 같은 머리형을 하고, 국가 전체가 마치 정밀하고 무거운 거대한 기계 덩어리 같아, 모든 사람들이 하나의 작은 기어와 같이 묵묵히 움직일 것이라 상상했다고 나에게 말했다. 난 그에게 이것은 중국이 아니라 조지 오웰이 쓴 "대양국(조지 오웰의 "1984년" 중에 나오는 가상의 국가 - 역자 주)"이라고 말했다. 중국에서 어떤 이는 모든 미국 사람들의 침실에 한 자루의 총이 있다고 알고 있다. 이것은 미국이 아니라 허리우드 영화이다. 이런 코미디 같은 상상은 우리들 인성 중에 "자기와 다른" 세계에 대한 환상과 자아와 동일시하는 편집에서 나온다.

나는 중국에 흥미를 가진 외국 친구에게 항상 "객체"를 연구하는 눈으로 중국을 연구하면 안 되며, 이것은 자연학 학자들이 어떤 동물이나 식물을 연구하는 것과 같다고 말한다. 물론 중국은 하나의 "객체"이지만 그러나 주체와의 차이는 자연학 학자들이 묵인하듯이 그렇게 크지는 않다고 말하려고 생각하고 있다.

중화민족은 세계에서 가장 오래된 민족 중 하나이고, 인류의 제일 기본인 공동 가치관을 지키고 있다. 천백여 년 동안 중국인은 근면·절제를 숭상했고, 봉사정신과 사회에 대한 책임감이 충만해 있었다. 중국인들은 모두가 먼저 자기를 극복해야 하고, 과도한 욕망을 억제해야 하며, 동시에 열심히 일하여 인생의 성공을 추구하고, 끝으로 가정·사회와 세계에 공헌해야 한다고 알고 있다. 중국인들은 이것을 "수신·제가·치국·평천하"라 한다.

이러한 중국의 가치관은 특별한 것인가? 그러나 그런 것은 아니다. 이것을 보면 17세기 북미 동해안 청교도의 가치관이나, 유럽 중부의 게르만인 가정에서 아이들에게 주는 신조나, 심지어 미국 유타주 몰몬교 교도들도 비슷한 생각을 가지고 있었다. 우리들이 이 문명과 저 문명 간의 차이를 찾는 것을 좋아 한다면, 오히려 인류문명 간 대부분의 공통점을 쉽게 간과해버릴 수 있다. 이것이 우리들이 서로 소통과 이해의 결핍을 가져오게 하는 것이다.

사람들이 자주 하는 질문으로 중국 사람들은 종교를 믿지 않고도 어떻게 인류가 공유하는 훌륭한 품성을 가질 수 있는가 하는 것이 있다. 먼저 이러한 오해부터 풀자면 다음과 같다. 중국인 중에는 종교를 불신하는 사람이 없다. 수천 년 이래 종교는 계속해서 많은 중국 사람들의 일상생활에 일부분이 되어 오늘날까지 이르게 되었다. 당신들은 나의 고향인 사천성 아미산에서 매달 특정한 날짜에 백 명이 넘는 나이가 많은 노인들이 이틀 동안 해발 500미터 산 아래에서 해발 3,000미터 산 정상까지 같이 가는 것을 볼 수 있을 것이다. 그들이 산 정상을 오르는 목적은 그곳에 있는 절에서 기도를 하기 위해서이다. 이러한 사람들은 소박·경건·정성스러움을 가진 자유로운 신도로써 험악한 산길을 오르면서도 입으로는 불교의 경전을 외운다. 백 미터가 넘는 대오는 천천히 거의 휴식 없이 나아가지만, 그 신념만큼은 건장한 젊은 등반대를 능히 압도한다.

중국의 많은 지방에서 당신은 종교의 존재와 종교가 중국인의 몸에서 분출하는 에너지를 볼 수 있을 것이다. 중국의 서부 1/3의 지역에서는 아직도 전통적 의의에서 보면 종교사회에 속해 있다.

어떤 사람들은 중국에서 종교의 지위와 몇십 년간 공산주의가 중국을 통치한 영향을 결부시키는데, 이는 잘못된 생각이다. 중국은 오래 전부터 정교를 분리하였다. 중국 역사상 도교 · 불교 · 이슬람교와 기독교의 종파 들은 중장기적 · 보편적으로 존재했으며, 심지어는 많은 중국 황제들도 신도였지만 그들은 종교의 원칙을 가지고 국가를 다스리지는 않았다. 유럽과 같이 중국 역사상 종교의 세력이 정치권력과 투쟁을 벌인 적은 있었다. 종교가 정치에 간섭할 때, 중국 황제들은 - 그들 본인은 원래 종교를 독실하게 믿었다 - 강경한 수단을 선택하여 종교 세력을 정치 밖으로 배제시켰다. 송대(서기 1000년) 이후가 되자 중국인들은 더욱 더 완벽하고 이성적인 철학체계와 정치체계를 더하여, 정교분리의 원칙을 발전시켜 진정한 도전을 받지 않게 했다. 몇백 년 후 유럽의 계몽운동 사상가들은 중국인들이 종교와 세속 정치와의 관계를 이성적으로 처리하는 것에 찬사를 보냈다. 오늘날까지 정교분리는 서방사회가 보편적으로 신봉하는 정치원칙이다.

당연히 역사에서와 같이 아직도 많은 중국인들은 종교를 믿지 않는다. 실제적으로 오늘날 대다수 한족들은 어떤 종교에도 귀속하지 않고 있다. 그러나 종교를 믿지 않는다고 신앙이 없는 건 아니다. 중국인들은 보편적으로 혹은 많든 적든 "천도"(天道)를 믿고 있다. 이것은 일종의 헤겔이 말하는 "절대정신"과 비슷하다. 중국인들은 3,000년 전에 일종의 선험적 경험에 근거하여 윤리를 건립하였다. 이러한 윤리는 경우에 따라서는 종교적인 조직·교의 혹은 의식으로 구현되었지만 오히려 더 많은 것이 중국인의 교양·관습·속담과 철학 속에 깊이 스며들었다. 수천 년 이래 중국인들은 일종의 통치적 지위를 지닌 종교가 없을지라도 의연히 세계에서 역사가 깊은 다른 민족과 같이 도덕·존엄·자율적인 정신생활을 해왔다.

오늘날 중국인들은 자기의 가치관 문제를 돌이켜 생각하고 있다. 많은 사람들이 경제의 급성장·재산 증식을 추구할 때, 중국인들이 이야기하는 도덕에 냉담한 것을 염려스럽게 생각한다. 개인의 권리와 사회의 공헌 관계에 관한 토론에는 언론이나 인터넷상에서 한바탕 초점이 되곤 한다. 서양의 공업화 역사에서 나타났던 것처럼 경제발전이 빨라지면 사회의 좌절감과 도덕의 공허감은 더 깊어진다. 그러나 최후의 인류사회가 되면 공유하는 그러한 가치관이나 기본정신은 결국 다시 나타난다. 이것은 서양세계에서 나타나는 종교와 정통가치의 부흥이며, 중국에서는 장차 어떠한 모습과 방식으로 진행 될지는 우리들은 아직 알 수가 없다.

다른 하나의 논쟁은 중국의 정치제도 문제이다. 중국은 대다수 서방국가와는 완전히 다른 정치제도를 시행하고 있다. 서방의 대중여론은 정치제도를 민주인지 전제인지 아주 간단한 방법으로 분류하고 있다. 여기서 나온 결론도 아주 명확하다. 전제는 지속적인 경제와 사회의 성공을 얻기 어렵고, 단시간 내에 성공을 거두는 것은 사악한 것이다. 사악이면서 성공을 거두는 전제는 서방의 민주생활과 세계평화에 대한 최대 위협이다.

진실된 세계의 잘못을 구분하는 것은 경수와 위수(섬서성에 있는 경하와 위하, 경하의 물은 맑고 위하의 물은 탁하다 - 역자 주)와 같이 분명하다. 실제에서는 중국인들도 다른 국가와 같은 정치윤리를 누리고 있다. 즉 민주·개인의 보호와 존중·권력에 대한 견제가 있는 것이다. 아마 중국인은 그렇게 명확하고 성문의 법치통치(특히 민법 영역)는 없었지만, 앞에서 언급한 몇 가지의 유구한 역사를 지니고 있다. 중국인들은 벌써 3,000년 전부터 일종의 정치권력과 민중과의 관계에 관한 정치윤리를 세우기 시작하여, 오늘날까지 그 맥이 이어져 내려왔다. 오랫동안의 전제군주시대 중국의 황제는 서방에서 알려진, 예를 들면 로마제국 후기의 군사 "폭군"이나 혹은 루이 14세의 "짐이 곧 국가다"와 같은 절대군주는 아니었다. 중국황제가 어린 시절 교육을 받을 때, 제일 중요한 것은 어떻게 자신의 권력을 절제하고 피통치자들에게 경외 받을 수 있는가를 배우는 것이었다. 그 교육을 책임진 사람은 유가의 대신(大臣)들이었다. 정치생활 중에서도 이러한 대신들과 황제는 권력을 나누었으며, 어떤 때는 유럽역사에서와 같은 군주와 귀족 간의 투쟁도 생겨났다. 일반적인 평민계층은 실제적으로는 상당한 자유공간이 있었다. 그들은 많은 시간을 거주지에서 가족들과 규범 있는 생활 질서 속에서 생활하였으며, 황제의 절대 압제 아래에 있었던 것은 아니었다. 엄격하고 공정한 과거제도를 통하여 평민계층도 통치계급으로 편입하는 것이 가능하였

다. 통치자나 피통치자를 막론하고, 통치자가 제멋대로 하지 못한다
는 것을 믿고 있었으며, 그렇지 않으면 피통치자에게 책임을 물어야
했다. 만일 통치자가 피통치자에게 책임을 질 수 없다면 "천도"로써
책임감과 능력을 가진 새로운 통치자로 바꿀 수 있으며, 이것은 지고
무상의 황제의 권한도 거역할 수 없는 일이었다.

　우리들이 중국 고대제국의 정치윤리를 상세히 묘사하는 것은, 오
늘날 "민주"와 "전제"를 간단히 구분하여 설명하는 것이 오직 "우리
들"과 "그들"의 대립에 맞춘 것이라 생각되며, 오히려 정치문제에
있어서 실제로 존재하는 복잡성을 등한시하는 것이다. 단테의 "신
곡" 중에서 지옥의 제일 밑에는 두 사람만이 있었다. 한 사람은 예
수를 배반한 유다이고, 다른 한 사람은 시저를 배반한 브루투스였
다. 유다의 죄악은 이해되지만 단테는 왜 브루투스를 여기에다 넣
어 놓았는가? 시저는 오늘날 입장에서 말한다면 로마제국의 첫째
독재자였다. 실제로 시저는 로마를 하나의 공화국을 제국으로 바꾸
었다. 그러나 서양인들이 여전히 시저를 좋아하는 것은 그가 "공화
국"의 소란과 혼란을 잠재우고, 로마를 서양 고대사의 찬란한 정상
에 올려놓았기 때문이다. 엄격히 말하면 나폴레옹도 한 명의 독재
자인데, 나폴레옹이 통치한 프랑스는 군사 전제의 프랑스였지만, 나
폴레옹은 오히려 "민주"를 유럽에 전파시켰다. 영국의 엘리자베스 1
세 여왕은 아마도 인류역사상 가장 매력 있고 인자한 여자 군주 중
의 한 사람이었지만, 여전히 전제군주의 대열에 위치해 있으며, 어
쩌면 어떤 사악한 색채마저 가졌다고 할 수 있다.

　만일 우리들이 "우리들"과 "그들"의 논쟁을 포기한다면 중국의 정

치 발전이 서방국가와 같으며, 정지된 민주와 전제의 선택이 아니라 부단한 변화·좌절과 완벽한 발전과정을 볼 수 있을 것이다. 각자가 정치생활 중에서 얻은 보호와 존중이 전체사회의 발전에 유리한 정치질서로 건립된다면, 인류 공동의 정치이상(理想)이 될 것이다. 단 오늘날까지 인류는 여전히 이것을 위한 여정 중에 있다. 미국은 18세기에 민주제도를 건립하기 시작했지만, 근 100년 후에야 비로소 흑인노예제를 폐지하였고, 20세기가 되어서도 많은 사람들이 여전히 평등·자유와 평화의 쟁취를 위해 외쳤다. 오늘날까지도 미국 사람들은 아직도 이것을 위해 분투하고 있다. 그렇지 않다면 150개 도시 사람들이 길거리에 나와 "월가를 점령하자"라고 외치지는 못했을 것이다.

부단한 자아부정과 변혁에서 중국의 정치도 같았으며, 중국 인민의 분투가 미국 국민보다 더 험난하고 더 곡절이 많았다고 할 수 있다. 19세기말 유럽의 식민주의 충격에 직면하여 중국의 낡은 정치제도는 서방과의 전쟁에서 실패하였으며 급속히 그 합법성을 잃어갔다. 청조의 멸망과 더불어 혼란·분열과 전쟁이 뒤따라 왔으며 여기에는 두 차례의 세계대전도 포함된다. 중국인은 어려운 환경에서도 현대화된 정치모델을 찾았다. 이 과정 중에 "민주"라는 구호가 제일 컸다. 그러나 중국인들이 해결해야 할 문제가 실제적으로는 폭정국가에 도입된 미증유의 민주를 위한 것이 아니라, 현대공업사회에 부합하는 정치체계이다. 이 체계는 농업시대에 황제의 권한에서 유리되어 언저리에 있던 많은 농민들이 도시의 산업노동자와 시민으로 변했다. 그들에게 새로 생겨난 정치적 요구를 만족시키기 위해 그들에게 상응하는 정치 권리를 부여해야 했다.

중국인은 일찍이 급진적인 민주의 길을 선택하였다. 중화인민공화국의 초기 역사는 서방이 오늘날 가진 보편적인 인상과는 다르다. 예를 들면 제일 급진적이었던 "문화대혁명"시기 서방이 상상한 조지 오웰식의 전제가 아니고, 어떤 일반적인 학생·농민 혹은 시민들이 학교장·시장 혹은 장관들 집안에 들어가 시위를 벌인 혼란스런 길거리 민주였다. 엘리트 계층은 타도되었고, 대다수 모반을 일으킨 "혁명조직"기구는 선거로 이루어졌다. 개인 재산은 회수되어 집체소유로 되었고, 이 모든 것은 인민 대중의 이름으로 실시되었다. 문혁 기간 동안 전국의 "조반파(문화혁명 기간 모반을 일으킨 혁명파 - 역자 주)"는 전제독재의 압제 아래에서 신음한 것이 아니라, 제멋대로 날뛰면서 자유와 "무산계급(無産階級)"의 민주를 환호하였던 것이다. 그들은 배가 고플 때가 되어서야, 혼란한 사회질서가 가져온 경제쇠퇴를 혐오하기 시작했으며, 덩샤오핑이 이끄는 개혁으로 돌아섰다.

서양인들은 중국정치에 대해 모종의 고정된 이해의 틀을 가지고 있으며, 솔직히 말하면 이것은 일종의 "다른 사람들(他者)"에 대한 착각이다. 만일 서양인들이 본국의 정치를 이해하는 태도로 중국정치를 이해하기를 원한다면, 중국인과 같이 중국정치에서의 복잡성·변화·동력·위험과 희망을 느낄 수 있을 것이다. 오늘날 중국정치는 아직도 많은 문제를 안고 있으며, 많은 부분에서 서양에 뒤떨어져 있지만 중국인들은 역사에서와 같이 민주와 정치진보를 의연하게 지향하며, 가혹한 태도로 스스로를 대하며 서둘러 개선을 추구하고 있다. 이러한 모든 것은 간단하게 "민주와 전제" 이분법으로 요약할 수가 없다. 중국인들은 실제로 서양인이나 아프리카인과도 무엇이 다른 것이 없다고 생각한다. 오직 인류 공동의 운명과 사명감을 가슴에 품고 단순히 "우리들"과 "그들"의 입장에 서지 않고, 현실정치의 불안정을 보아야만 비로소 다른 국가를 진정으로 이해할 수 있는 것이다.

3. "흙으로 빚은 거인" – 중국이 직면한 도전

문화와 정치이야기를 중단하면 외국인들은 중국 경제에 대해 더 심각하고 더 직관적인 인상을 갖게 된다. 중국에 온 적이 없는 외국인일지라도 신문에서 쉽게 아래와 같은 숫자를 볼 수 있다. 2010년 중국의 국민총생산량(GDP)은 이미 세계 제2위에 올랐다. 골드만삭스 투자은행이 중국의 국민총생산량은 얼마의 시간 내에 - 짧게는 10년 내에도 가능 - 미국을 추월하여 세계1위가 된다고 발표했다. 이것은 중국이 21세기에는 세계 제1의 경제대국이 된다는 것을 의미한다.

당연히 같은 사정에 대해서도 다른 해석을 할 수 있다. 아래는 유럽의 한 신문의 인터넷판, 2010년 8월자로 실린 글로 중국의 권위 있는 신문의 국제뉴스로 나왔다가, 다시 중국의 각 네트워크에 광범위하게 옮겨 실어졌다.

"현재 중국의 생산과 서비스 부문의 수준은 1978년의 근 100배에 달한다. 이러한 숫자는 다른 사람들을 겁먹게 만들었다. 어떤 사람이 농담으로 하느님이 천지를 창조하셨지만 다른 것은 모두 중국에서 제조한다고 하였다. 이것은 중국에 대한 소감들이 외부에서 굴절되어 나온 것이다. 중국은 지금과 같이 세계에서 제일 큰 자동차 시장이며, 아직 제일 많은 생산품을 수출하고 있는데, 심지어는 독일도 혀를 내두를 정도이다.

그러나 우리들은 언제까지 불안해야 할 것인가? 우리들은 도대체 비슷한 우려를 한 적이 없단 말인가? 1980년대 일본인이 자동차 영역을 공략하여 미국과 유럽이 연이어 패하였다. 프랑스와 독일의 자동차 회사들은 어렵게 설계와 기술의 우위를 강화하고 품질과 생산율을 개선하였다. 유럽의 브랜드들은 필사적으로 포위망을 뚫어야만 했다.

중국은 아직 "흙으로 빚은 거인"라고 말할 수 있다. 중국이 세계 둘째 위치를 지키고 있게 된 것은 얼마 전의 일이다. 세계은행의 순위에 근거하면 중국의 1인당 GDP는 세계 제 127위로 앙카라와 아제르바이잔보다 못하다. 우리들이 잊지 말아야 할 것은 중국은 아직 개발도상국이기 때문에, 경제학 학자들은 중국이 고속성장을 얼마동안 오래 지속할지에 대해 의심을 품고 있다. 연이은 두세 번의 파업은 대폭적인 임금 증가를 불러일으켜, 결국에는 중국의 경쟁력을 약화시켜 조만간에 귀중한 성장률이 낮아질 것이라고 보고 있다."

중국인들은 "흙으로 빚은 거인"이라는 비유를 대단히 쉽게 받아들인다. 중국인들은 지금 중국이 거대하기 때문에 중국의 문제가 배로 증가하였고, 중국이 지닌 어려운 문제는 세계의 어떠한 다른 국가의 문제보다 더 해결하기 어렵다고 믿고 있다. 솔직히 말하면 중국인의 위기감은 어떤 부문에서는 좀 과장되어 있다. - 중국의 문제는 유일무이한 것이 아니라, 오직 이런 문제들이 십몇 억 인구 안에서 해결되고 있다는 것에 불과하다.

우리들이 고른 몇 개의 다수국가들에게서 모두 나타나는 보편적인 문제에 대해 중국인은 왜 이러한 심리상태를 가지는 것인지를 살펴보도록 하자.

취업문제 : 지금 서양인은 실업문제에 아주 민감하다. 새로운 일자리를 창출해 내는 것이 미국에서는 제일 중요한 문제이다. 정부가 경제와 투자항목을 위해서는 보호주의를 시행하기까지 하여 외국 경쟁자를 배제시킨다. 세계적으로 어려운 이 시기에 중국인들은 일할 기회가 전부 중국으로 왔기 때문에 좋은 시절을 보낼 수 있었다는 것이다.

만일 당신이 중국의 대학 졸업생이라면 이러한 생각에 동의하지 못할 것이다. 일반적으로, 중국에서 한 사람의 일을 찾는 것은 상당히 어렵다. 600만 명과 당신이 동시에 경쟁해야 하기 때문이다. 2011년 중국에는 660만 명의 대학과 대학원 학력을 가진 사람들이 학교를 졸업하고, 동시에 또 이런 높은 수준의 학력이 없는 900만 명의 젊은이들이 노동시장에 합류하였다. 만일 이전에 일자리를 못 찾은 사람을 다시 계산에 넣으면 중국의 도시 안에서 취업이 필요한 사람의 수는 2,400만 명을 초과한다. 중국이 지금과 같이 사람들이 놀랄만한 성장속도를 유지할지라도, 매년 오직 1,200만 개의 직장만 제공해 줄 수 있을 뿐이다.

우리들은 이러한 숫자를 간단한 비유로 설명할 수 있다. 매년 중국에서 오스트레일리아 전체 인구에 상당하는 일자리가 필요하다. 이것을 위해 중국은 스스로 "세계의 공장"으로 바뀌어 아주 저렴한 임금으로 취업의 기회를 제공할지라도, 매년 필요한 일자리의 반 정도밖에 해결할 수 있을 뿐이다. 이것이 바로 일반적인 중국 노동자들이 직면한 경쟁 국면이다.

　이것은 여전히 문제의 단면일 뿐이다. "세계의 공장"은 또 다른 곤란한 문제를 만났다. 2010년부터 중국 연해의 공장들은 의외로 스스로 노동자들을 찾지 못했다. 중국에서 제일 하층의 육체노동자들이 싼 임금과 열악한 작업환경을 거부하기 시작한 것이다. 만일 작업 조건이 개선되지 않으면 그들은 멀리 떨어진 성(省)의 일자리를 포기하고 고향에 머물면서 생활방도를 찾아야 한다. 그러나 중국 연해의 많은 공장들이 단지 구미 브랜드의 OEM으로 운영되어 이윤이 약하기 때문에 노동력부담으로 원가가 오르는 것은 원치를 않는다. 그래서 중국은 한쪽에선 일자리를 못 찾는 사람이 있고, 한쪽에선 공장들이 사람을 못 찾는 모순이 나타났던 것이다.

　사회보장 : 사회보장은 서양인들에겐 낯익은 다른 문제이다. 유럽국가에서는 스스로의 보장 조치가 너무 많아 국가 재정이 압박을 받고 있다고 느낀다. 오바마 대통령이 미국은 몇천만 명이 의료보험이 없고, 이러한 사회가 정의롭지 못하다고 말했다. 그러나 그는 중국에서는 1억 명이 넘는 사람들이 아무런 형식의 의료보험도 없다는 사실을 모르고 있다. 그리고 의료보험이 있는 사람 중에도 대다수 사람들의 보장 수준도 아주 낮다. 그들이 만일 병원에 간다면 병원비의 반은 자기 주머니에서 부담해야 된다. 정부 입장에서는

의료·교육 등 사회보장 방면에서 책임져야 하는 것이 큰 스트레스이며, 여기에 주거문제를 더해 "3개의 큰 산"(三座大山)이라 부른다. 십 몇 억 인구에게 이러한 문제를 해결해 주어야 하기 때문에, 나는 오바마가 미국에 있다는 것을 정말 다행이라고 생각해야 한다고 생각한다.

중국 지도자는 매일 아침 일어나 업무를 시작하면 각종 민생문제를 대면하게 된다. 중국은 이미 세계에서 둘째로 큰 경제체제를 운영하고 있다. 그러나 중국정부가 교육과 의료에 투입하는 경비조차도 많은 개발도상국에 미치지 못한다. 중국 인구는 세계 인구의 20%이지만, 의료 부문이 세계 총비용에서 차지하는 비중은 3%에 불과하다. 2009년 중국의 의료사업 경비 중에서 정부의 투입은 24.7%에 불과했다. 선진국에서는 75% 전후를 유지하고 개발도상국에서도 55% 수준에 달하고 있다. 중국정부가 교육 경비 투입에서도 똑같이 세계 평균수준에 못 미치고 있는 것이다.

그렇다면 중국정부의 지출은 어디에다 사용하는가? 몇몇의 진보 언론에서는 정부의 많은 돈이 낭비 혹은 횡령되고 있다고 설명하고 있다. 낭비 혹은 횡령은 하나의 큰 문제이지만 절대적인 설득력을 가지고 있지는 않다. 중국정부의 중요한 재정 지출은 경제성장에 상당한 영향을 미친다. 인프라 건설·신산업에 대한 투자·저 수입 지역과 주민에 대한 재정 보조. 거대한 취업의 스트레스 하에 중국정부는 반드시 높은 경제성장률을 유지해야 하기 때문에, 사회보장에 대한 재정 투입이 오랜 기간 동안 미진하였다. 최근 몇 년 동안 정부에서도 높은 투자와 높은 성장에 따른 새로운 문제에 직면하였다는 것을 알게 되었다.

거품경제 : 오늘날 세계 경제는 거품으로 인해 파멸의 고통 속에 있다. 금융위기는 서브프라임 모기지(subprime mortgage)로 부동산 시장에서 시작되었다. 오늘날 중국의 부동산 거품도 이미 보편적인 걱정거리가 되었다. 통계에 의하면, 중국의 몇 개 대도시 주택가격은 뉴욕 맨해튼이나 독일 베를린의 주택가격에 도달했거나 추월했지만, 중국 도시의 가계수입 수준은 오히려 외국과 몇 배나 차이가 난다. 중국 도시의 주택가격과 - 소득 대비 주택가격 - 임대료를 비교해 보면, 모두 국제적으로 인식되고 있는 합리적 구간보다 한 배 이상 높다. 너무 높은 주택가격은 심한 사회모순을 낳고 중국경제가 "경착륙"할 위험성을 높인다.

부동산을 제외하고도 중국의 많은 기간산업들은 모두 과잉투자를 했다. 2010년 중국의 강철 생산량은 이미 6억 톤을 초과했으며, 이는 다른 국가의 강철 생산량을 모두 합친 것에 상당하는 양이다. 그러나 과잉된 강철 생산량은 오히려 중국 철강기업의 이윤을 낮게 만들었으며, 게다가 국제적인 광석산업계 거물들의 압력을 받아 생존환경이 열악해졌다. 중국 연해의 경공업 제조업도 경쟁이 치열하여 국제적 수요가 감소할 때는 많은 기업들이 문을 닫지 않으면 안될 상황이 된다.

중국정부는 전력을 다해 나날이 커져가는 중국경제의 거품을 억제했다. 중국경제의 거품은 일단 꺼졌지만 전 세계 경제에 또 새로운 재난이 올 수 있다. 중국은 갑자기 중국이 전 세계 경제를 이끌어 소생시켜야 한다는 희망에 대해 부담을 가지고 있다는 것을 알았다. 그러나 중국은 중복된 부담을 견딜 수가 없다. 중국은 이미 이익이 분화된 사회이다. 주택을 가진 사람은 주택 가격이 계속 오르기를 믿고 있고, 무주택자는 정부가 주택가격을 하락시킬 것을 요구할 것이다. 생산이 과잉될 수 있는 상황에서 새로운 자금이 제조업에 들어가서 충분한 이윤을 낳지 못하면, 많은 자금은 결국 금융과 투기시장으로 들어가 제조업의 쇠퇴와 금융계의 위험은 더 심해질 것이다. 몇몇 대기업이 자원부문을 장악하고 경쟁자의 출현을 원하지 않고 있으며, 심지어는 경쟁성을 가지는 신기술과 신산업을 배척하기도 한다. 지방정부는 투자에 따른 경제성장에 의지하고, 경기 하강에 따른 실업문제를 두려워한다. 경제가 쇠퇴한 서양과 같이, 고속성장의 중국도 이익충돌·언쟁·불확실성으로 가득 차 있으며, 이에 따른 어느 정도의 고통은 어떻게 할 방법이 없다.

빈부격차 : 경제성장은 지금까지는 공평한 것을 지향한 것이 아니었다. 시장경제는 결국 성공한 자와 실패한 자 내지 많은 불참자로 구분한다. 성장률이 높을수록 빈부격차에 따른 장력(張力)도 크다. 만일 당신이 중국이 이렇게 경제성장을 했다고 믿는다면, 그러면 당신은 빈부격차에 따른 장력이 얼마나 누적 되었는지를 동시에 생각해야 할 것이다. 1978년 도시민 한 명과 농민 한 명의 연 수입의 차이는 209.8위안이었으나, 1992년이 되어 1,242.6위안, 2009년이 되자 이 차이는 12,022위안이 되었다. 이 가공할 숫자의 배후에는 인플레이션의 요인도 있다. 그러나 오늘날 중국의 중·대도시와 농촌생활의 수준은 확실히 같은 시대에 처한 것처럼 보이지 않는다.

제일 걱정되는 격차는 동부의 도시와 서부의 농촌 간에서 나타났다. 2009년 절강(浙江)성 1인당 평균 소득의 수준은 귀주(贵州)성 농촌의 10배에 달한다. 현재 중국은 세계에서 둘째로 큰 사치품 소비국이다. - 2012년에는 일본을 앞질러 세계 제1위가 될 것이라고도 한다. 이러한 높은 소비는 거의 전부가 동부의 몇천만 부유한 도시 인구에 의해 나타나는 것이다. 중국 서부지역은 4천만 명의 생활이 절대 빈곤선 이하이며, 2억 7천만 명은 정부에 의해 저소득 인구로 편입되었다. - 만일 국제기준에 의하면 이 숫자는 더욱 늘어날 것이다.

지금과 같이 중국의 지식엘리트와 민중들이 걱정하는 것은 경제 소득의 차이가 확대되는 것이 아니라, 발전의 기회가 불공평한 데 있다. 비록 중국의 모든 학생들이 과거와 같이 공평하게 시험을 통해 대학에 들어가더라도, 생활이 제일 빈곤한 산악지역 학생과 동부 대도시 학생이 받는 교육의 차이는 갈수록 커지고 있다. 통계에 나타나듯이 중국의 제일 좋은 대학에 빈곤계층의 학생들이 갈수록 줄어들고 있다. 이것은 경제 경쟁과 교육 경쟁의 자연적인 결과이다. 그러한 제일 빈곤계층의 청년들은 스스로 노력을 통하여 운명을 바꿀 기회가 줄어들고 있다.

상상을 해보면, 부모가 몇 채씩 집을 소유하고, 세계적으로 가장 유행하는 제품을 사용하는 젊은 사람과 오로지 많은 빚으로 대학학업을 마치고 졸업 이후에 실업 상태인 청년이 같은 사회 안에서 공동생활을 한다. 이러한 사회는 여러 곳에 지뢰가 존재하는 것과 같다. 국제적으로 소득의 불균형을 나타내는 지표인 지니계수가 0.4를 넘으면 소득 불균형이 크다고 본다. 중국정부의 통계에 의하면 중국사회의 지니계수는 0.47로써 아주 위험한 경계선에 놓여 있다.

우리들이 위에서 이야기한 것은 중국이 직면한 많은 문제 중 일부분에 불과하다. 이것은 중국인들이 왜 스스로 "흙으로 빚은 거인"이라 믿고 있는지를 좀 더 잘 이해하는데 도움이 될 수 있다. 많은 중국인들은 세계가 가진 중국에 대한 평가와 기대를 무시한다. 그들은 격렬하게 정부와 엘리트들을 비판하고 또 서로 격렬하게 비평한다. 정부에서 10년 전 동부지역과 서부지역의 격차를 줄이기 위해 서부지역에 많은 자원을 투입했지만, 지역 간의 경제격차는 여전히 확대를 멈추지 않고 있다. 몇 년 동안 정부에서 몇 차례 주택가격에 관여했고, 심지어는 강제성의 구매제한도 실시했지만, 주택가격은 여전히 보통 사람들이 쳐다보지도 못할 높은 가격에 머물고 있다. 정부에서 이전의 완전 민영화 정책을 번복하여, 의료수가를 낮추려고 했지만 보통 민중들은 여전히 진료받기 어려움(看病難)을 원망한다. 정부에서 교육에 대한 투자를 부단히 강화하지만 농촌의 초등교육부터 고등교육까지 여전히 욕을 먹고 있다. 중국의 외교부문도 외국인에게 그들이 왜 난처한 지경에 처해있는지를 설명하기가 힘들다. 중국의 최고 지도자는 중요한 힘을 매일 국내에서 생겨난 여러 문제의 처리에 쏟고 있지, 어떻게 하면 세계 제2 경제대국을 더 강하게 변모시키는 데는 별로 힘을 쏟지 못하고 있다.

중국은 여전히 세계에서 가장 주목받는 신흥 경제국이고, 중국의 성취도 세계의 존중을 받을 만하다. 그러나 외국인은 응당 중국인의 상태와 심리상태를 더욱 잘 이해해야 한다. 1000년 이후부터 중국의 철학과 세계관은 많은 변화가 있었다. 비록 송·원·명·청의 중국이 세계 과학기술과 경제에서 최정상에 놓여 있었고 국력도 아주 강성하였지만, 중국은 시종 내향적(內向的) 심리태도를 유지했다. 중국인은 1000여 년 동안 모두 내부 문제를 처리하는데 많은 관심을 쏟았고, 동시에 외세의 위협을 지속적으로 제압하였다. 중국의 함대가 14세기 때 대규모 원양항해를 시작했지만 식민지 정복은 진행하지 않았는데 이것은 우연이 아니다. 중국의 역대 통치자들은 이렇게 방대한 국가를 유지하고 발전시키는 것이 쉽지 않다는 것을 믿고 있었고, 그리고 그 자체가 하나의 위대한 사업이었다. 만일 중국이 내부문제를 잘 해결하고, 국가를 더 강성하게 발전시킨다면, 세계의 다른 국가가 자연히 중국에 대해 존중을 표할 것이다. 중국인의 정치철학에서는, 이것을 "안에서는 성인이고 밖에서는 왕이다(內聖而外王)"라고 한다.

그래서 중국은 스스로의 "고립주의"가 있다. 조지 워싱턴이 고별연설 중에서 그렇게 말했으며 중국인들도 믿고 있다. "자기의 정직과 인자함 때문에 결국 위대한 국가의 본보기가 된다. 중국은 천 년 동안의 정치철학이 모두 이러했다."

사실은 워싱턴의 이 위대한 연설에서 한 많은 말들 중에는 오늘날 중국의 외교 패턴을 이해하는 데 도움이 될 수 있는 말이 많다. 예를 들면, "어떤 국가에 대해 오랫동안 고집스럽게 혐오감을 가지면 안 되며, 그리고 다른 국가들에 대해서도 사랑하는 마음이 그치질 않아야 한다. 반드시 모든 국가에 대해 모두 공정하고 우호적인 감정을 길러야 한다." 또 예를 들면, "우리들이 외국 업무를 처리하는 제일 중요한 원칙은, 상무관계(商務關係)를 발전시킬 때는 정치간섭을 적극적으로 피해야 한다." 바로 우리가 줄곧 설명하려고 생각한 것이며, 중국인의 사상·행위와 지혜가 세계의 다른 민족과는 본질적인 차이가 없다는 것이다. 오늘날 중국 외교정책의 결정권자는 아마도 워싱턴으로부터 직접적인 영향을 받지 않고, 오히려 선조들이 전하는 논리에 따라 자연적으로 행사할 것이다. 재미있는 것은 중국의 이런 방법이 지금 오히려 비평을 받고 있다는 점이다. 중국은 당연히 비평을 받아들여야 한다. 그러나 이러한 비평도 모종의 편견의 산물이어서는 안 된다.

마지막으로 우리들이 중국 문제를 관찰하고 토론할 때에 워싱턴의 충고를 다시 한 번 복습해야 할 것이다. 곧 "적대감(敵意)의 노예가 되지 말자"는 것이 그것이다.

2장.
경제발전 중의 도전과
그 대응에 대한 이해

1. 중국 경제발전의 매력

경제 총생산은 현저히 향상되었다. 중국 경제발전의 제일 두드러진 성과는 경제 총생산의 빠른 성장으로 표현되었다. 1978년 시행된 개혁개방부터 2010년까지 중국 국내 총생산량은 3,645억 위안에서 401,202억 위안으로 증가했으며 달러로 환산하면 50,000.88억 달러로 세계 제7위에서 제2위로 상승하였고, 세계 총생산량의 점유율로는 1.8%에서 9.3%로 증가하였다.

30여 년 동안 중국경제의 연평균 성장률은 10%에 근접했고, 이는 세계 평균의 3배가 넘었다. 특히 2001년 중국이 세계무역기구(WTO)에 정식 가입한 이후, 대외무역의 지속적인 고속성장으로 수출이 중국 경제성장을 이끄는 강력한 원동력이 되었다. 1978년부터 2010년까지 중국의 수입과 수출의 총액은 206.4억 달러에서 29,727.6억 달러로 증가했다. 중국은 2008년 금융위기 때의 침체를 제외하고는 대외무역이 계속 성장하였고 지금은 이미 세계 제1위의 수출대국이 되었다. 이 기반 위에 중국의 외환보유고는 지속적으로 증가하여 2011년 6월에는 이미 31,974.91억 달러로 세계 최대의 외환보유국이 되었다.

대외투자에서는 상무부·통계국·국가외한 관리국이 공동으로 발표한《2010년도 중국 대외직접투자 통계 공보》에 근거하면, 2010년 중국 대외직접투자는 688.1억 달러로 사상 최고치를 세웠으며, 이것은 "15"기간(2001년에서 2005년 - 역자 주) 동안 중국 대외직접투자 총액의 2.3배에 달했다. 공보에 근거하면 2010년 중국의 순 대외투자액(유동량)은 전년대비 21.7% 성장했으며 연속 9년간 성장을 유지하여, 연평균 49.9%의 증가 속도를 나타냈다. 유엔무역개발회의(UNCTAD)와 관련된 데이터에 근거하면, 2010년 중국의 대외직접투자는 세계 제5위이고 처음으로 일본과 영국 등 정통적인 투자대국을 앞질렀다. 또 다른 유엔무역개발회의에서 발표한《2011년 세계투자 보고》에 의하면, 경제총생산량이 증가함에 따라 중국에 대한 직접투자 유입량과 대외투자 연유동량이 대폭 올라 분기별로 11%와 17%에 달했다. 2010년 중국에 외자 유입량은 1,057억 달러로 금융위기 이전의 높은 액수를 회복했다. 이는 중국 전체산업구조의 개선 또는 지역 간 산업의 격상과 이동에도 도움이 되며, 중국 외자도입의 전도를 한층 더 밝게 했다. 유엔무역개발회의의 조사에서 다국적 기업이 앞으로 2년 동안 전 세계투자에 있어 우선 선택지역으로 중국을 꼽았다.

나날이 증가하는 경제총생산에 근거하여, 중국은 이미 세계경제의 안정과 발전을 유지하고 촉진시킬 견실한 힘을 갖게 되었다. 2008년 금융위기 중에 중국은 2008년 세계 경제성장률에 대한 공헌도가 20%에 달했고 2009년에는 50%를 초과했다. 이것은 중국의 거대한 국내시장이 세계의 소비품을 흡수했고, 또 점차 가속화된 대외투자가 투자 대상국의 일자리를 창출했으며, 더욱이 개발도상국의 발전을 위해 인프라 건설을 제공하였던 것이다. 한마디로 말하면, 경제총생산이 세계 제2위가 된 중국이 새로운 면모를 위해 자기가 할 수 있는 일을 부담하는 것이 대국의 책임인 것이다.

한편 인민생활도 뚜렷이 개선되었다. 주민생활개선의 현저한 지표는 평균소득의 변화이다. 1978년부터 2010년까지 중국 도시와 진(鎭, 한국의 읍에 해당 - 역자 주)에 거주하는 가정의 소득은 343.4위안에서 19,109위안으로 증가하였고, 농촌 주민 가계의 평균 순소득도 133.6위안에서 5,919위안으로 증가하였다. 1인당 평균 국민소득은 세계 평균수준에 비례해서 2005년의 24.9%에서 2010년 46.8%로 향상되었다. 소득증대와 동시에 중국 주민생활의 수준도 뚜렷이 향상되었다. 그중에도 도시·진(鎭)의 가정 엥겔지수는 1978년 57.5%에서 2010년 35.7%로 낮아졌고, 농촌가정의 엥겔지수도 67.7%에서 41.1%로 낮아졌다. 이러한 변화는 도시·진 주민의 내구소비재에서 뚜렷한 성장을 보였다.(표 2-1) 자가용의 예를 들면, 2000년 이전 중국의 100가구 당 자가용 승용차 보유량은 거의 없었지만, 2009년이 되어서는 10.89대가 되었다. 2010년 중국의 민간용 차량 보유량은

표 2-1. 도시가구 100가구당 평균 내구 소비재 사용량

	1990년	1995년	2000년	2005년	2008년	2009년
오토바이	1.94	6.29	18.80	25.00	21.39	22.40
세탁기	78.41	88.97	90.50	95.51	94.65	96.01
냉장고	42.33	66.22	80.10	90.72	93.63	95.35
컬러TV	59.04	89.79	116.60	134.80	132.89	135.65
오디오		10.52	22.20	28.79	27.43	28.21
카메라	19.22	30.56	38.40	46.94	39.11	41.68
에어컨	0.34	8.09	30.80	80.67	100.28	106.84
샤워온수기		30.05	49.10	72.65	80.65	83.39
컴퓨터			9.70	41.52	59.26	65.74
비디오카메라			1.30	4.32	7.12	7.77
전자레인지			17.60	47.61	54.57	57.18
헬스기구			3.50	4.68	3.95	4.13
휴대폰			19.50	137.00	172.02	181.04
전화기				94.40	82.01	81.86
자동차			0.50	3.37	8.83	10.89

9,086만 대(3륜차와 저속 화물차 1,284만대 포함)로 2009년 말에 비해 19.3% 증가하였고, 그중 개인 승용차는 3,443만대로 32.2% 증가하였다. 통신 방면에서 2010년 말까지 중국에서 집 전화 사용가구는 연(年) 29,438만 가구였다. 그중 도시의 전화사용 가구는 19,662만 가구였고, 농촌에서 전화사용 가구는 9,776만 가구였다. 초기 이동전화의 사용가구는 11,179만 가구였고, 2010년 85,900만 가구에 달했다. 그중 3G폰 사용가구는 4,705가구였다. 집 전화 내지 이동전화 사용가구의 총 숫자는 115,339만 가구로 2009년 말에 비하면 9,244만 가구가 증가하였다. 전화 보급률도 86.5대/100명이었다. 인

터넷 네티즌은 4.57억 명이고, 그중 ADSL 사용 네티즌은 4.50억 명
이었다. 인터넷 보급률은 34.3%이다. 관광부문은 2010년 중국 국내
의 여행객 연인원은 21.0억 명이고, 2009년에 비해 10.6% 증가했
다. 국내여행수입은 12,580억 위안이고 23.5% 증가했다.

내국인의 출국은 연인원 5,739만 명으로 20.4%증가했다. 그중 개
인의 출국은 연인원 5,151만 명이고 22.0% 증가했으며 전체 출국인
의 89.8%를 차지했다.

저축 측면에서는, 1978년부터 2010년까지 중국의 도시와 농촌 주
민의 예금 잔고는 210.6억 위안에서 307,166억 위안으로 증가했으
며, 그중 2009년까지 정기예금 잔고는 128.9억 위안에서 160,230.4억
위안으로 증가했으며, 당좌예금의 잔고는 81.7억 위안에서 100,541.3
억 위안으로 증가하였다.

전체적인 측면에서 보면 경제총생산의 대폭적인 향상으로 중국인
의 생활수준은 눈에 띄게 개선되었고, 이것이 바뀌어 소비가 중국
경제의 지속적인 성장을 이끌었다. 분명히 소비·투자와 수출의 삼
박자가 중국 경제성장을 이끄는 중에, 소비가 근본적인 작용을 하기
때문에 중국 주민의 생활개선은 중국 경제의 동력이고 중국 경제발
전의 최종 목적이라고 할 수 있다.

기간산업의 신속한 발전과 인프라 건설은 국가경제의 지속적인
고속성장에 전제가 된다. 신 중국(1949년 공산화된 중국을 말함 -
역자 주)의 인프라건설은 중국 건립 초기 소련의 건설원조로 시작
하여, 반세기 넘는 발전을 거쳤다. 당시 건설된 인프라는 오늘날까
지 경제발전에 중요한 작용을 하고 있다. 소련의 원조로 건설된 장

강 첫째 다리인 무한(武漢) 장강대교는 중국 남북교통의 대동맥을 연결하는 지극히 중요한 작용을 하면서 지금까지 징광철도(京廣鐵路, 북경과 광주를 잇는 철도 - 역자 주)의 중요한 구간이다. 개혁개방이래 중국은 다시는 외국원조에 의존하지 않고 자주 독립하여 인프라 건설에 장족의 발전을 하고 있다.

1954년에서 2008년까지 철도 운송거리는 1949년 2.18만km에서 2008년 7.97만km까지 증설되었다. 이처럼 새로 증설된 거리는 앞선 현대기술과 설비의 전기철도로 운영되는 거리이다. 1962년 중국 국가전철(電鐵)의 거리는 100km였지만, 2008년에는 2.5만km에 달했다. 상해 자기부상열차·광선(廣深, 광주와 심천을 잇는 고속철 - 역자 주)고속철도 등의 건설도 하였다. 도로의 거리는 1949년의 8만km에서 373만km로 증설되었고(농촌 도로 포함), 그중 고속도로는 1988년 0.01만km에서 6.03만km로 602배 증설되었다. 민간항공도 많은 발전을 하였다. 2008년 말까지 중국 민간항공 비행장은 152개로 1985년에 비해 70개나 증설되었다. 항로는 1,532개 노선으로 1990년에 비해 1,095개 노선이 증설되었다. 민간항공의 운송노선의 길이는 246만km로 1949년의 216배나 된다.

인프라 건설의 큰 성과는 운수(運輸)량의 급격한 증가를 가져왔다. 2010년 화물운수의 총량은 320억 톤에 달했고 2009년에 비해 13.4% 증가했다. 화물운수의 운송량은 137,329억 톤으로 12.4% 증가하였다. 1년 이상 항구의 화물 처리량은 80.2억 톤으로 전년도보다 15.0% 증가하였다. 그중 대외 무역화물 처리량은 24.6억 톤으로 13.6% 증가했다. 항구의 컨테이너 처리량은 14,500만 개로 18.8%

증가했다.

중국이 이렇게 십 몇 억의 인구와 960만㎢의 국토를 가진 대국으로 거듭나게 된 기초건설은 중요한 경제적 의의를 가질 뿐만 아니라, 의미 깊은 정치적 의의도 포함한다. 예를 들어, 고속철도 건설은 운송속도를 향상시키는 동시에 거리가 먼 지역과의 왕래를 증강시켜 민족의 동질감을 강화했다. 따라서 강대한 기초산업과 인프라 건설은 중국의 지속적인 발전에 끊임없는 동력을 제공했던 것이다.

공업화 과정의 진행 속도도 대폭 향상되었다. 신중국 성립초기, 소련의 원조로 건설된 일련의 공업항목들은 중국 공업건설 착수에 중요한 작용을 시작케 했고, 그중에는 오늘날까지도 중국 경제건설에 중요한 작용을 발휘하고 있다. 화중(華中)경제중심인 무한(武漢)을 예를 들면, 9개성(省)과 사통팔달의 중요한 지역이라는 장점을 가지고 있기 때문에, 신중국 초기 소련의 건설원조는 대부분 무한에 투자됐다. 이렇게 해서 탄생된 첫 자가 "우"자로 시작하는 공업기업에는 무한철강공장·무한중형선반공장·무한조선소·무한알루미늄공장 등이 있다. 그중 무한철강은 2011년 세계 500위 기업 중에 340위였고, 세계 10대 철강기업 중 하나가 되었으며, 세계 철강 제조기업 중 광석자원을 제일 많이 보유한 기업이 되었다. 개혁개방 이래 중국 공업경제의 성취는 세계의 주목을 받았고, "중국 제조"는 세계 경제성장을 발생시키는 중요한 동력이 되었다.

2010년 중국의 모든 공업의 증가치는 160,030억 위안으로 2009년에 비해 12.1% 성장했다. 일정 규모 이상 공업의 증가치는 15.7%였다. 일정 규모 이상의 공업 중에 국유 및 국유지주 기업의 성장은

13.7%였다. 집체기업의 성장은 9.4%이고, 주식상장 기업의 성장은 16.8%이며, 외상(外商) 및 홍콩·마카오·대만기업의 기업투자의 성장은 14.5%였으며, 사영기업의 성장은 20.0%였다. 이중에서 눈여겨 볼 것은, 중국 공업경제의 소유제구조가 점점 합리적으로 되어 민영(民營) 경제가 이미 중국 공업성장에 중요한 힘이 되었다는 점이다. 예를 들면, 하이얼(海爾)·샤강그룹(沙鋼集團)·산이중공(三一重工)·비야디(比亞迪)·지리(吉利) 등 민영기업이 이미 국가경제와 민생에 관건인 철강·통신·장비제조·자동차 등 영역에서 주요한 위치에 있으며, 중국의 공업화는 그들의 추진 하에서 반드시 다원화되고 풍요로운 미래를 가져올 것으로 믿어 의심치 않는다.

2011년 중국은 처음으로 일본을 제치고 16개 기업이《포춘(Fortune)》지가 정한 세계 500대 기업에 선정되었는데, 2003년에는 오직 11개 기업만 들어 있었다. 중국 경제력이 높아지면서, 특히 과학기술과 교육이 강해지면서, 중국 공업경제가 강해질 것으로 예측될 뿐 아니라 더욱 적극적으로 "해외로 진출"하여 국제경쟁에 참여하고, 중국 경제의 지속적인 성장에 보탬이 되고, 더 나아가 세계경제를 위해 금융위기에 보이지 않는 도움이 될 수 있다.

신흥 산업이 뛰어난 두각을 나타냈다. 2007년 유엔기후변화협약(UNFCCC) 전문위원회 제4부로 평가된 보고에서 기후변화가 전 세계적인 문제로 대두 되었으며, 기후변화가 당시 국제정치의 제일 중요한 의제중 하나가 되었고, 2008년 발생한 세계적인 금융위기와 중첩되었다. 당시 세계경제의 일대 추세로는 신흥 산업을 발전시켜 세계경제의 구조를 향상시켜 혹독한 에너지·기후와 환경의 병목현

상에 대처해야 한다. 그중 제일 중요한 것이 신흥산업인 신에너지
이다. 이를 위해 중국정부는 시장 수요·경제효율과 산업의 견인을
감안하여 신에너지가 주가 되는 전략적 신흥산업의 발전계획을 만
들었다. 이 목적은 새로운 국가의 건설이 전략적 목표이고 지속적
인 발전이 전략의 방향이며, 경제과학기술의 앞선 개발이 전략의 중
점으로, 전략적 신흥 산업을 경제사회 발전의 주도적 역량으로 만드
는 것이다.

충분한 자금의 지원 하에 중국의 신에너지와 재생에너지 산업은
이제 막 발전하고 있으며, 이미 다년간 연속적인 투자로 세계의 선
두대열에 있다. 지금 중국의 신에너지와 재생에너지 발전현황의 특
징은 다음과 같다. 수력발전의 중점 유역(流域)의 개발역량도 계속
커져서 예상 집계된 착공 규모는 2,000만Kw를 초과하고 총 발전량
은 2.2억Kw이다. 원전 건설 부품의 작업도 신속히 추진하여 영오
(嶺澳, 광동성 심천에 위치 - 역자 주) 핵발전소 제2기 2호기가 가동
에 들어갔으며 핵 발전량은 2.2억 Kw이다. 신강의 하밀(哈密)·내
몽고·길림 통유(通楡)·감숙(甘肅)의 주천(酒泉)·강소(江蘇)의 해상
풍력발전 등 건설을 착공하였고, 2011년 새로 증설된 풍력발전의
예상 발전량은 1,400만Kw였다. 서부지역의 태양광발전소의 특허권
입찰은 계속 전개되고 있으며, 2011년 예상 발전량은 50만Kw였다.
바이오매스에너지 산업은 더욱 다원화되는 추세이며, 산업의 새로
운 모델을 만들고 산업체인(industry chain)을 빨리 육성시켜 이용규
모를 계속 확대해서 전체적인 이용 수준을 진일보 향상시켜야 했다.

자금 투입을 제외하고도 독립적이고 자주적인 연구개발 능력도

중국의 신에너지 산업발전의 중요한 지주였다. 이외에도 과학기술부와 재정부의 지원 하에 중국은 정식으로 지구의 기후변화에 대한 연구를 시작하여 국가 중대과학 연구계획으로 삼았다. 그 목적은 "지구 기후변화의 연구 중 우선영역과 관건 문제에 맞춰 이 항목들을 배치했고, 기초성·전략성·전망성의 연구를 전개하여 중국의 지구 기후변화 연구의 능력과 국제경쟁력을 향상시켜 국가권익을 보호하고 지속적인 발전으로 과학에 보탬을 주기 위함이었다. 여기서 볼 수 있듯이, 중국은 저탄소 기술영역의 신기술 개발은 이미 전면적으로 시작됐고, 이는 기후변화를 완화시키는 능력에 적응한다는 것은 의심의 여지가 없었다.

신에너지와 재생에너지 산업의 발전은 이처럼 신속하여, 중국은 이미《재생 에너지 중장기 발전계획》을 완성하여, 재생에너지 소비량을 2010년에는 총에너지 소비량의 10% 전후의 목표에 도달했고, 바야흐로 2020년에는 15% 전후의 목표로 향해 매진할 것이다.

2. 중국 경제발전의 문제점

농업기반의 부족 : 중국 경제발전의 가장 중요한 문제점은 농업분야로서, 농업기반의 부족이 광범위하게 그 난점을 들어내고 있으므로, 여전히 중국 경제발전에 커다란 장애가 되고 있다. 농업기반의 부족은 먼저 수요의 증가를 위해 가경지(可耕地)의 증가 부족이 거대한 압력으로 나타나고 있다는 점이다. 중국은 가경지 면적이

원래 적었다. 국토자원부의 2009년 2월 26일 공포된 숫자에 근거하면 2008년 12월 31일까지 중국의 경지면적은 18.2574억 무(畝)이고, 2007년에 비하면 29만 무가 감소하였다. 거의 18억 무까지 위험 선에 한 걸음 더 근접한 상태이며, 1인당 평균 경작지도 1.4무 정도여서 매우 부족한 지경인데, 이는 세계 120위 정도에 해당하는 것이다. 이와 동시에 중국인의 수요가 끊임없이 증가하여, 비록 7년 연속 식량 수확이 풍년이었지만 직접적인 결과는 여전히 대량의 농산물을 필히 수입해야 했다. 2009년 대두의 수입량이 4,255만 톤으로 국내 생산량의 3배에 해당했고, 이외에도 816만 톤의 식물유(植物油)를 수입하였다. 수입의 대폭적인 증가는 국내 수요를 만족시키고 자연환경의 압력을 완화시키는 효과는 있었으나, 동시에 중국 농업 발전에 대해서는 도전을 가져온 셈이었다. 근 몇 년 동안 농산물 무역에 수입초과 현상이 급격히 확대되었다. 2004년 무역수지 적자가 46억 달러, 2010년은 231.4억 달러로 증가하였다. 대두·양모·유채씨·면화 등 농산물의 수입 의존도는 이미 아주 높은 수준에 이르렀다. 대략적인 계산에 따르면, 현재 대두의 자급률은 30%가 부족하고 식용유 자급률은 50%가 부족하며 면화의 자급률은 60% 전후가 된다. 대두·양모의 새로 늘어난 시장은 거의 전부가 수입품에 의해 점령당했으며, 면화의 새로운 시장은 60% - 82%가 수입품이 차지했다. 수입품이 새로운 시장을 과도하게 강점하자 농산물 생산량은 대폭 감소하였고, 수요의 급격한 증가에 따른 수입품 물량의 폭증은 농업생산의 발전 공간을 억제하고 있다. 이로 인한 부수적 위험은 먼저 수입성 인플레이션이고, 다음이 경제기초에서 심한 대외 의존이 생겨나, 경제안정에 들어나지 않는 위험이 크게 증가하고 있다. 수입성 인플레이션은 근년 중국 물가상승 원인 중의 하나지만, 더 중요한 원인은 농업투자의 부족으로 야기된 가격상승이었다. 농업은 국민경제의 기초이며 전체 경제 연결고리에 제일 앞장서 있는 분야이기에, 농업에 대한 투자 부족은 농산물의 공급 부족을 가져와 반드시 농산물 가격이 상승하게 되고, 값싼 농산물의 가격조차도 상승하게 될 것이다.

농업 투자의 부족은 두 가지 방면에 그 원인이 있는데, 즉 생산투자 부족과 유통 투자 부족이다. 농업 생산영역에서, 가장 전형적인 사례가 바로 수리(水利)시설의 투자 부족이다. 칭화대학 국정연구중심 왕야화(王亞華) 부주임의 연구결과에서 알 수 있듯이, 2010년 중국의 수리부문에 대한 투자는 2,000억 위안도 되지 않았는데 이는 교통시설 투자의 10%에도 미치지 못한 금액이었다. 수리시설 투자가 GDP의 비중으로 보면 계획경제시기(1953년부터 개혁개방 전까지 - 역자 주)에 수리 투자는 0.6% - 0.8%를 기본적으로 유지했으며, "대약진"(1958년-1960년 - 역자 주)시기에 최고조에 달했다. 개혁 개방 초기에는 겨우 GDP의 0.2% - 0.3%에 달했다.

1998년 대홍수 이후 국가에서 다시 수리시설의 투자에 비중을 두기 시작했다. 2000년 이후 0.6%를 유지하다가 2008년에는 0.4%에도 못 미쳤다. 이후 비록 반등했지만 0.58%로 "문화혁명" 기간의 수준에도 접근하지 못했다.

농업 유통영역의 투자 부족에 주요한 것은 농산물 유통체계의 부실이었다. 그중 하나는 농민들이 유용한 시장 정보를 바로 얻기 힘들어 농산물의 시강소요를 효율적으로 만족시키지 못했다는 점이고, 다른 하나는 기업의 시장투자로 대리점 원가가 상승하여 결국 다시 농산물 가격을 분담해야 한다는 것이다. 이 두 가지의 큰 부실이 가져온 공동문제는 농산물 가격만 상승하였을 뿐 오히려 농민들의 소득 증가에는 저해요인이 되었다. 중국 경제발전 모델의 주요 변화내용은 내수의 확대이고, 내수의 시동은 반드시 광활한 농촌시장에 의지해서 개척해야 한다. 그러나 경제학자 요경원(姚景源)이 보기에는, 현재 "가전제품을 농촌으로, 자동차를 농촌으로" 등은 겉으로는 떠들썩하지만 자세히 분석해보니 하나의 특징을 알 수 있었다고 주장했다. 즉 이는 농촌에 물건을 팔러가 농민들의 얼마간의 허리춤에 있는 돈을 끄집어내는 것이지 농민을 도와 물건을 파는 것이 아니라는 것이었다. 때문에 농민의 소득 증대와 물가 안정의 목적을 동시에 달성하려면 반드시 정부의 기능이 발휘되어, 정부가 농민의 농업 인프라와 유통영역에 투자를 증가시켜야 하며, 교역원가를 낮춰 농민과 소비자에게 실익을 얻도록 해야 한다고 했다.

지역 발전의 불균형 : 중국은 지역이 광활하며 각 지역은 자원이 풍부하고 지연(地緣)의 특징 차이가 심하여, 따라서 통일된 발전전략을 제정하기가 어려웠다. 반드시 각 지역의 필요에 따른 구체적 실정에 근거하여 현대화 건설을 진행해야 한다. 개혁개방 30년 동안 동부지역은 국가 개방정책을 먼저 이용해서 발전하였고, 현대화 건설의 거대한 성취를 얻어 소수 지역은 이미 선진국가의 소득수준에 근접하였다. 그러나 광대한 서부지역의 현대화 건설 임무는 여전히 어려움이 많으며, 동 서부지역의 경제발전 수준의 편차는 상당히 크다. 통계에 의하면, 2010년 중국 국내총생산의 상위 10위 성·시와 하위 10위 성·시의 차이는 아주 크다. 제1위의 광동은 제일 하위에 위치한 서강(西疆)의 89.6배이고, 1인당 GDP 1위 상해는 제일 하위 귀주의 6.84배나 차이가 난다. 비록 상위 10위 성·시일지라도 상위 4위에 있는 광동·강소·산동·절강 4개성의 GDP나 1인당 GDP를 다른 성과 서로 비교해도 절대 우세하고, 이것은 중국 경제발전의 현상을 대변한 것이다. 바로 경제의 총량은 많고 1인당 평균은 높지 않으며 지역 간의 발전은 심각한 불균형을 이루고 있다.

중국에 있어서 지역발전의 불균형은 경제 산출(産出)수준에서도 나타날 뿐만 아니라, 경제의 생산수준과 경제체제상에서도 나타난다. 동부지역의 경제와 3차 산업의 발전은 이미 같이 진행되고 있다. 특히 제3차 산업은 발전이 비교적 신속하며, 은행·보험·물류 등 현대서비스업은 이미 지역경제성장의 지주 업종이 되었고, 상관된 종업원들이 지역소비의 주력으로 확대되었다.

홍미로운 예를 하나 들어보면, 심천(深圳)시에서 개최된 2011년 광동성 제2회 농민체육대회에 심천시는 이미 농민이 없다는 이유로 참가를 거절하였다. 여기서 동부 연해지역의 현대화 건설은 이미 높은 수준에 도달되었음이 충분히 설명된다. 반대로 중·서부지역의 경제는 여전히 에너지의 고소모성 산업에 의지하여 제3차 산업은 상대적으로 완만하게 발전되어 불균형을 이루고 있으며, 농업인구의 감소로 농민의 수입은 증가했지만, 여전히 이러한 문제점들이 개선되어야 하는 중·서부 성(省), 시(市)의 막중한 임무이기도 하다.

체제메커니즘 측면에서 동부지역은 이미 비교적 완전한 현대화

시장경제체제를 이루었다. 생산·유통으로부터 분업과 소비까지 모두 최대한 교역의 원가절감이라는 최종 목표를 이루었고, 경제운영의 효율성을 향상시켰다. 중·서부 지역은 아직도 많은 낙후된 체제메커니즘이 존재하며, 이는 중·서부 중심도시인 무한(武漢)에서 일어난 "치용풍폭(治傭風暴, 공무원의 복지부동을 없애는 운동 - 역자 주)이 잘 설명 해주고 있다. 이것의 목적은 과거 용납되었던 공무원들의 게으르고 산만한 체제의 메커니즘을 타파하는 것으로, 제도의 혁신을 통하여 경제발전을 위한서비스의 효율을 향상시키는데 있다.

다 같이 잘 사는 것은 사회주의가 추구하는 최종 목표이다. 지역발전의 불균형은 이 목표 실현의 주요한 걸림돌이 되고 있는데, 어떻게 하면 광활한 국토의 균형 잡힌 발전을 실현할 수 있는지, 중국은 막중한 임무를 가지고 먼 길을 가야 한다.

"삼두마차"의 비협조 : 투자, 수요와 수출은 한 나라의 경제성장을 이끄는 "삼두마차"이지만, 중국경제의 큰 문제의 하나는 지나치게 투자와 수출에 의존하고 수요는 왕성하지 못 하다는 데 있다. 개혁개방 이래, 특히 세계무역기구에 가입한 10년 이래 중국의 대외무역의존도가 시종 60% 좌우를 유지하였으며, 그리고 대량의 외환비축이 누적되었다. 통속적으로 말하면 국가는 돈이 있고, 국제경제에 대한 영향력은 확대되었으며, 중국 제조품은 세계에 널리 퍼져있다. 동시에 중국은 대량의 비축된 외환으로 서양의 국채를 구매하여 전 세계 금융위기의 "구세주"가 되었다. 그러나 다른 한편으로는 경제가 과도하게 수출에 의존할 경우 반드시 많은 국제적인 경제 환경의 영향을 받는다. 특히 금융위기 상황 하에서 무정부 상태의 국제체계로 각국이 책임을 남에게 전가시키는 정책을 취하고, 서로가 경쟁하듯이 화폐가치의 평가절하와 보호무역을 실시하여, 서양의 채권자인 중국이 먼저 그 충격의 피해를 받았다. 백성들의 피땀 어린 돈은 이렇게 패권국의 무책임한 정책으로 순식간에 증발해 버렸다.

생산 부문에서 서양국가의 위기로 야기된 수요의 부진이 중국의 산업에 빠르게 영향을 미쳐 많은 중소기업이 어려운 발걸음을 하였다.

다시 본다면, 중국은 하나의 대국으로 반드시 거대한 대외무역이 버팀목이 되어야 하지만, 현재의 문제는 중국이 대외무역 의존도가 과도하게 높고, 그리고 대외무역의 수출과 수입의 균형이 맞지 않아, 외환보유고의 과다로 금융위험 문제가 발생할 수 있다. 또 외교상 격화된, 중국은 돈을 벌고 다른 국가를 위해 최종 소비시장을 제공하여 위기를 완화시키는 국제적 책임을 질줄 모른다는 소위 "중국 책임론"이다. 따라서 중국은 당연히 내수와 외수(外需)의 관계를 조정하고 동시에 수입을 증가시켜 국제수지의 균형을 촉진시켜야 한다.

무역과 상대적으로 투자는 중국 경제를 촉진시키는 기초적인 역할을 한다. 중국의 광대한 중·서부 지역은 여전히 공업화의 중기나 심지어는 초기단계에 처해 있기 때문에, 정부의 많은 투자로 인프라 건설 진행이 필요하다. 도로 건설·교량 건설·건물 건설은 이 지역들의 경제발전에 제일 직접적인 경로이다. 예컨대 2008년 금융위기 당시 중국 중앙정부는 4조 위안을 투입하여 중국의 경제성장을 촉진시켰고, 동시에 중부의 호북성은 12조 600억 위안의 투자계획을 세웠다. 이 투자계획은 호북성 GDP의 약 10배가 된다. 호북성 발전과 개혁위원회 관료에 따르면 "호북성의 경제발전은 장기간 동안 여전히 투자에 의지하여 이끌어야 하며, 투자가 경제성장의 7%를 차지한다"고 밝혔다.

한편으로는 주요 항목을 채택하여 확정한 후, 투자에 의하여 발전방식을 전환해야 하고, 다른 한편으로는 과거에 누적된 문제도 역시 투자를 통하여 풀어야 한다.

이 12조원의 투자 항목은 투자의 영역에 따라서 제조업 · 현대서비스업 · 농업수리 · 생태환경 · 사회발전 등 6개 투자 종목으로 나누어야 한다.

저명한 경제학자인 스티븐 로치(Stephen S. Roach)가 보기에는 이러한 종류의 수출과 투자에 의존하는 과도한 경제성장 방식은 지속이 불가능하다고 했으며, 그는 2009년에 "지금이 중국에게 경제적 경고의 종을 칠 때다"라고 말했다. 로치의 견해는, 중국의 GDP 비중에서 수출과 투자가 차지하는 비율이 높고 국내 소비와 수요가 차지하는 비율이 높지 않아, 이러한 종류의 불균형의 거시경제는 어떤 국가라도 유지할 수 없다는 것이었다. 로치는 "4조원의 경제촉진 계획은 이미 표면적으로 성장효과를 보았으며, 동시에 불균형도 다시 표면 아래로 내려갔지만, 이것은 또 다른 극단으로 가는 것 같다. 전 3분기 GDP의 현격한 증가로 인해 바로 투자액이 증가되어 불균형의 비율이 심화되었고, 그리고 이 심각한 불균형 상태로 경제성장이 가속화되었다"고 주장하였다.

  중국은 세계 제1의 인구를 가진 국가이다. 만일 구매력이 높아져 세계 제1의 거대한 소비시장이 되면 경제발전을 촉진시키는 끊임없는 동력이 되고, 이것은 원래 중국이 가진 타고난 인구의 우세함을 이용하는 것이다. 따라서 중국 경제발전 방식 전환의 관건은 바로 중국 거주민의 구매력을 높여 실질적인 내수를 확대하는 것이고, 그렇게 되면 투자·수요와 수출의 "삼두마차"가 이상적으로 작동하여 중국경제의 지속적인 발전을 위한 견실한 기초가 될 것이다.

  환경과 에너지 병목현상과의 조우 : 경제는 공백 상태에서 발전하는 것이 아니고, 반드시 특정한 자연환경에 놓여 있게 마련이다. 경제활동은 환경 중에서 자연자원을 받아들이지만 반대로 환경을 파괴하여 일정한 한도를 넘어가면 환경의 적재능력이 한계에 이르고, 환경이 붕괴되어 마침내 인류의 경제활동은 계속할 수 없게 된다. 경제활동과 환경을 제일 밀접하게 연결하고 있는 것은 에너지이며, 중국도 에너지 소비 대국이기 때문에 에너지와 환경 병목현상의 압력이 거대하다는 것을 잘 이해해야 한다.

  2010년 중국의 GDP는 세계 제2위였지만, 단 중국의 석탄·석유·철강·건축자재의 소모는 세계 제1위였고 원자재 수입도 세계 1위였다. 중국은 공업용 목재펄프 생산품의 세계 제2대 시장이고 석유 수입량도 세계 제2위이다. GDP 단위당 에너지 소비는 선진국의 8-10배이고, 화학적산소요구량·이산화유황·이산화탄소 배출량은 모두 세계 1위이다. 1978년 이래로 중국의 에너지 소비구성 중에 약 70%가 석탄이었으며, 이 결과로 중국의 온실가스 총배출량이 급격히 증가하였다. 이 변화는 중국 국내환경뿐만 아니라 특히 대기오염에 심각한 영향을 주고 있어서, 중국이 갑자기 전 세계 대기오염의 주요 요인이 되어 국제사회가 요구하는 기후변화의 대비에 대한 압력에 부담을 지지 않을 수가 없는 실정이다.

한편으로는 유럽연합으로 대표되는 선진국들이 스스로 만든 기후정치 주도권을 획득하기 위한 목적이기는 하지만, 중국이 부담하기로 약속한 감축지표를 강력히 요구하고 있다.

다른 한편으로는 개발도상국 내부에서도 분열이 나타나기 시작하여, 기후변화에 심각한 위협을 받고 있는 태평양의 작은 섬나라도 중국이 더 많은 감축 책임을 부담할 것을 요구하고 있다. 예를 들면 코펜하겐 기후대회에서 작은 섬나라 대표는 2°C 기온 억제목표를 1.5°C로 낮추기를 적극 주장했고, 아울러 개발도상국 중의 대국들도 온실가스 대량 배출국으로서 약속한 감축지표를 당연히 받아들일 것을 요구하였다. 특히 중국은 세계 제1의 외환보유국으로서 개발도상의 작은 국가들과 선진국의 기후 원조금 등에 대한 논쟁을 하지 않아야 하고, 중국은 스스로 더 많은 원조금을 지원해야 한다고 발표하였다.

이와 동시에 중국의 에너지 병목현상은, 에너지의 대외 의존도와 국제에너지 통로의 위험 증가로부터 비롯되었다. 2011년 초 서아시아, 북아프리카 지역의 비상사태에서부터 이러한 점을 살펴본다면, 미국 부시 정부의 중동 민주화 개혁의 영향도 있고, 금융위기의 파문도 있지만, 그 핵심 요인은 그 지역에 매장된 막대한 석유자원으로서, 많은 석유 소비국의 복잡한 영향으로 인해 중국의 에너지 병목현상이 야기되었다.

중국은 대량의 석유 수입국으로서, 서아시아, 북아프리카지역과 갈수록 민감하고 절실한 이해관계가 있으므로, 이때의 국면 변화가 중국의 에너지 이익에 분명한 영향이 있다.

먼저 전반적으로 원유가격이 상승하여, 중국 경제발전의 원가도 증가하였다. 그 다음은 중국이 그 지역에 대량으로 투자한 에너지 프로젝트에 타격을 받았다. 특히 리비아는 국면 변화가 제일 심하였는데, 유일하게 전쟁을 매듭지은 국가로서 중국은 리비아에 투자한 것이 적지 않았다. 지금 보면 이번 변화의 국면은 완전히 끝나지 않았고 시리아 정세는 여전히 심각하며, 이란은 이번 변화의 국면에서 서방과의 관계가 어떻게 진행될지 아직도 미지수이다.

요컨대, 서아시아와 북아프리카 지역은 중국이 의지하는 에너지 공급지로 근년에 혼란의 지속으로 반드시 중국 국내 에너지에 압력을 더 하고 있다. 그 외에도 인도양 아덴만의 해적들에게 많은 국가들이 피해를 당했지만 아직도 창궐하고 있으며, 중·러 간의 에너지 가격협상은 아직 미해결로 남아 있고, 메콩강 중국 선원 피살사건으로 중국 에너지의 동남아 수입노선도 낙관할 수 없는 형편이다. 이런 것들은 모두 중국 에너지 공급의 안보에 대한 경고의 메시지이다.

이것으로 알 수 있듯이 중국의 에너지 병목현상은 이미 간단한 국내 발전 문제가 아니라 국내와 국제간에 얽힌 복잡한 전략 문제이므로, 고도의 정치적 지혜와 정밀하고 세밀한 전략적 계획만이 전면적으로 대응할 수 있는 방책이 될 것이다.

AC밀란과 인터밀란은 이태리 밀란의 두 가문에 속한 유명한 축구 클럽으로 세계 축구계에서 명성을 얻었으며, 이 때문에 두 팀은 항상 숙적으로 지냈다. 5년 전 이태리 축구계를 휩쓴 승부조작사건으로 AC밀란 등 유서 깊은 강팀들이 깊은 상처를 입었다. 그러나 인터밀란은 오히려 사건을 피했고, 그래서 이탈리아 축구 세리에 A 리그(1부 리그)에서 5년 동안 계속 우승을 차지하였다.

그러나 AC밀란이 다시 돌아와 리그에서 우승을 탈환하였는데, 이때 눈여겨 볼 가치가 있는 것은 AC밀란 팬들이 자기 축구팀이 다시 리그에서 우승을 차지하여 축하할 때 내건 플랜카드였다. 왜냐하면 여기에다 뜻밖에도 "인터밀란 우승 : 중국 제조, AC밀란 우승 : 이탈리아 제조!"라고 쓰여 있었기 때문이었다. 이것은 인터밀란이 비록 5년 연속 우승했지만, 주요 경쟁 선수들이 처벌받은 상황에서 획득했기에 이것은 마치 "중국 제조"와 같이 값싸고 비열한 것이고, AC밀란의 우승은 모든 경쟁 선수들을 물리치고 획득한 것이기 때문에 마치 이태리 최고급 사치품과 같이 고품질의 진짜 물건이고 가격도 적절하다는 뜻이었다.

여기서 볼 수 있듯이 이전 중국인들이 가지던 "중국 제조"의 자긍심은 사라지고, 오늘날 "중국 제조"는 값싸고 저열한 상품의 대명사가 되었다.

"중국 제조"가 이렇게까지 오게 된 것의 원인은 객관적 경제규율 때문이었다.

중국은 현대화 건설 초기에는 저렴한 원가의 노동력으로 가공하고, OEM무역으로 외화를 벌어들이는 것이 중국의 제조원가의 장점을 살릴 수 있었기 때문에 경제규율에 부합하였는데, 그러나 지금 중국의 경제총생산은 이미 세계 제2위에 이르렀고, 1인당 평균 소득이 4,000달러를 넘은 후에는 중국의 노동력 원가와 환율이 급격히 상승하는 바람에 저부가가치의 "중국 제조"의 이윤이 적어지는 결과를 낳지 않을 수 없게 되었다. 더욱 중요한 것은 중국의 경제총생산이 세계 제3위에 진입하고 1인당 평균소득이 4,000달러 관문을 넘을 때, 바로 2008년 전 세계적으로 금융위기가 폭발하였다. 한편으로는 국내의 생산원가가 상승하였고, 다른 한편으로는 금융위기로 국제수요가 급락하자 중국의 낮은 원가 제조기업은 미증유의 한파를 맞게 되었다.

1992년 훙치(宏碁, Acer)그룹의 설립자인 시진영(施振榮)이 "훙치 재건(再造宏碁)"을 위해 유명한 "미소 곡선"(smiling curve)의 이론을 만들었다.(도 2-1 참조)

미소곡선의 중간은 제조이고 좌측의 연구 개발은 전 세계적 경쟁에 속한다. 우측은 영업으로 중요한 것은 현지의 경쟁이다. 현재 제조는 낮은 이윤이 발생했고 전 세계적으로 공급이 수요를 초과하였지만, 연구 개발과 영업의 부가가치가 높기 때문에 산업의 미래는 당연히 미소 곡선의 양끝을 향하여 발전하며, 좌측의 연구를 강화하

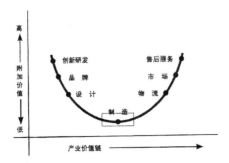

도 2-1. 산업별 가치 사슬(産業鏈)의 미소곡

고 우측의 고객을 인도하여 영업과서비스를 강화해야 한다.

지금 보면 중국 기업의 대다수는 중간조립과 제조단계에 머물러서 핵심기술의 특허와 고부가가치의 브랜드 영향력을 장악할 수가 없다. 따라서 결과는 이윤이 남으면 생존하고 이윤이 없을 경우에는 시장에서 도태될 수밖에 없다. 예를 들어 스위스은행은 2008년 초 금융위기 때 한 보고서에 중국의 제조공장들의 이익능력에 결국 큰 타격이 시작된다고 발표했다. 이 보고는 틀리지 않았다. 주강삼각주에 있는 적지 않은 기업들이 같은 선택을 하였다. 일부 공장은 영원한 휴업을 했고, 어떤 기업은 중국 내륙으로 옮기거나 또 다른 기업들은 중국 밖으로 공장을 이전하기도 했다. 다국적기업들도 이런 변화에 상당한 영향을 받은 것으로 보인다. 부즈알렌 헤밀톤(Booz allen Hamilton)자문회사 및 상해미국상회(The American Chamber of Commerce Shanghai)는 2008년 3월 중국내에 있는 66개 외자기업에 대한 조사에서 나타나듯이, 조사에 참가한 54%의 회사들이 중국은 다른 저 원가 국가에 비해 경쟁력을 잃었다고 답했다.

이와 동시에 낮은 원가의 "중국 제조"는 중국의 높은 대외무역 의존도와 관련이 있어서 유리하지만, 다른 한편 세계무역의 조직구조 아래에서 반드시 반덤핑 소송으로 중국 상품에 징벌적인 관세를 부담하였고, 이러한 경향은 금융위기 중에는 특히 더 심했다.

지금 중국은 이미 반덤핑 제소를 가장 많이 당하는 국가이며, 그리고 이러한 견제에는 새로운 움직임이 나타나고 있다. 즉 미국과 유럽이 중국에 대해 실시하던 무역보호 상품을 방직·경공업 등 전통산업에서 점차 철강·비철금속·화공 등 중화학공업 또는 신에너지·전자통신 등 고기술 산업으로 확산하고 있다. 구체적인 생산품부터 나날이 확대되어 중국의 경제정책 방면까지, 이것이 중국 산업 구조의 업그레이드와 경제정책 및 체제에 다각적인 영향을 미치고 있다. 구조 업그레이드 후의 중국과 선진국은 더 많은 산업이 중복될 수 있다. 이 외에도 탄소 관세의 징수가 중국과 같이 온실가스 배출 대국으로서는 역시 중대한 타격이 아닐 수 없다. 종합적으로, "중국 제조"의 낮은 원가와 고 에너지 소비의 전략으로는 중국의 거대한 대외무역 총량을 지탱할 방법이 없으며, 내수 부진의 상황 하에 수출의 쌍두마차가 만일 다시 감속한다면, 중국 경제의 지속적인 고속발전의 유지를 쉽게 낙관하지 못하게 될 것이다.

심도 있게 본다면, 저가의 "중국 제조"와 낮은 품질은 하나의 경제문제일 뿐만 아니라 하나의 정치문제이기도 하다. 외국의 대중들은, 엘리트들과 달리 중국을 깊이 있게 연구하는 것이 불가능하기 때문에, 그들의 대다수가 중국에서 제조된 상품의 구매를 통하여 중국을 이해한다. 이러한 생산품의 품질문제가 그들에게 손해를 줄 때, 외국의 대중들은 자연히 중국에 대해 호감이 생길 수가 없다. 중국의 부상[崛起]에 따른 하나의 큰 문제는 어떻게 하면 좋은 국가 이미지를 만들 수 있는 것인가 하는 것이다. 중국의 국가 이미지는 대다수가 중국기업과 기업이 제조한 생산품으로 채워져 있어서, 중국기업의 브랜드 이미지가 바로 중국의 국가 브랜드 이미지이며, 중국의 생산품 품질의 향상이 가장 훌륭한 공공외교의 실천이다. 중국이 비록 후발국가이기는 하지만, 하나의 대국이 영원히 저가의 운동화·벨트·음료·완구 등의 상품에만 의지해 세계 민족이라는 수

풀 속에서 우뚝 솟기란 불가능하다. 역사에서 보면 세계에 어떤 영향을 미쳤던 국가는 모두가 반드시 생산품을 창조해 내면서 생겨났다. 독일의 시멘스와 벤츠, 미국의 IBM, 마이크로소프트와 지금의 애플 등이 그것이다. 그리고 네덜란드 같은 "작은 국가"도 세계적 기업인 필립스를 탄생시켰다. 이것은 바로 창조정신 때문이며, 네덜란드도 주식제도와 증권거래를 창조해내어 인류를 현대화 혁명으로 이끌어 제도화를 가능하게 했다. 당시에 네덜란드 이민으로 만들어진 뉴욕의 증권거래소는 여전히 세계금융의 핵심이다. 이와 같이 중국의 경제발전도 반드시 "중국 제조"에서 "중국 창조"의 길을 걸어야 하고, 온 힘을 다해 생산품 품질과 기업 브랜드 가치의 향상을 추구해야 되며, 최종적으로 중국이 책임을 지고 국가 브랜드의 이미지를 만들어야 한다.

세계경제의 불확실성 증대 : 개혁개방정책을 실행한 이래 중국은 개방정책의 길을 걸으며 선진국가의 자금·기술과 관리경험을 받아들여 전 세계시장의 자원배치에 참여하였으나, 다른 한편으로는 중국이 세계경제 불확실성의 거대한 위험에 직면했다.

지금 세계 경제의 중요한 위험은 다음과 같다.

첫째, 미국은 화폐 비축국으로서 화폐정책의 책임을 지지 않는다. 국제경제체계와 국제정치 체계는 상호 연계되어 있기 때문에 국제정치체계의 무정부 상태는 반드시 국제경제체계에 영향을 미친다. 금융 위기상황에서는 본능적으로 수출을 증가시키고 수입을 감소시키는 정책을 펴고 따라서 본위화폐의 가치절하 화폐정책을 채택할 것이다. 위기 속에서 미국은 양적완화정책을 계속해서 실시하고 화폐공급을 늘려 비축화폐인 달러화가 지속적으로 가치 절하되어 국제무역 체계에 심각한 충격을 주었다. 이것은 중국에게 수출에 따른 큰 영향을 줄 뿐만 아니라 중국이 구매한 미국 자산의 안전에도 중대한 위협이 되었다.

둘째, 금융위기는 선진국 수요에 민감하게 반영되기 때문에 중국 수출에 심각한 국면을 만들었다. 선진국은 높은 구매력이 있기 때문에 선진국은 중국 수출의 주요 대상국이다. 그러나 금융위기로 인해 미국의 실업률은 높아지고, 취업 없는 성장이라는 이상한 현상에 빠졌으며, 일본경제는 저성장이 지속되고, 유럽 국가들의 채무위기로 세계경제의 2차 위험을 야기하였다. 선진국 경제의 불황은 직접적으로 구매력 감퇴로 이어져, 중국 수출상품의 가격은 여전히 싼 가격이지만 경제 한파의 영향을 받을 수밖에 없기 때문에, 금융위기 발생 후에 중국 동남연해안의 많은 중소기업들이 폐업한 것이 이것을 바로 증명한 셈이 된다.

셋째, 국제금융 체계와 에너지 체계가 상호영향을 받아 세계 원유가격이 큰 폭으로 요동쳤다. 국제에너지 체계에 있어서 최근에 볼 수 있는 가장 큰 특징은, 세계 석유가격의 변동성이 커진 것이다. 이 단계의 석유 가격이 큰 폭으로 등락을 거듭한 것은 미국의 서브프라임 모기지 위기가 근원적인 원인이다. 위기가 막 나타날 때 시장의 영향은 금값의 상승과 달러화가 빠르게 평가 절하되었으며, 이로부터 달러로 계산된 석유가격이 올랐다. 그러나 2008년 9월 서브프라임 모기지 위기가 세계적인 금융위기로 전이된 후에, 세계 경제 침체에 대한 달러가치 절하의 역효과에 대한 예측을 초과하였다.

여기서부터 에너지 수요의 대폭적인 감소의 공황이 왔으며, 유가 또한 2009년 초 세계경제반등 현상이 시작될 때까지 하락하였다. 눈여겨 볼만한 것은, 2008년 전 세계 금융위기가 세계 석유유가에 대한 영향으로, 표면적으로 보면 거의 수요의 하락이 유가의 하락을 불렀지만, 좀 더 깊이 들어가 보면 오히려 전면적인 위기 전에 유가가 급격히 상승하였다. 이러한 비정상적인 유가 상승의 주요 원인 중의 하나는, 바로 서방 선진국 특히 비축화폐 국가에서 금융시장의 관리감독에 힘을 쓰지 않고, 고가의 원료 상품에 대한 국제유동자금의 투기성 조작을 방임하기 때문이다. 여기서 나타난 근본적인 문제는 미국의 패권이 버팀목이 되어 달러화가 단일 비축과 지불화폐가 되고, 미국과 유럽이 주도한 국제화폐·금융관리감독기구로 조성된 전 세계 금융관리 메커니즘의 불합리성이 심각하기 때문이다. 바꾸어 말하면 "유가 폭등의 주요한 원인은 금융 측면의 달러화 충격 그리고 금융시장에서 효율적인 각종 관리감독을 소홀히 했기 때문에 일어났다"는 금융위기 후 학자들의 견해는, 미래의 국제금융 체계 개혁은 당연히 국제에너지 체계 개혁과 병행해야 하고, 따라서 현재 양대 체계가 밀접히 연계된 상황에서 하나의 개혁만으로는 세계적인 금융과 에너지 위기를 근본적으로 해결할 수 없다고 언급했다. 그러므로 "화폐·에너지와 금융 프레임은 국제금융의 새로운 질서에서 이루어져야 하며, 우리들의 목표는 하나의 새로운 Bretton Woods System(2차 대전 후 달러화가 주축이 된 국제화폐체계 - 역자 주)을 건립해야 하는 것을 의미한다." 바꾸어 말하면, "달러 본위제 하의 유동 환율제는 국제유가 불안정의 근원이다." 이것은 근본적으로 미국의 독단적인 패권구조의 불합리성을 반영한 것으로, 그 결과는 이번 금융위기의 발원지가 되었다. 미국은 슈퍼 파워를 가진 대형 국가로서 세계 원유가격의 추세에 대해 실질적인 작용을 하고, 이는 심지어 석유수출국기구(OPEC)의 규제범위를 벗어나고 있다. 현재까지도 금융위기가 끝나지 않았으며, 반대로 유럽의 채무위기·서아시아, 북아프리카의 혼란 등 중대한 경제정치 사건은 오히려 지속적으로 나타나고 있으며, 이러한 것들이 세계 원유가격의 큰 파동을 일으킬 잠재적인 가능성을 항상 지니고 있다.

전체적으로 말하면, 현재 세계경제의 불확실성의 근원은 국제정치경제질서의 불균형에 있다. 만일 이 질서의 근본적인 변화가 없다면, 미국 및 서방 동맹들과 관련 있는 경제정책으로 인한 위기가 각국의 국내 위기로 전가되며, 이는 곧 세계경제의 안정에 영향을 미칠 것이다.

이러한 객관적 환경에 직면하여 중국경제는 반드시 유비무환으로 위험을 예방해야 한다.

3. 중국경제의 건전하고 빠른 발전을 위한 노력

"삼농" 건설의 강화 : 농업·농촌·농민 문제는 지속적으로 중국경제발전을 곤란하게 하는 근원적인 문제이다. 따라서 "삼농"건설을 강화하는 것은 중국 농업기반을 공고히 하는 근본적인 조치이다. 그중에서도 농업은 생산력 요소로서 "삼농문제" 중 핵심 역할을 한다. 중국의 농업기반을 공고히 하는 관건은 과학기술을 바탕으로 한 농업의 현대화이며, 농업 생산 향상의 근원인 과학기술의 축적이다. 여기에 더하여 농업 정보화 수준을 향상시켜야 한다. 농촌문제는 제도의 문제로서 사회주의 신 농촌건설은 중국특색의 농촌을 관리하는 새로운 길을 열어야 한다.

체제메커니즘의 창조를 통해 각종의 경제자원을 효율적으로 배치하고, 농촌의 촌민(村民)들에게 평안히 살면서 일을 즐기는 안정된 가정을 이룰 수 있게 함으로서, 농업경제발전의 견실한 기초가 되게 해야 한다. 경제발전의 마지막은 사람에게 의지해야 하며, 농업 현대화와 신 농촌 건설 중에 전통 농민의 현대화는 특히 더욱 중요하게 보인다.

이러한 일들의 열쇠는, 농촌교육을 위해 많은 투자를 함과 동시에, 농촌 의료보장과 사회보장제도를 강화시켜, 농민들로 하여금 노인에게 필요한 경로시설 유아에게 필요한 보육시설을 갖추어 평안히 즐겁게 일할 수 있게 해야 한다.

"삼농문제"는 서로가 긴밀히 연계되어 종합적으로 농업 생산력을 향상시켜야 하며, 반드시 사회주의 새로운 농촌의 제도건설과 농민 현대화의 인력 자원의 버팀목이 되어야 한다. 새로운 농촌제도를 만드는 것도 필수적으로 농업 생산력의 혁명적 변혁이 근본 동력이 되어야 하고, 농민의 현대화는 농업 경제모델과 농촌의 관리모델을 분리해서 창조할 수는 없다.

이와 동시에 "삼농문제"는 고립되어 따로 존재하지 않고 전체 국민 경제시스템 중에 포함되어 있다. "삼농문제"의 해결은 반드시 공업이 농업과 도시에 의지해서 농촌에 보답해야 하며, 이것은 또한 중앙정부의 통일된 조정 작용을 필요로 한다. 이것은 원자바오(溫家寶) 총리가 2011년 전국인민대표대회 11회 4차 회의의 정부 업무 보고 중에서, "삼농"에 대형 투자하여 강농혜농(强農惠農, 농촌에 각종 세금감면과 보조를 실시해 강한 농촌 만들기 운동 - 역자 주) 정책을 달성하자고 주장한 것과 같다. 재정지출의 중점을 농업과 농촌에 치중하여, 농업과 농촌의 총 역량을 확보하고 증산을 향상시켜야 한다. 예산의 고정자산을 중점적으로 농업과 농촌의 인프라 건설에 투입하고, 총량과 비중을 진일보 향상시켜야 한다. 토지를 양도하여 그 수익의 대부분을 농업 토지개발·농지수리(農地水利)와 농촌 인프라 건설에 투입하고, 충분한 자금을 확보하여 적정한 용도에 사용해야 한다. 2009년 중앙 재정에서 "삼농"에 투입될 예산은 9,884.5억 위안으로, 2010년보다 1304.8억 위안이 증가되었다. 농민에 대한 생산 보조를 계속 증가시켜, 주요 생산지역·중점 품종·전업대호(專業大戶)·전업농민합작 조직에게 중점적으로 보조해야 한다. 중앙정부 재정을 양식·유류·돼지를 조절 출하하는 큰 현(縣, 한국의 군에 해당 - 역자 주)의 일반성 이전 지출을 증가시켜 장려금의 보조규모와 범위를 확대해야 한다. 금융기관을 유도하여 농업 신용대출과 투자를 증가시켜 농업 대출금 증가량의 점유비율을 2010년보다 낮지 않게 확보해야 한다. "삼농"에 대한 정책성 금융의 지지도를 높여야 하며, 건전한 정책성 농업보험제도를 농업 재보험과 큰 재해의 위험을 분산시키는 기구로 만들어야 한다.

지역 간 협력을 발전시키는 전략 실시 : 지역 간 경제협력 발전은 중국의 지역 간 발전 불균형에 대한 유효한 조치이다. 현재 전체적으로 보면, 중국의 지역발전 정책은 동부 연해안 지역이 먼저 발전을 하여 서부의 대 개발을 이끌고, 동북의 노후된 공업기지와 중부를 부상시키는 것으로 나뉘어져 있다. 구체적으로 보면, 이러한 지역은 다시 동부의 장강 삼각주 경제구역·동남부의 해협서안 경제구역·남부의 주강 삼각주 경제구역·화북의 환발해(環渤海) 경제구역 등으로 나눌 수 있다. 이러한 지역 중에서, 각 지역의 구체적 실정에 맞게 적절한 조치를 취해 지역을 경제특구와 실험구로 더 구체적으로 나눌 수 있다. 예를 들면 무한이 핵심으로 주위 8개 도시가 둘러싼 무한 도시권과 장사(長沙)·주주(株洲)와 상탄(湘潭)으로 조성된 장주담(長株潭) 도시권은 "자원 절약형과 환경 친화형"의 종합적인 개혁 실험구역이고, 환발해경제구역 중에 요동(遼東)반도 경제권·성도(成都)의 도시와 농촌 일체형의 종합적인 개혁 실험구역 등이다.

한걸음 더 나아가, 어떤 대도시 중에 새로운 특구를 설립하였고, 이것은 이미 있던 특구정책을 더 완벽하게 했다. 예를 들면 모두 부성급(省級)에 속하는 텐진(天津) 빈해신구(浜海新區)와 중경(重慶) 양강신구(兩江新區), 요원하던 서북 변방의 신강(新疆)에 지금은 이미 설립된 카선(喀什)과 후얼궈스(霍爾果斯) 두 개의 신 특구, 그리고 이미 오래전에 설립되어 큰 성공을 거둔 심천(深圳)은 특구의 범위가 2008년 전체 시로 확대된 것 등이 있다.

이뿐만이 아니라 서로 인접한 구역 간에 지역의 장점을 이용하여 협력을 진행, 지역의 특이점을 서로 보완하는 것이다. 예를 들어 무한(武漢)과 장사(長沙)의 "두 가지 형태의 사회(兩型社會)" 실험구역과 강서성(江西省)의 "남창-구강(南昌-九江)" 경제권역은 서로 인접해 있기 때문에 GDP 2조 위안에 달하는 장강 중하류 벨트의 경제협력을 고려하고, 중부지역에서는 중국 경제성장의 제4극(第四極, 장강 삼각주·주강 삼각주·환발해 경제권역 다음으로 기대되는 경제권역을 지칭 - 역자 주)의 위치를 스스로 만들 것이다.

중국의 광대한 중서부 지역발전에 유리한 시기는 동부지구의 산업이 이전할 때이며, 저임금 인력자본의 우세함을 발휘하고, 동시에 일부 지역은 많은 고급인력의 장점으로 신기술산업을 발전시킬 수 있다. 예를 들어 중부지역 중심도시인 무한과 서부지역 중심도시 중경은 세계 제1의 가공기업인 푸쉬캉(富士康, Foxconn)의 정착으로 전 세계 최대의 대만식 컴퓨터·디지털 카메라와 노트북의 생산기지가 되었다. 동시에 무한은 대학과 과학 연구기관이 집중되어 북경과 상해 다음의 제3의 교육도시로서, 광전자가 핵심인 높은 신기술(高新技術)산업이 크게 발전하고 있다. 그중에서 중국 광곡(光谷)은 무한 동호(東湖)의 고신기술개발구로 북경 중관촌(中關村)을 이은 전국 제2의 고신기술 창조 시범기지가 되었다.

2010년 《국무원 전국 주체 기능구(機能區) 계획 인쇄 발표에 관한 통지》에서, 각 구역은 인구와 토지에 의한 서로의 협조를 요구·인구와 수자원에 의한 서로의 협조를 요구·큰 구역은 상대적인 균형을 요구·도시와 농촌의 통일적인 계획을 요구·상하류의 통일적인 계획을 요구·지상 지하의 통일적인 계획의 요구에 대한 개발을 할 것을 제시하였다. 교통 인프라의 규모·배치·밀도 등 각 주체 기능구의 인구와 경제규모와 산업구조를 고려하여 밀집된 곳을 소통시킨다. 2011년 3분기 이전의 각 성시(省市)의 GDP 성장속도를 보면, 북경·절강성(浙江省)과 광동성(廣東省) 등 큰 경제규모의 성시(省市) 성장 속도는 낮고, 반대로 광대한 중서부지역의 성장속도는 동부지역 만큼 빨랐다. 그중에 중경과 천진(天津)의 성장속도가 제1위이고, 이러한 성장추세라면 2011년 14개 성시(省市)가 GDP "조(兆) 클럽"의 대열에 진입할 수 있다. 이것은 중국의 지역발전이 이미 점차적으로 협조와 균형상태의 과도기로 향하고 있고, 중국이 다함께 부유해지는 최종의 목표를 향해 서서히 전진하고 있다는 것을 말한다.

적극적인 도시화 추진 : 지역 경제협력발전의 중요한 내용은 도시들의 설립과 발전이며, 이것은 중국의 도시화 진행과정과 밀접한 연관이 있다. 중국이 개발도상국으로서, 도시화 진행과정은 현대화 건설의 필수적인 내용이고 객관적인 경제규칙에도 부합된 것으로 각급 지방정부가 정책적으로 추진한 결과이다. 개혁개방 30여 년 동안 중국 인구의 도시화 비율은 1978년의 17.9%에서 2010년 49.68% 까지 증가하였다. 도시화는 대규모 인프라와 도시 주택의 투자 수요가 증가할 뿐 아니라, 대규모 농촌인구의 이주와 생활방식의 변화로 거대한 소비수요를 창출하여, 중국 경제의 지속적인 성장의 강력한 동력이 되고 있다.

도시화의 중국경제에 대한 의의를 보면, 먼저 농촌의 잉여 노동력의 이동이다. 농촌 노동력의 도시로 향한 이동은 노동력의 자질을 향상시켜 산업의 질을 끌어올리는 것이다. 산업의 발전은 근본적으로 사람에게 달려 있으며, 동부 연해안 지역의 현대화 경제발전으로 제일 먼저 밭두렁에 있던 농부가 공장 직공으로 변신하였다. 현재 동부지역이 부상한 후에 구조 조정이 필요하여 산업을 중서부로 이전하고, 내륙지역을 위해 농촌 노동력을 이주시켜 산업을 발전시키는 기회를 제공하였다.

다음으로는, 도시화가 중국사회계층의 이동에 유리하다. 농민이 도시인으로 변하면 필연적으로 새로운 도시 계층이 출현한다. 노동 기능만 가진 단일한 사람은 간단한 일만 할 뿐이지만 도시로 진입한 후에는 도시 기술노동자가 된다. 그러나 새로운 환경은 새로운 기회를 의미하며 약간의 학습능력을 키운 농민이 도시로 진입한 이후 기회를 잡아 일거에 도시 부유층의 행렬에 진입하고 심지어는 도시의 신귀족이 된다. 그래서 도시화는 "중국의 꿈"을 이루는 일종의 길이며, 과거에 도시와 농촌의 이중구조로 분리되어 있던 농촌사람들도, 이제는 자기의 잠재능력을 발휘하여 부를 이룰 수 있는 꿈을 실현할 수 있게 되었다.

그 다음으로, 도시화는 국민소득 향상과 내수확대에도 유리하다. 중국경제의 "삼두마차"가 협조하지 못하고 있는 폐단의 결과는 내수의 부족이고, 그 부족의 근본은 농업생산에 종사해도 돈을 벌지 못해 농민소득이 높지 않기 때문이다. 따라서 농민이 농촌에서는 소득증대가 어렵기 때문에 바로 도시로 나가 돈을 버는 것이 효율적인 방법이다. 여기서 하나의 전제는 농업 현대화가 순조롭게 진행되어, 농업인구의 감소로 농업 생산품의 충분한 공급에 악영향을 주지 않아야 한다는 점이다. 이러한 전제 하에서 적당한 수의 농민들이 도시로 나가 더 많은 소득을 얻는 것은 가능한 선택 수단 중 하나일 것이다.

당연히 중국의 도시화는 비록 큰 진전은 있었지만 이에 따른 많은 문제가 야기되었고, 비교적 두드러진 것은 도시가 갖추어야 할 보편적 도시기능에 대한 수요의 증가이다.

예를 들면, 도시로 들어온 농촌인구에게 충분한 취업·학습기회·사회보장을 제공할 수 있는지와 더욱 중요한 것은 심리적으로 도시인과 동일시될 수 있는지의 여부이다. 그러나 이와 같은 문제점이 있을지라도, 도시화는 중국경제와 사회발전에 필연적인 선택이며, 정확한 방법을 적극적으로 지도하고 종합적인 조치를 택하여, 중국 경제의 지속적인 발전을 위해 동력을 제공해 주어야 한다.

"중국 제조"에서 "중국 창조"까지 : 2010년 10월 원자바오 총리가 무한을 시찰할 때 무한중형선반공장에 들러 노동자들에게 "중국 장비·장비 중국"라는 이 말은 말 하기는 좋다. 그러나 나는 한 마디 더 하겠다. "중국 제조"·"창조 중국", 즉 경쟁력을 결정하는 최종적인 것은 창조·지적재산권과 브랜드 그리고 기업의 질·효율과 이익이다"라고 말하였다.

무한, 이곳은 중국 중부의 중심도시이고 공화국 공업의 요람의 하나이다. 신중국 성립 초기 소련의 원조로 건설된 중공업 프로젝트들은 모두 무한에 자리 잡았다. 예를 들면 무한철강공장·무한중형선반공장·무한알루미늄공장·무한조선소 등이며, 이러한 무(武)자가 앞에 들어간 기업들은 신중국의 경제현대화 건설에 불멸의 공헌을 나타냈다. 새롭게 직면한 국제경쟁 상황에서, 원자바오 총리가 무한중형선반공장에서 강조한 "중국 창조"는 중국정부가 중국경제의 질과 경쟁력의 향상에 대한 단호한 결심을 설명한 것으로, 중국경제의 발전 방향을 명확히 하였고, 즉 제조대국에서 창조강국으로 변하는 것을 뜻한다.

실제적으로 "중국 창조"의 이야기는 이미 오래된 토지보사(土地譜寫)의 참신편(篇章)에 나온다. 바이두(百度)의 텅쉰(騰訊)·아리바바(阿里巴巴)의 마윈(馬云)과 런정페이(任正非) 등 첨단과학 기술의 민영기업 대표들도 한 명씩 재화의 신화를 창조해 냈다. 이것은 중국 과학기술 창조능력의 제고와 정부의 과학기술에 대한 투자도 원인이고, 중국 자본시장의 끊임없는 개선에도 원인이 있다. 자본은 창조와 하나하나 관련이 있는 개념이며, 자본의 뒷받침 없이 어떠한 아름다운 꿈도 탁상공론에 불과하다. 미국과 유럽은 실력에 있어서는 막상막하지만 미국만이 새로운 과학기술을 선도하고 반면 유럽은 그렇지 못하다. 관건은 유럽에는 실리콘밸리가 없다는 것이다. 실리콘밸리의 가치는 실리콘에 있는 것이 아니라, 계곡에 있다. 즉 일종의 위험한 투자에 의지해서 과학기술을 창조하는 신산업화의 경제제도이다.

이것은 최대한의 과학연구 인원에 의해 창조의 활력을 불러일으켰고, 그들에 의해 미지의 세계에 대한 탐색의 동력을 유지·발전시켰기 때문이다. 30년 전 미국의 첨단 과학자들에게 미래 신흥산업에 대한 예측을 모아보니, 긴 목록 중에 오직 인터넷·생명의학·통신과 소프트웨어 개발 4대 영역만 빠졌는데, 이것들이 공교롭게도 오늘날 미래 미국경제의 버팀목이 되었다. 왜 첨단과학자들이 예견을 하지 못했을까? 그들은 그 당시 이러한 기술들이 출현 가능할지 몰랐기 때문이었다. 그렇다면 누가 이것들을 발견했는가? 답은 위험한 투자를 한 자본시장이며, 자본만이 제일 예민한 후각을 가지고 성장 가능한 미래산업을 찾을 수 있는 것이다.

이미 만들어졌던 "미국의 꿈"이라는 이야기가 중국에서도 상영되고 있다는 점은 좋은 점이다.

"중국 창조"와 자본시장이 결합된 이야기는 제조업과 첨단과학기술산업에서 멈춤 없이 오랫동안 회자될 것이다. 그러나 현재 당장 자본시장의 신속한 지원이 요구되는 분야는 중국의 문화창조산업이다. 중국공산당 17기 6차 중앙위원회 전체회의에서 문화강국의 건립을 확실히 천명하였으며, 그중 중요한 것의 하나가 문화산업을 크게 발전시키고, 문화산업의 핵심은 창의력을 키우는 것이었다. 어떻게 하면 창의력을 갖춘 젊은이들로 하여금 중국 문화산업의 살아있는 역군으로 만들 수 있을까? 그 답은 아직도 자본시장이다. 중국의 자본시장은 나스닥의 중소 네트워크 회사와 같이 중국의 문화창조산업을 지원해야만 한다. "중국 창조"야말로 비로소 기초가 두텁고 내적 정신이 충만한 강대한 문화 중국을 만들 수 있다. 이를 위해 중공중앙심천부·중국인민은행·재정부·문화부 등 9개부와 위원회가 2010년 3월《문화산업 진흥과 발전의 금융지원에 관한 지도의견》을 공동 발표하여, 아래와 같은 사항을 제출하였다. 금융은 문화산업에 대한 지원을 확대하고, 다원화 추진·다단계의 신용대출 등을 개발해야 한다. 여신 패턴을 완벽하게 하여 문화산업에 대한 금융서비스를 강화하고 개진한다. 다단계의 자본시장을 크게 발전시켜 문화기업의 직접적인 융자 규모를 확대한다. 문화산업 보험 시장을 적극적으로 육성 발전시킨다. 문화산업발전 금융지원에 유리한 메커니즘을 만든다. 정책협조를 강화하고, 평가 6개 사항 내용의 감시 측정을 실시한다. 이것은 반드시 "중국 창조"의 무한 잠재력을 불러일으킬 것이다.

"중국 창조"는 "중국의 꿈"을 창조하며, 이러한 적극적 상상이 바로 현실이 된다.

대외경제협력과 관리에 적극 참여 : 세계경제의 당면한 불확실성이 높아지고 있어, 중국의 이에 대한 대응방법으로는 전 세계경제관리에 주동적으로 참여하여 발언권을 높여가야 한다는 것이다. 2008년 금융위기 후 중국외교의 3대 기본 주제는, 첫째 G20 정상회담의 조직화, 둘째 개발도상국가의 국제경제조직에서 배당금의 증액, 셋째 개발도상국가의 국제경제조직에서 고급관리(管理) 인원의 증가였다.

G20 회담에 대한 중국의 역할과 그 의의는, 개발도상 5개국들이 선진 8개국에 대한 과거의 대화 메커니즘에 비해 보다 평등한 지위를 갖게 하였고, 따라서 신흥 대국이 세계경제사무 중에서의 비중을 높여 나가게 하였다. 세계은행의 경우 세계경제관리의 유효한 창구로서 국제적인 화폐기금 조직이라고 한다면, 이러한 세계은행에 대한 신흥대국들의 분담금의 증액은, 주요한 정책 결정에 상당한 영향력을 확보하게 될 것이다. 마찬 가지로 이러한 조직 중의 고급관리 인원도 그 소속 국가의 정책 결정시에 분명한 입장을 구현할 수 있다. 때문에 린이푸(林毅夫)·주민(朱民) 등 중국학자와 관원이 고급

관리 인원으로 당선되어 전 세계경제관리 중에 중국의 목소리를 낼
수 있게 도움을 준다. 따라서 중국외교가 위기 중에 이 3대 주제를
제안한 목적은 적극적이고 주동적으로 참여하여 위험을 피하자는
것이었다.

　세계경제위험을 효과 있게 대응하는 근원은 전 세계 경제의 불균
형을 관리하는데 있고, 이를 위해 후진타오(胡錦濤) 전 주석이 2011
년 11월 프랑스 칸에서 열린 G20 정상회담 6차 정상회의에서 제안
한 5가지 주장이 중국의 입장을 집중적으로 나타내었다. 첫째, 증가
중에 균형을 고려하는 것을 견지한다. 둘째, 협력 중에 윈-윈하는
자세를 추구할 것을 견지한다. 셋째, 개혁 중에 관리의 완벽을 견지
한다. 넷째, 창조 중에 부단한 전진을 견지한다. 다섯째, 발전 중에
공동 번영을 견지한다.[1] 이외에도 경제불균형의 관리는 반드시 먼
저관리조직을 강화하고, 신흥 국가의 굴기와 세계경제사무에서 지
위를 승격시키는 객관적 현실을 구현하여, 그들에게 더 많은 정책
결정권을 주어야 한다. 그 다음, 자유무역을 필히 견지하고 보호주
의, 특히 무책임한 악성 평가절하 정책을 반대하여, 무역전쟁을 피
한다. 국제사회는 당연히 국제금융 체제에 대한 효율적인 개혁을
진행하여 단일의 비축화폐에 따른 폐단을 감소시키고 점진적으로
비축화폐의 다원화를 진행해야 한다. 중국은 이 방면에 주요한 공
헌을 한 바 있는데, 동아시아 비축화폐 금고를 추진 건립하여 세계
경제위험에서 동아시아의 충격을 감소시켰고, 동아시아 지역의 경

---

1) 호모(胡謀), 엽화(叶華) :《심천 2011년 32항 개혁 계획 공표 시민단체개혁 중점항목》,
　 인민넷, 2011-05-12.

제위험을 낮추는데 적극적인 작용을 하였다. 동시에 과경무역(跨境貿易)의 결산을 확대하고 통화 스와프의 주요 수단인 인민폐의 국제화 진행과정도 점차 빨라지고 있다. 인민폐가 비축화폐가 되는 과정이 아직은 이루어지고 있지 않지만, 이는 이미 확실한 대세의 흐름이다. 전 세계경제불균형을 해결하려면 필수적으로 남북(후진국과 선진국을 지칭함 - 역자 주)의 차이를 줄여야 하며, 중국이 이 방면에서 눈에 띄는 공헌을 했다. 2009년 말까지 중국이 누계 161개국과 30여 개 지역 조직에게 2,563억 위안을 원조하였고, 50개 중 채무국과 극빈국가의 채무 380건을 감면해 주었으며, 개발도상국을 위해 연인원 12만 명을 훈련 · 양성하였고, 누계 2.1만 명의 의료대원과 1만 명의 교사들을 파견하였다. 중국은 극빈국가의 대 중국 수출을 적극적으로 추진하여, 이미 중국과 국교를 맺은 모든 극빈국가의 대 중국 수출품의 95%를 무관세 적용하기로 하였다.

종합적으로, 중국은 이미 국제경제협력과 관리에 전면적으로 참여하여, 국제사회에 책임 있는 일원이 되었다. 그리하여 중국경제 본연의 규모와 영향력에 비추어 이러한 책임을 다하는 대국으로서의 행위는 전 세계경제위험을 감소시키고, 중국의 국가이익을 유지 · 보호하는데 적극적인 역할을 할 것이다.

4. 희망적인 중국 저탄소 경제의 길

2010년까지 60여 년간 누적된 중국의 GDP는 이미 5조 9,000억 달러를 돌파하여 일본을 제치고 세계 2위에 올랐으며, 외환보유고는 약 2조 8,000억 달러를 넘어서면서 세계 1위에 올랐다. 이러한 숫자들이 의미하는 핵심은, 생산량의 대규모 증가에는 강력한 과학기술이 뒷받침되어야 한다는 점이다. 실질적으로 4대 발명을 위시한 고대 과학기술의 성과나 중화인민공화국 창립 초기의 극도로 어려운 환경 속에서 개발해낸 원자폭탄, 수소폭탄, 인공위성, 혹은 최근의 유인우주선 사업과 고속철도 산업의 비약적인 진보까지, 이 모두가 중국인이 스스로의 능력과 노력을 통해 빛나는 과학기술 성과를 이룩한 것이며, 세계를 선도할 수 있다는 것을 증명하는 사례였다. 이와 상응되는 근대 100년의 낙후 상황은 당시의 집권세력이 과학기술 혁명이 이끈 현대화의 물결을 스스로 포기했기 때문이라고밖에는 설명이 안 되며, 새로운 집권세력이 기회를 잡고 조건을 마련하자마자 중국인의 과학기술 잠재력이 충분히 발휘되기 시작하였다. 그러므로 60여 년의 발전과정에서, 특히 개혁개방 이후의 눈부신 경제성과는 반드시 과학기술의 진보에 의지해야 하며, 이러한 눈부신 경제성과를 통해 누적된 국민의 부(富)는 반대로 중국의 새로운 과학기술혁신에 강력한 물질적 기반을 제공할 것이다. 이러한 변증적 관계는 중국의 희망적인 저탄소 경제발전에도 똑같이 적용되고 있다.

CCS(carbon catch and storage, 이산화탄소 포집 및 절강기술)는 저탄소 경제의 주요 과학기술 혁신분야이며, 현재 이러한 공정을 실시하고 있는 국가는 손에 꼽을 정도로 적다. 하지만 2010년 8월 27일, 중국 신화그룹(神华集团, Shenhua Group)은 내몽고자치구 오르

도스[鄂尔多斯]시의 이진훠뤄치[伊金霍洛旗]에 아시아 최대의 이산화 탄소 포집 및 절강의 모든 공정에 대한 프로젝트 기공식을 가졌다. 이는 개발도상국이 해당 프로젝트 개발에 나선 최초의 사례이며, 가동 이후에는 해당분야의 아시아 최대 규모 프로젝트가 될 예정이다. 소개에 따르면 해당 프로젝트에는 시멘트 반죽 부식예방시스템 등 스스로 연구 개발한 자주 지적소유권 혁신기술이 운용되며, 저예산 시장화의 운용형태를 통해 전체적 방안의 투입비용을 낮추고 최적화하였다.

중국의 재생에너지 분야에서는, 풍력과 태양에너지 기술 모두 큰 발전이 있었다. 2011년 1분기 중국의 풍력발전 발전량은 188억 킬로와트(kW)로, 전년 동기대비 60.4% 늘었으며, 같은 기간 화력, 수자원, 원자력 발전에 비해 30~50% 이상의 증가속도를 보였다. 풍력발전의 빠른 성장은 "장비선행"의 전략 덕분이다. 통계에 의하면, 2004년 중국에 설치된 풍력발전 설비의 90%가 수입산이었던 반면 2010년에는 풍력발전 설비의 90%가 중국산이었다. 중국의 풍력발전 시장의 발전으로 인해 10여 곳에 이르는 풍력발전 설비 제조사가 생산의 규모화를 이루었으며, 시노벨(sinovel, 华锐风电), 골드윈드(Goldwind, 金风) 등 7개 기업이 2010년 세계 풍력발전 설비 제조공사 15위 안에 이름을 올렸고, 그중 시노벨의 경우 세계 2위에 올랐다. 다년간 축적된 기술과 자본투자를 통해 중국의 풍력발전 설비 생산수준은 더욱 높아지고 있으며, 메가와트급 풍력발전기와 해상풍력발전 등 과학기술의 난관을 연이어 극복하고 있다. 시노벨의 부회장인 타오강[陶刚]은, "현재 중국기업에서 생산이 불가능한 풍력 발전 설비 부품은 없다"고 말했다. 풍력발전 설비의 국산화는 국내 풍력발전 기술수준과 운영수준까지 빠르게 성장시켰다. 현재, 중국의 풍력발전 세트는 일반적으로 세계주류의 기술을 채택하고 있으며, 세계 최초의 3메가와트 발전기와 해상 풍력발전 프로젝트 또한 시작되었다. 킬로와트 제조 원가는 11차 5개년 계획 초기의 7,000위안에서 4,000위안 이하까지 하락하였으며, 하락 폭은 40%에 이른다. 태양에너지 분야에서는, 중국 일류 태양에너지 기업인 썬텍파워[尚德电力, Suntech]가 이미 태양에너지 해결 방안에 대한 선진 적인 기술을 개발하였으며, 이들이 개발한 Pluto 태양전지 기술은 2009년 당시의 세계 업계 기록을 새로 썼다. 현재 썬텍파워는 태양 광발전 부문 세계 5위까지 올랐다.

그 외에도 중국은 석탄 전환 기술 분야에서도 장족의 발전을 이루었다. 중국 과학기술부의 제10차 5개년 계획, 제11차 5개년 계획과 863계획(1986년 3월에 비준된 중국 국가첨단기술연구발전계획)의 선진 에너지기술 분야 전문가팀 팀장이자 중국석탄과학연구본원 북경석탄화학연구분원(中国煤炭科学研究总院北京煤化工研究分院院长) 원장인 두밍화[杜铭华]는 2020년까지 중국이 세계 최대의 석탄 청정전환 산업체인으로 성장할 것으로 전망하였다. 전체적인 석탄 청정전환기술이 곧 국제 선진수준에 도달할 것이고, 일부 기술은 세계 최고수준에 도달할 것이며 중국은 머지않아 세계에서 가장 우수한 과학 연구팀을 보유하게 될 예정이다.

기술의 혁신 외에도, 자금의 투입 또한 저탄소 경제의 발전을 통한 기후변화 대응의 핵심내용이라 할 수 있다. 충분히 누적된 자금을 기반으로 중국의 대체 에너지와 재생에너지 산업 또한 크게 발전하고 있으며, 투자에 있어서 오랜 기간 세계 수위권을 다투고 있다. 대체에너지와 재생에너지산업의 빠른 성장에 힘입어 중국은 이미 〈재생에너지 중장기 발전 규획(可再生能源中长期发展规劃)〉의 2010년 전체 에너지 소비에서의 재생에너지 소비량 비율 목표인 10% 수준을 순조롭게 달성하였으며, 2020년 목표인 15% 수준을 향해 나아가고 있다.

중국의 충분한 자본적 우세는 저탄소 산업에 대한 지속적인 대규모 투자에 대해 보장할 뿐만 아니라 결정적 순간에 선진기술을 직접 구매하거나, 경제전환의 가속화 또한 가능하게 하며 이는 2008년 세계금융위기를 통해 충분히 입증되었다. 이 위기는 선진국 정부, 그중에서도 유럽 국가들 정부의 재정을 곤란에 빠트렸으며, 이는 세계최대의 외환보유국인 중국이 저탄소 핵심기술을 보유한 유럽의 첨단기술 기업을 구매하는데 있어 다시없을 기회를 제공하였다. 예를 들어 2008년 1월 중국의 골드윈드사(社)는 4,124만 유로를 지불하여 현금으로 70%의 주식을 구매하는 방식으로 독일의 벤시스 에너지(VENSYS Energy AG)를 인수하였다. 골드윈드는 신장풍력발전유한책임회사(新疆风能有限责任公司)를 통해 태어난 재생에너지 첨단기술 기업으로, 벤시스 인수 이전에도 이미 중국 최고이자 세계 8대 풍력발전 설비 제조사 중 하나였다. 그럼에도 많은 자금이 투입되는 해외 인수합병 방식을 택한 것은, 현재 중국 내의 많은 풍력발전기 세트 생산업체가 주로 기술도입과 외자기업의 생산허가증을 구매하는 방식으로 성장하면서 기술 연구개발의 발언권을 상실하는 모습을 목격하였기 때문이다. 그러므로 골드윈드의 이번 인수의 주요 목적은 설비 연구개발의 핵심 기술을 장악하기 위해서이다. 독일 벤시스는 영구자석 구동 기술의 선두주자로, 풍력발전분야에서 최첨단의 연구개발 능력을 보유하고 있었기에 수많은 다국적기업의 인수대상으로 떠올랐지만 최종적으로 골드윈드가 인수에 성공하였다. 골드윈드의 회장 우강(武钢)은, 이번 인수가 골드윈드 스스로의 지적재산권을 가진 풍력발전기 세트기술을 완벽히 갖추고, 회사가 연구개발 중인 다른 기술의 개발 속도도 높여 줄 수 있을 것이라 전망하였다. 그와 동시에 벤시스 설계 인원들의 육성과 선도를 통해 중국 내의 기술자들의 빠른 성장과 혁신 능력의 전면적 업그레이드 또한 이루어질 예정이다. 현재, 세계 전역에 골드윈드의 영구자석 풍력발전기 3,000여 대가 이미 가동 중이다. 그 외에도 2010년 중국의 지리자동차그룹(吉利汽车集团)은 유럽의 유명 자동차 브랜드인 볼보(Volvo Automobile Corp)를 성공적으로 인수하였으며, 10,963개 항목의 특허와 3,800여 명의 연구개발 엔지니어 및 모든 인재체계와 혁신능력체계 또한 인수 내용에 포함되었다. 이러한 해외인수를 통한 비약적 발전 노선은 중국이 이미 새로운 경제발전 단계에 진입하였음을 반영하며, 이는 대외투자의 방식을 통해 기술의 우위를 얻고, 글로벌 시장에서의 발언권을 확대하는 것을 의미한다.

  기술진보의 근본적 동력은 당연히 성공적인 자주혁신에 있다. 그러므로 중국정부는 이미 시장의 수요와 경제적 이익, 산업적 선도를 기준으로 신 재생에너지를 필두로 한 전략적 신흥 산업기술 발전규획을 수립하였다. 수립의 목적은 혁신적 형태의 국가 건설을 전략의 목표로, 지속가능한 발전을 전략의 방향으로 삼으며, 경제과학기술의 감제고지(瞰制高地, 적정을 살피기에 적합한 고지) 쟁탈을 전략 핵심으로 삼아서 전략적 신흥 산업을 경제사회발전의 주도적 역량으로 성장시키는 것이다. 이러한 전략을 통해 중국 스스로의 온실가스 배출량을 줄일 수 있을 것으로 전망되며, 2020년까지 GDP 단위 이산화탄소 배출량을 2005년에 비해 40%~45% 감축한다는 목표 달성을 통해 글로벌 기후협상에서의 발언권을 완벽히 장악하여, 공정하고 합리적인 글로벌 기후변화관리규범을 만드는데 스스로의 힘으로 공헌해야 한다.

　호안강(胡鞍钢) 교수의 말대로, 중국은 개혁개방을 통해 이미 세계를 위해 3가지 큰 공헌을 하였다. 바로 글로벌 경제성장, 무역성장과 빈곤인구의 감소를 말하는데, 미래에는 또 다른 두 가지의 공헌인 녹색(환경적) 공헌과 지식적인 공헌까지 하게 될 것이다. 그 중, 녹색성장, 녹색굴기, 녹색공헌은 세계를 위한 중국의 역사상 유례가 없는 공헌이 될 것이다. 녹색 성장을 통해서만 녹색공헌이 있으며, 녹색공헌만이 최고의 공헌이 될 것이니, 우리는 중국의 발전(녹색발전, 과학발전)이 세계를 향한 위협이 아니라, 인류를 향한 지대한 공헌이 될 것이라 떳떳하게 말할 수 있다.

3장.
사회변화 발전 중 맞이한
새로운 도전

중국은 10억이 넘는 인구를 가진 대국으로서, 역사상에도 없던 광범위한 변혁과 급속한 발전을 경험하고 있다.

한편으로는 사회발전 영역에서 세계가 주목할 만한 성과를 얻었고, 교육, 체육, 의료위생, 사회보장, 노령사업 등 민생 방면에서 많은 발전을 하였으며, 빈곤 퇴치에도 좋은 성과를 내고 있다. 국민건강과 생활수준도 대폭 향상되어, 공평의식, 민주의식, 권리의식, 법치의식, 감시의식이 지속적으로 강해지고, 각각의 민족들은 안정되고 화목하며, 생존형 사회에서 발전형 사회로 변화되고, 전통사회에서 현대사회로 변화하였다.

다른 한편으로는, 경제체제의 변혁, 사회구조의 변동, 이익구조의 근본적 조정과 사상관념의 심각한 변화가 진행되고 있다. 중국은 지금 사회변화의 진통시기와 병목시기, 사회모순의 돌출시기와 다발시기, 공익사업의 부족시기와 조정시기에 처해 있다.

사회건설이 정체된 후 경제건설에서 공익사업의 배치가 부족하고, 인구고령화가 돌출되고 있으며, 법치화로 나아가는 발전 중에 불균형, 비협조, 지속불가 문제가 여전히 나타나고 있다. 지역 간, 도시와 농촌 간 발전의 차이 내지 일부 사회구성원 간의 수입 분배 차이가 여전히 커서, 이러한 영역과 방면에 불공평, 불공정 문제가 존재하고 있다.

새로운 문제, 새로운 형세, 새로운 상황에 직면한 지금, 중국정부는 강렬한 정치 책임감과 역사적 사명감을 가지고, 사람이 근본이 되어야 한다는 점을 견지하여, 최대한도의 인민 군중에게 봉사한다는 정신에서 출발해야 할 것이다. 더 나아가서는 개방, 동태, 정보화에 입각한 사회환경으로, 사회변화 과정 중에 각종 도전에 적극 대응하여, 전력을 다해 사회발전 중의 문제를 해결해야 한다. 사회관리의 강화와 창조로 사회관리시스템을 개선하여, 봉사형 정부를 구축하고, 사회건설의 빠른 발전을 추진하여, 경제사회의 화목과 지속 가능한 발전을 실현토록 해야 한다. 그야말로 하나의 개방, 건강, 질서, 활력이 있는 현대사회를 형성해 가야 한다는 말이다.

1. 새로운 성취 : 중국사회의 변화 발전에 대한 인민의 기대

인민은 나라의 근본이고, 근본이 편안해야 나라가 견고하다. 중국

정부는 일관적으로 인민 생활수준과 행복감의 향상을 임무로 삼고, 인민 권익의 보장과 발전을 중시하며, 정부의 주도적인 역할과 인민 군중의 주체적 지위를 위해 발휘하는 것을 중시한다. 사회사업은 균형 있는 발전을 하여, 기본적인 공익사업 업무가 점차적으로 균등화되어, 사회보장 능력이 한층 더 기반을 다지고 사회공정(公正)도 선명해 지고 있고, 사회체제가 점차 완벽해 지고 있으며 사회관리 패턴이 부단히 개선되고 있다. 사회영역의 발전, 진보, 번영의 모습이 한 폭의 불꽃이 타오르는 듯한 그림이 우리들의 눈앞에서 펼쳐지고 있는 것 같다. 전체 인민이 노력하여, 배우고자 하면 학교에 갈 수 있고, 노동에는 소득이 있고, 병이 생기면 병원에 갈 수 있고, 늙으면 양로 혜택을 받을 수 있고, 사는 곳에 집이 있는 사회, 사람마다 책임을 다하고, 사람마다 모두 즐기는 화목한 사회를 전체 인민에게 돌아가도록 해야 한다.

1) 사회사업의 신속한 발전

사회사업과 양질의 인민생활, 그리고 행복은 밀접한 관계가 있으며, 사회발전을 가늠할 수 있는 지표로서 교육, 취업, 의료, 체육, 과학기술, 문화 등은 나란히 그 범위 내에 있다. 그리고 과거 사회사업의 장기간 정체와 지원 부족상태에 있었으나, 현재 우리들은 국가의 강력한 재정적 보장과 정부의 인민을 위한 이념을 가지고, 민중이 경제발전의 성과를 같이 누리고, 기본적인 공익사업을 같이 즐기고, 평등의 발전을 같이 누리는 기회가 이미 현실화되었다.

교육사업 성과의 확실성 : 중국은 민족의 장래와 국가의 전략에서 출발하여, 고도로 교육을 중시하였다. 60여 년이 지난 특히 개혁개방 30여 년의 흐트러짐 없는 노력으로 중국은 이렇게 13억이 넘는 인구를 개발도상의 대국이라는 세계 최대 규모의 교육체계를 만들었다. 먼저 교육에 대한 투자가 부단히 증가하였다. 2009년 전국 교육경비 총투자가 1조 6,502.7억 원이고, 국가 재정적 교육경비 투자가 1조 2,231억 원이며, GDP의 3.59% 이고, 2012년은 4%에 달하였다. 다음으로 양질의 기초교육 및 구조조정 측면에 많은 발전이 있었다. 의무교육을 전면적으로 보급하여, 2007년 농촌의 전면적인 무상의무교육을 실현하여, 적령 아동들이 "학교만 있으면 돈이 안 든다"고 했고, 그밖에 교사의 도시와 농촌 배치를 균등하게 하여 일선의 교육종사자들을 격려하고 농촌지역 교육의 질을 향상시킨다. 농촌교육의 면모를 일신하였고, 학령아동 입학률이 99%에 달하고 농촌교육 인프라와 교사 양성에도 많은 발전이 있었다. 동시에 40여 만 지역 농촌과 변방지역 학교의 원정교육 네트워크를 구축하여, 전국의 도시와 농촌 아동, 청소년과 인민군중이 더욱 더 평등한 교육기회와 양질의 교육자원을 누리도록 했다. 고등교육은 엘리트 교육에서 대중교육으로의 전환이 시작됐다. 고등교육의 입학률은 26.5%에 달하였고, 2010년 말 각종 형식의 고등교육 재학생 총수는 3,105만 명에 달하여, 역사적으로 신기록을 세웠으며, 보급도 큰 폭으로 향상되었다. 1978년 대학신입생 모집은 16.5만 명이었는데, 현재는 이미 400만 명을 넘어, 중국이 세계 일류수준의 대학을 만드는 것을 서두르고 있다. 중국의 교육사업은 국가를 위해 높은 자질의 많은 노동자와 기능 인재들을 육성 공급하여, 2005년에서 2010년까

지 대학과 중등 직업학교에서 사회를 위해 배출한 졸업생이 5,486
만 명이나 되었다. 노동자의 자질도 많이 변화되었고, 경제발전을
위해 끊임없이 인력자원을 받아들여 심각한 인구문제의 부담을 거
대한 인력자원의 장점으로 전환시켰다.

마지막으로 국민들이 받는 교육의 정도가 대폭 높아졌다. 전문대
학 이상 문화수준의 인구가 1.19억 명으로 세계 1위이고 기본적으
로 청장년층의 문맹을 퇴치하였다.

공공위생 사업의 점진적 추진 : 의료위생 사업은 십 몇 억 명
의 건강복지의 혜택을 공급하는 중대한 민생업무이다. 근년 들어
중국 의료위생 사업이 주목을 받고, 도시와 시골의 의료복지위생 업
무체계를 기본적으로 보급하였다.

질병 예방능력도 부단히 늘어나, 2009년부터 우리나라에 점차적
으로 도시와 시골 주민에게 통일적으로 질병의 예방과 억제, 부녀와
유아보건, 건강교육 등 기본적인 공공위생 업무를 제공하고 있다.
의료보장 보급은 인구가 점차 확대되어, 위생 과학기술 수준이 빠르
게 향상되었고, 인민 대중의 건강수준도 명확히 개선되어, 평균 수
명이 73.5세이고 주민의 건강 지표도 개발도상국가 중에서 앞서 있
다. "병원비는 비싸고 병원가기도 어렵다"는 문제를 좀 더 완화시키
기 위해, 중국은 새로운 의약 위생체제개혁을 실시하고 있다.

2009년 4월 중국 중앙 국무원은《의약위생 체제개혁에 관한 의견》
을 제출하였다.

이 문건의 제출은 기본적 의료위생제도를 공공생산품으로 삼아서
전 인민에게 제공하여, 사람마다 다 같이 누리고 저렴하며 효력이

있는, 기본적 의료위생 업무의 실현을 위한 초석을 다져놓은 것이
다. 전 의료과목 의사의 육성을 강화시키고, 전 의료과목의 의사제
도를 만들어, 많은 다재다능한 의료 인재를 육성하고, 위생기관의
인원 부족문제를 보충하여, 전 인민에게 신속한 전 의료과목 의사의
봉사를 받을 수 있도록 노력해야 할 것이다. 2003년부터 중국은 농
촌지역에 새로운 합작의료보험제도의 건립을 시작하였다. 공립의원
의 공익성은 더욱더 두드러져서, 2010년 전국공립의원의 진료와 입
원하는 연인원이 전국의 90% 이상을 차지하고 있다. 돌발적인 공공
위생 사건에 대한 응급시스템과 대응능력을 완벽하게 구축하여, 전
염병 발생상황에 대한 분석과 정기 발표제도를 만들었다. 이로써
"사스"와 신종인플루엔자 즉 유행성 감기를 성공적으로 대응조치하
게 되었다.

과학기술사업의 성취가 세계의 주목을 받음 : 중국의 과학기
술 사업이 왕성한 발전을 통해 과학 기술력이 지속적으로 높아졌고,
기초연구와 창조를 강화하여 창조형 국가 건설에 진전을 보였다.
자주적 창조능력이 점차 제고되어, 세계의 주목을 받는 과학연구 성
과를 얻었으며, 고도 기술산업의 발전과 국제경쟁력의 향상을 힘 있
게 추진하였다. 2010년 전국에서 기초연구의 경비지출이 328억 위
안, 연속해서 나온 "화성계획", "횃불계획", "등반계획", 작년대비 과
학연구와 기술개발(R&D) 경비지출에 6,980억 원, 2005년에 비해
1.85배 증가하였는데, 이는 GDP의 1.75%에 해당한다. 논문 편수와
수준도 같이 높아져, 국제적 지위도 향상되었다. 중국은 공간기술,
고등물리, 생물과학, 의약위생, 지학, 화학 등 중요 과학 영역에서

세계 선진 수준의 성과를 얻었다. 유인우주공정도 실현하여, 신주 (神舟) 5호, 6호, 7호와 8호를 우주에 쏘아 올렸고, "교룡(蛟龍)"을 바다에 띄웠으며, 다시 "천궁(天宮)1호, 상아1호, 2호도 성공리에 달 탐사를 하여, 우주 탐색의 새로운 영역 진입에 성공하였다. 은하 계열의 초대형 계산기 연구제작에도 성공했고, 잡교한 벼 기술 개발에도 성공하여, 벼 게놈지도 제작을 완성하였으며, 더 나아가 인간 게놈 계획의 게놈지도 1%를 완성하였다.

문화 번영 상황의 진일보 : 중국은 정부 주도, 재정 투입, 사회 각 방면에 참여한다는 방침을 견지하여 보편성과 편리성의 공공문화 업무체계를 만들었고, 공익적인 무료 문화봉사를 제공하고 있다. 근년에 와서, 대외문화 교류가 빈번하였고, 현재 중국과 세계 160여 나라와 지역 간에 문화교류 관계를 유지하고 있다. 해외에 중국문화중심을 7개 세웠으며, 282개의 공자학원과 272개의 공자과당(課

신주(神舟) 8호

堂)을 설립하였고, 현재 88개국에 분포되어 있다.

145개 국가와 문화협력 협정을 체결하였고, 연간 800건의 문화교류 집행계획을 제정·집행했으며, "중·프랑스 문화의 해", "중·러국가의 해", "중·일 문화 체육교류의 해" 등 대형 교류활동을 개최하였다. 전방위, 다단계, 광역, 다채널의 대외문화교류의 새로운 방식이 점차 형성되었다. 중국의 도서, 신문, 전자출판물이 5년 연속세계 1위에 올랐다. 서적 출판은 다년간 20만 종 이상을 유지하고 있다. 중국의 인터넷 기술발전이 향상되어 2011년 6월 말까지 중국의 네티즌 규모가 4.85억 명에 달하고, 규모로는 세계 1위이다. 그중 Microblog 사용이 1.95억 가구가 되고, 각종 네트워크 신매체가 끊임없이 쏟아지고 있다. 문화사업 발전은 인민 군중의 정신문화에 대한 필요성을 만족시켜주고, 인민 대중의 기본적 문화권익을 보장해주고 있다.

체육발전 상황에 대한 만족 : 대중체육이 발전하여, 전국 도시와 시골에 보편적으로 대량의 대중적 체육시설을 갖추어, 각종 운동장과 체육관이 85만 개 이상이나 되었다.

전국적 단일 체육협회, 성·시·구 체육회, 직업별 체육협회가 176개나 되었다. 도시와 시골의 체육지도소와 건강 신체소가 21만 개이고, 청소년 체육 클럽이 3,092개나 된다.

체육경기 성적도 뛰어났다. 1984년 LA올림픽에서 올림픽 노 금메달의 기록을 깨고 난 후, 중국 대표단은 역대 올림픽메달 순위에서 선두에 속하게 되었으며, 특히 2008년 북경 올림픽에서는 51개의 금메달, 100개의 은, 동메달을 획득하여 금메달에서는 1위를 차지하여 중국 체육경기의 신기원을 열었다. 1982년 제9회 아시안게임부터, 중국은 이미 연속 7회에 걸쳐 금메달 획득에 있어 1위를 차지했다. 2009년 8월까지 중국 선수가 획득한 세계 1위의 횟수는 2,310번이었고, 세계 기록은 1,195차례나 되었다.

2) 사회보장제도의 점진적 추진

통일되고 규범 있는 완벽한 사회보장 체계의 건립은 중국 개혁사업의 중대한 임무이자 거부할 수 없는 책임이므로, 인민들로 하여금 사회보장에 관한 염려와 불안을 없애주는 것이 지금 중국사회발전의 지지대가 된다. 30여 년의 개혁개방이 지나 중국은 점차 국정에 부합하고, 도시와 시골에 보급되어, 비교적 완벽하고도 지속적인 사회보장 체계를 건립 발전시킴으로써, 성과의 혜택을 전체 인민에게 파급시켜야 된다.

비교적 완정한 사회보장체제의 형성 : 체계의 패턴을 기본적으로 만들어, 체계의 전환을 완성하였다. 전체 주민에 대한, 도시와 시골에 보급된 사회보장 체계가 나날이 개선되고 사회보장 보급이 확대되어, 사회보장 혜택 수준도 매년 향상되었다. 충실하고 세밀한 사회보장 안전망을 더하여, 백성의 행복지수가 올라가고, 억만 인민의 마음이 훈훈해지고 있다. 우리나라가 사회보험이 주체가 되어, 사회구호, 사회복리, 원호대상, 주택보장과 사회자선 사업을 포함한 보장제도 구조를 초보적으로 형성하였다. 도시와 진(鎭, 읍에 해당, 역자 주)의 양로, 의료, 실업, 공상, 양육의 5개항 보험제도를 보편적으로 실시하여, 2010년 말 5개항 사회보험 기금 자산의 총액이 2조

3,886억 위안에 달했다. 2011년 7월 《중화인민공화국 사회보험법》
을 실시하여, 전 국민 사회보험시대가 도래된 것을 알리는 표시가
되었다. 인민 대중이 개혁 발전의 성과를 모두가 누리고, 전 사회가
상응하는 사회적 대우를 받는 것은 중국 사회보장 건립에서 일대
획기적인 사건이다.

사회보장 가입의 부단한 확대로 혜택 수준이 점차적으로 제고 :
2010년 말, 전국 도시와 진(鎭) 근로자의 기본 양로보험 가입자 수
는 2.57억 명이고, 도시와 진의 기본 의료보험 가입자 수는 4.33억
명이며, 실업보험 가입자 수는 1.34억 명이다. 농민의 양로문제가
고도로 중시되어, 국가에서 새로운 농촌 사회양로보험이 시험적으
로 전개하였다. 전국 27개 성(省)과 자치구의 838개 현(시, 구, 기),
그리고 4개 직할시 관할 구와 현의 총 가입률이 약 24%이고, 시험
적으로 가입한 수가 1.03억 명이다. 2010년 말 전국에서 모두 4,243
만 농민들이 신 농민양로금을 수령하였다. 사회보장 가입폭도 점차
확대되었을 뿐만 아니라 보장 수준도 해마다 올랐다. 국가에서 6년
간 연속해서 기업 퇴직 근로자 기본 양로금을 향상시키고, 국무원의
방침에 따라, 2010년 1월 1일부터 기업 퇴직 근로자 기본 양로금 수
준을 올렸다. 2010년 말 전국기업에서 보험 가입한 퇴직 근로자 1
인당 월 평균 수령 양로금이 1,362원이었다. 전국의 근 백만 명 기
업 퇴직 과학 기술자들의 월 평균 양로금 수령액은 2005년의 976위
안에서 2010년 약 2,000위안으로 증액되었다.

빈곤층 대중을 위한 보장선 구축 : 더 많은 대중들, 특히 생활
이 곤란한 대중들이 모두 안거낙업(安居樂業)할 수 있는 보장을 위

해, 중국은 사회복지와 자선사업의 발전에 힘을 다하여, 사회구호의 국면을 형성해야 하며, 빈곤층을 위해 사회의 따뜻한 사랑을 보내야 한다. 사회구호는 인민 대중 기본생활의 마지막 1차 방어선을 보장하는 것으로, 우리나라 사회구호의 체계 패턴을 기본적으로 만들어, 도시와 시골의 절대다수 빈곤층의 기본적 생활의 보장을 확보하였다. 이 외에도, 전국의 모든 농업인구를 포함한 현(시, 구, 포함)은 농촌의료 구호제도를 실시하였고, 전국 도시의료 구호사업을 전개한 현(시, 구)은 2,396개에 달했으며, 2010년 의료구호의 총 지출액은 152억 위안이고, 구조한 회수는 연 6,000만 회나 되었다. 최저생활보장제도를 만들고, 경제발전과 물가수준에 근거하여 보장선 표준을 즉시 조정했다. 도시의 최저생활 보장제도는 상대적으로 안정된 2,235.5만 명의 도시와 진의 빈곤층 주민을 보장해 주었고, 기본적인 동태관리가 필요한 곳에는 반드시 보장받을 수 있도록 하였다. 농촌의 최저생활 보장제도는 전국에 보편적으로 건립되고 있고, 이미 2,067.7만 명의 농촌빈곤층에게 보급되었다. 2008년 사천성 원촨[汶川] 대지진에서부터 시작된 자선의 힘은 세계를 감동시켰으며, 민간 자선조직이 더 늘어나, 자선사업의 발전을 한 걸음 더 촉진시켰다. 독거노인 공양 표준이 향상되어, 노인복지 봉사업무의 실시가 점차 추진되었고, 양로 봉사의 사회화 추세가 빨라져 노인복지 봉사 혜택의 수준이 개선되었다. 현재 각종 사회복지 기구가 4.3만개를 초과하였고, 수급대상이 128만 명에 달했으며, 사회복지기업 중에 장애 근로자가 63.7만 명이나 된다.

　사회화 수준의 향상 : 사회보장사업은 정부 단독의 영역이지만,

당도 사회책임과 공익정신을 구현하였다. 현재 보험의 사회화 관리 업무 체계가 초보적으로 건립되어 기업 사업단위의 사회사무 부담을 경감시켰다. 2010년 말, 전국은 이미 지역관리에 가입한 기업 퇴직 인원이 4,344만 명이고, 기업 퇴직 인원 총수의 76.2%를 차지한다. 사회보험 업무처리 네트워크가 계속해서 가도(街道, 동에 해당 - 역자 주) 지역사회와 행정촌(농촌의 기본 행정단위 - 역자 주)에 확대되어, 많은 인민 대중들을 위하여 더 신속한 사회보험 업무를 제공하였다.

3) 사회관리의 뚜렷한 진보

개혁개방 이래 사회관리 체계가 부단히 발전하였고, 각종 사회조직도 점차 발전하여, 도시와 시골 기층 자치조직이 점차 개선되었으며, 대중의 요구사항 전달의 통로가 계속 넓어져서 국민의 민주의식과 법치의식이 부단히 증강되어, 인민의 대중 참여와 사회관리의 적극성, 주동성이 꾸준히 향상되었다. 인민의 사회참여, 군중협동, 민주협상의 사회관리 구성이 형성되고 있고, 인민 군중에 의한 사회관리가 발전 진보하고 있다.

현대식 사회구조의 기본적 형성 : 역사 발전과정에서 충분히 나타나듯이, 하나의 현대식, 안정적 사회는 반드시 올리브 열매형의 사회구조이고, 이중에 중산계급이 사회의 주체를 이루고 사회의 주류를 만든다. 중국에 대해 말하면, 경제체제개혁, 경제고속발전, 경제구조 변화의 추진 하에 사회구조도 격심한 변동이 발생하였다. 예를 들어 취업구조는 비 농산업 노동이 이미 50%를 초과하였고,

공업화 국가와 같은 취업구조를 하고 있다. 다시 도시와 농촌의 예를 들어보면, 2008년 중국의 도시와 진(鎭)의 인구는 6억에 달하고, 2011년 4월 공표된 제6차 전국 인구조사에서 나타나듯이, 2010년 중국 도시와 진에 거주하는 인구가 6.66억 명에 근접하여 도시화율도 50%에 도달하였고, 전국은 이미 반의 인구가 도시에 거주하고 있다.

한편 사회계층의 구조를 예를 들면, 현대사회의 경제구조와 서로 적응하는 다단계사회 계층구조는 이미 초보적으로 형성되어, 민영 과학기술 기업의 창업인원과 기술진, 외자기업에서 초빙 받은 기술 관리 인원, 개인 상공업자, 중개 조직의 종업원, 자유직업인 등 새로운 사회계층이 점차 성장하고 있다. 사회 유동 패턴은 밀폐형 사회에서 이미 개방형과 다원화된 현대사회로 성장했다. 억만 중국 인민들은 자신의 노력으로 중산생활의 목표를 향해 분투하고, 중국사회가 나날이 새로워지는 발전을 실증하듯이, 활력과 희망을 향하여 전통사회가 경제현대화의 흐름을 따라, 한층 더 현대로 향한다.

중국사회의 변화와 경제의 전환으로 중국 사회조직의 발전은 많은 역사적인 기회를 얻어, 사회가 시민사회단체에 대한 필요로 인해 비정치성, 비영리성, 사회성이 특징인 사회단체가 시대의 요구에 따라 생겨나, 마치 우후죽순과 같이 쏟아져 나왔다. 2011년 제2분기까지 전국에 법적으로 등기된 시민사회단체가 이미 44.8만개나 되었다. 그중 시민사회단체가 24.6만개이고, 민간에 의한 비영리 단체가 19.9만개이며, 기금회가 2,311개이다. 시민사회단체의 업무 범위는 과기, 교육, 문화, 위생, 노동, 민정, 노인, 체육, 환경보호, 법률봉사,

사회중개업무, 농촌 및 농업발전 등 사회생활의 각개 영역에 미치고 있고, 따라서 사회 각개의 인원들을 받아들여 618.2만 명이 취업하였다. 현재 등기된 시민사회단체가 여전히 매년 10% - 15% 증가하고 있으며 그중 대다수는 기층 시민사회단체이다. 이러한 시민사회단체는 사회위기, 사회모순 완화, 공익사업 제공 등 각 방면에 해당하여 특유의 장점을 나타내고 있으며, 사회관리의 새로운 주체로서 신속하게 성장하고 있다. 이러한 공익성 시민사회단체는 줄곧 빈곤구제를 맡아하고, 자선사업의 중임을 부담하고 있다. 예를 들어, 사천성 원촨(汶川) 대지진이 발생한 후에 각 시민사회단체는 가진 장점을 이용하고, 사회기부가 시작되어, 단체에 자원봉사하고, 구호업무를 전개하였으며, 심지어는 직접 제1선의 지진 구호와 재해 후 복구 임무에 참여했다. 전국의 각 시민사회단체가 모집한 물품의 누계는 356억 위안이었고, 동원된 지원자는 연인원 500여 만 명이었으며, 재해지역 재해민들이 재해 극복과 가정의 복구에 많은 물질적 도움과 정신적 지원을 보내어 내진과 재해 구호에 활력소가 되었다. 당과 정부에서도 갈수록 시민사회단체의 적극적 역할을 중시하고 이에 대한 지원을 더하여, 재정과 정책방면에 배려를 쏟았다. 2006년 10월 당의 제16기 6중 전회(6차 중앙위원회 전체회의 - 역자 주)에서 통과된《중공 중앙 사회주의 화목사회 구축에 약간의 문제에 관한 중대한 결정》에서 "시민사회단체"의 개념을 정식으로 제출했다. 2007년 중국공산당 17전대에서 처음으로, 어떻게 하면 더 적극적으로 시민사회단체의 작용을 발휘할 수 있는지에 대한 전문 논술로, "시민사회단체가 대중 참여를 확대하고, 대중 요구의 적극적 작용을 반영하여, 사회자치 기능을 높여야 한다"고 제시했다. 2008년《중공 중앙 행정관리 체제개혁의 심화에 관한 의견》에서, 공민과 시민사회단체는 사회공공사무관리에서의 역할을, 제도상에서 더 훌륭하게 발휘해야 한다고 명확히 지적했다. 2011년 "십이오(十二五)"에서 계획의 한 장을 할애하여, 시민사회단체의 발전계획을 상세히 펼쳤다. 2011년 7월, 중공 중앙과 국무원이 제출한《사회 관리의 강화와 창조에 관한 의견》에서, 시민사회단체의 작용을 강조하였고, 아울러 사회발전의 중요한 조치를 지적했다. 많은 지방정부, 예를 들어, 광주, 심천, 상해, 북경 등은 각급 정부가 관리하고 개입하는 업무를 전면적으로 정리하여, 직능별로 적극 전환해야한다. 시민사회단체가 부담하는 구체적 사회업무, 미시경제조정 내지 전문 봉사업무를 직능별로 돌려주거나, 혹은 상응한 능력을 갖춘 시민사회단체에게 위탁하여 담당토록 하게 한다. 시민사회단체의 정책 규정이 실행되도록 하여 시민사회단체의 발전을 촉진시키고, 각 지역에서도 많은 참신한 아이디어를 채택하고, 시민사회단체 발전을 촉진할 수 있는 시스템을 건립하여, 요녕성, 절강성, 북경 등 성(省)과 시(市)에 사회조직 발전기금을 설립하는 것 등이 필요하다. 이러한 것은 정부관리 방식으로부터 시민사회단체로의 전환으로 구현되며, 사회 성장발전의 훌륭한 기회가 될 수 있다. 중국은 이미 중국 특색이 있는 시민사회단체법규 정책 체계를 건립하였으며, 관리업무를 법제화, 규범화를 받아들였다.

사회 대중의 공공업무와 사회생활에 폭넓은 참여 : 중국정부의 관리 실천으로 공민의 참여의식이 증가하였고, 사회정보화 시대가 도래됨에 따라, 매체, 인터넷 보급으로 대중의 사회생활 중의 참여지위가 갈수록 두드러지게 나타나고 있다. 한편 정부가 형식 다양한 민주참여와 민주 협상 체제시스템을 건립하고, 정책결정 공개화와 정치 민주화의 진행과정을 신속하게 하여, 사회공공 정책에 대한 제정 내지 평가토론이 갈수록 많아져서, 공공의 참여 열정도 나날이 높아져 가고 있다. 다른 한편으로는 공공정책의 정책 결정과 실시 과정이 복잡해져서 이익이 다른 단체, 이념이 다른 인사도 모두 정책 결정 중에 참여할 수 있다. 사회의 자기관리, 자기감독, 자원봉사 능력이 갈수록 강해져서, 정부에서는 갈수록 중재자나 재판관의 역할을 담당하여, 사회 자기발전의 주역으로는 참여하지 않는다. 예를 들어 모든 사람이 방어하고 모든 사람이 관리하는 모델, 인민이 조정하는 모델 등은 모두 대중 참여와 사회관리의 바람직한 경험이며 훌륭한 방법이다. 북경올림픽, 상해세계박람회, 광주아시안게임 기간에 도시와 농촌의 대로와 골목에는 "붉은 완장"으로 가득했는데, 이것이 바로 폭넓은 군중의 참여와 사회관리의 생동감 넘치는 실천이라고 할 수 있다. 중국의 기층사회에서 나타난 각종 민주협상 실천은 사람들의 자기조직의 형식이다. 예를 들어, 중경시 무계현(巫溪縣)은 참여형 관리 모델이고, 절강성 온령(溫岭)은 협상형 모델의 실천이다. 인터넷 가상사회가 일어나서 대중의 참여가 전 인민의 참여, 염가 참여, 깊은 참여의 새로운 시대로 들어가 "모두의 일, 모두가 다 참여해야 하는" 민주당파이든 아니면 시민사회 단체이든 저변에 깔려있는 지역사회이든 모두 사회관리에 적극 참여한다. 중국의 이러한 새로운 변화는 사회의 발전과 진보를 힘 있게 촉진시켰다.

4) 민주법치의 대진보

중국은 법치국가의 기본전략을 확립하여, 법치의식과 법제체계를 모두 강화하였고, 정치체제개혁도 점차 추진되었으며, 봉사형 정부의 효율도 더욱 향상되어, 중국 현대화 건설의 중요한 정치적 보장을 획득하였다.

비교적 완비된 법률체계의 형성 : 상황에 따라 중국은 1982년 개정한 현행 헌법은 4차례의 개정을 거쳐, 이미 사회주의 시장경제체제, 사유경제와 사유재산 보호의 원칙 내지 국가존중과 인권보장의 원칙을 확립하였고, 헌법에 진일보한 현대 법치정신이 녹아 들어갔다. 이렇게 헌법을 근본으로 하여, 그 아래 민법, 상법 등 여러 법률과, 행정법규, 지방성 법규 등 다단계의 법률 규범으로 구성된 중국특색의 사회주의 법률체계를 형성토록 하였다. 2010년 말 이미 제정된 현재 시행되고 있는 법률이 236건, 행정법규가 690여건, 지방성 법규가 8,600여 건이며, 현행 법률과 행정법규, 지방성 법규 중에 불필요한 항목을 정리 작업했다. 경제, 정치, 문화, 사회 영역의 주요한 법률은 기본적으로는 이미 제정되었거나 혹은 초안 작업 중에 있다. 예를 들어,《중화인민공화국 물권법》,《중화인민공화국 행정강제법》,《중화인민공화국 사회보험법》등이다. 중국의 형법, 민법, 행정의 3대 소송법은 이미 완비되어 완벽한 소송절차의 법률체계를 갖추었다. 이외에도, 입법은 더욱 과학적, 민주적으로 공민들의 입법과정에 질서 있는 참여를 하여, 법률제정 과정 중에

공개 입법을 적용했다. 예를 들어,《중화인민공화국 자동차 선박
세법(초안)》전문이 공표된 후 1개월 내에 중국인민대표대회 인터
넷 사이트에 법률 초안 의견모집 란에 모집된 의견이 23만여 건에
달하였을 뿐만 아니라, 중국인민대표대회 사이트의 법률초안 의견
모집 숫자가 신기록을 세워 대중의 열정이 전에 없던 열기를 띠었
다. 사법의 공정성, 권위성을 보장하는 힘을 얻었다. 2010년 전국
각급 인민 법원에서 2년 동안 접수된 안건이 1,171만 건으로 역사적
인 기록을 세웠다. 판결과 집행 안건이 1,099.9만 건으로 재판기한
내에 안건 종결 비율이 98.51% 나 되었다.

　　정부개혁과 정치 민주화의 발전 : 당내 민주에서 인민민주까
지, 완벽한 인민대표대회제도에서 정치협상업무의 강화까지, 많은
공민(중국은 국민을 공민이라 칭한다 - 역자 주)의 질서 있는 참여
에서 각 방면의 민주 감독 강화까지, 중국 민주 법치 건설은 제도
화, 규범화, 절차화의 방향에 따라 명확한 발전을 가져왔다. 도시든
농촌이든 민주법치 관념은 이미 사람들 마음 속 깊이 스며들었고,
공민의 질서 있는 정치참여가 점차 확대되어, 당내 민주가 인민민주
로 추진되었다. 촌민위원회, 주민위원회, 직공대회, 노조 등 조직이
민주선거, 직접선거를 실행하여, 기층 민주자치인 촌민자치와 도시
주민자치의 목소리와 색깔들이 있다. 2007년 국무원이《중화인민
공화국 정부 정보공개 조례》를 제정하여, 권력이 양지에서 운행하
게 되어, 31개 성급 지방정부에서 소식 발표와 발언에 관한 제도를
만들었다. 2011년 국무원이 요구한 98개 중앙부처 중 극소수의 부
와 위원회를 제외하고 삼공(三公) 경비(출국경비, 차량구입과 운행,

접대비를 말함 - 역자 주)를 공개하도록 했다. 중국 정치체제개혁의 일대 혁신은 실제 존재했던 지도자 간부의 직무종신제의 폐지이며, 국가 정권기관 지도자들의 질서 있는 교체를 이루었다. 중국공산당 지도하의 다당 합작제도는 정치협상, 민주 감독, 의정 참여를 전개하여, 광범위한 애국 통일전선을 형성하였다. 정부는 인민이 근본인 봉사형 정부로 전환하여, 주요 정책을 경제조절, 시장 감독, 사회관리, 공공복무에 맞추어야 한다. 특히 공공복리와 사회관리를 더 중요한 위치에 두어, 공공자원과 공익사업의 균형 잡힌 배치에 치중케 하여, 더 많은 재정을 공익사업 영역에 투입하고, 더 많은 공공자원을 공익사업이 취약한 농촌에 투입해야 한다. 제도 감독, 사회 감독, 여론 감독 등 정부 권력에 대한 견제를 보장하여 권력 운행시스템의 법치화를 실현했다.

5) 개방과 안정의 병행

중국 역사상 겪지 않았던 시기인 바로 오늘날과 같이, 중국은 외부세계를 향해 개방을 하였다. 개혁개방 이래로, 중국은 경제영역에서 전면적으로 대외개방을 했을 뿐만 아니라, 사회 · 인문영역에서 대외교류, 사상교류도 활발히 전개해 나아갔다. 2010년 중국에 출입국한 사람은 연인원 3.82억 명에 달하였고, 이 중 외국인은 연인원 5,211.2만 명이었다.

중국인은 지금 세계 각지에 흩어져서 살고 있으며, 중국의 질 좋고, 값싼 상품이 세계 각국 인민들에게 실익을 가져다주고 있다.

경제사회 영역의 격심한 변혁에 직면하고, 각종 위험한 도전을 만난 중국은 중국공산당의 확고한 지도하에 시종 전반적으로 안정을 유지하여 사회치안 질서를 양호하게 지속시켰으며, 형사사건도 효율적으로 억제시켜서, 인민 군중의 안전감도 점차 향상되었다. 그리하여 사회 치안이 안정되어, 군중들의 안전감은 세계 최고의 국가수준으로 되었다. 인민들의 안거낙업(安居樂業)에 유리하고 경제의 신속한 발전도 보장되어, 안전한 사회 환경을 제공하고 있다. 중국 각 민족자치구역제도의 우월성을 효율적으로 발휘하고 있고, 각 민족이 단결하여 하나의 운명공동체를 만들어 나감으로서 중화민족의 위대한 부흥을 향해 매진하게 될 것이다.

2. 새로운 도전 : 중국사회 변화 발전의 위험한 시련

현재 국제사회가 직면한 공동의제는, 세계화에 따른 사회 안정의 유지와 그와 동시에 발전의 길을 모색하는 것이다. 이는 선진국과 개발도상국 모두가 직면하고 있는 문제이다. 중국은 사회발전의 거대한 성취를 이루었으며, 공업화, 정보화, 도시화, 시장화, 국제화로 신속히 진행 되어, 전체사회가 전통사회에서 현대사회로, 농업사회에서 공업사회로, 공업사회에서 정보화 사회로, 계획사회에서 시장경제사회로, 폐쇄사회에서 개방사회로 전면적으로 변화하였다. 사회변화의 규모가 크고, 속도가 빠르고, 형세가 드세고, 파급이 넓고, 영향이 깊어 세계 현대화 역사상 극히 보기 드문 현상이다. 경제체제의 격심한 변혁, 사회구조의 변동, 이익방식의 조정, 사상 관념의 심각한 변화는 이러한 시대의 특징으로, 사회관리에 있어 피할 수 없이 부수되어 온 일련의 새로운 과제임에 의심할 여지가 없다.

　편안할 때도 위험을 잊지 않고, 사전에 방비한다 : 경제사회의 빠른 발전, 현대화를 향한 빠른 질주를 할 때는 가끔 경제가 쉽게 불균형에 빠지거나, 사회질서가 쉽게 무너지거나, 사람들의 심리상태에 균형을 잃든가, 사회 모순이 갑자기 늘어나는 시기를 역사에서도 볼 수 있다. 중국이 국제금융위기의 충격을 성공적으로 대응하여, "중국모델", "중국의 길"이라는 국제사회에서 많은 찬사를 받을 때, 반드시 더 많은 문제점을 봐야했고, 더 많은 단점에 관심을 기울어야 했다. 중국은 여전히 세계 최대의 개발도상국이며, 인구가 많고, 기반이 약하고, 발전이 불균형한 기본 국정은 바뀌지 않은 상태이며, 사회발전에 아직도 이해 할 수 없고, 땔 수 없는 문제가 있으며, 수많은 모순과 도전에 직면해 있다. 경제와 사회체제, 사회이익 구조에 급격한 변혁이 발생하여, 여기에 도덕실추, 심리불안, 빈부격차, 인구 구성비율의 불균형 등 사회문제가 따른다.

　중국의 사회문제는 결국에는 사람의 문제로서, 중국은 인구가 슈퍼 대국으로, 하나의 도시의 가도(街道) 사무소가 관할하는 인구가 유럽의 중소도시의 인구에 해당한다. 중국의 경제발전과 사회진보가 빨랐지만, 일반인들이 가진 많은 요구는 모두 충족시킬 수 없는 것이며, 사회발전의 복잡성, 다양성으로 조성된 문제들을 쉽게 해결할 수 없는 형편이다. 사회의 기본인 엘리트조차도 불만이 존재하는 것은 중국이 개발상의 대국으로 장기간 나타나는 현상일 것이다. 장기간 동안에 취업, 의료, 교육, 주택, 안전생산 등 일련의 민생문제는 여전히 나타나고, 평준화와 보편적 혜택의 목표는 아직도 막중한 임무이자 요원한 길이다.

종합적으로 중국의 사회발전은 아직도 개발도상국의 수준이다. 유엔의 개발계획(UNDP)이 2011년 11월 2일 발표한 2011년 인류발전보고《지속성과 평등: 함께 누리는 아름다운 미래》에서 건강, 교육, 소득수준의 인류발전 지수에 근거하여 해당 보고서는 187개 국가와 지역의 발전상황을 순위로 배열하였다. 노르웨이가 전 세계 인류발전 상황 중에서 제일 좋은 국가이고, 중국은 101위로 중등 발전국가의 수준에 속한다.

도전과 기회의 병존은 현재 중국이 처한 현실이다. 경제사회 발전이 일정한 수준에 도달한 후에 사회구성원의 이익 요구는 더 다양화되고 더욱 복잡성을 띠게 된다. 따라서 사회정치 참여, 개인가치 추구, 정신생활 욕구 등이 더 절실할 수 있다. 현시대의 사회건설 임무는 지난 어떤 시대보다 한층 힘들고 복잡하며, 추진하려면 더 높은 지혜와 용기가 필요하다.

첫째, 인구 구조와 이동의 빠른 변화로 인해, 공익사업과 공공자원의 공급과 배치에 불합리성이 나타났고, 인구 업무와 관리 정체 등의 사회문제가 야기되었다.

사회관리란 사람에 대한 업무와 관리를 말한다. 현재 중국은 많은 문제가 대도시 인구문제와 연관되어 있으며, 인구와 자질 변화, 빠른 인구 이동, 인구분포도와 성별 구성비의 불균형, 고령화의 가속 등, 인구문제는 오늘날 중국에서 제일 두드러지고 긴박한 문제 중의 하나이다.

중국의 인구 규모는 거대하며, 세계 제1위이다.

중국 제6차 전국인구 조사결과에 근거하면, 2010년 11월말까지, 중국 대륙인구는 1,339,724,852명이고, 그중 남성은 686,852,572명으로 전체인구의 51.27%이다. 여성은 652,872,280명이고 48.73%를 차지하고 있다. 총 인구의 성별 비율(여성을 100으로 잡고 남성 대 여성의 비율)은 105.20로, 남녀 성별 비율에 불균형을 이루고 있다. 인구의 팽창으로 풍부한 노동력을 제공한다고 하지만, 사회에 거대한 부담을 안겨주게 된다. 한편 과대한 인구 규모는 사회자원에 대한 1인 평균 점유량을 낮추고 있고, 취업, 교육, 의료, 위생, 사회보장, 주택, 자원소비, 환경보호 등 거대한 부담을 낳고 있다. 다른 한편 사회변화 발전에 제약을 받고 있는데, 예를 들어 도시화 과정 중에는 농촌인구의 배치 문제이고, 다른 예를 들면, 빈곤층의 탈 빈곤 문제이다.

멕켄지 세계연구소(MGI)의 중국 도시화에 관한 연구보고의 예측에 의하면, 앞으로 15년 후 중국의 도시 인구는 9억~10억 명에 달하고, 2,000만 명 이상의 인구를 가진 도시가 2개나 생기고, 1,000만 명 이상의 도시가 8개나 생긴다. 아울러 6,000만 명 이상 인구의 권역 도시가 생길 수 있고, 100만 명 이상의 중소 도시가 200여 개나 생겨서, 중국은 약 10억 명이 거주하는 도시가 된다. 한편으로는 이러한 거대한 도시화 공간에는 새로운 기회가 생길 수 있으며, 아울러 미래 중국의 장기적 성장과 경제변화의 방대한 주제를 만들 수 있고, 다른 한편으로는, 미래 도시화 진행 과정에서 시장, 자원, 공익사업 업무 이 세 가지의 중요한 제약을 피할 수 없게 된다. 도시와 농촌, 사회관리와 공익사업 업무에 대해 새로운 도전이 생겨나고, 그때가 되면 중국 도시의 공공교통, 수도와 전기 공급, 쓰레기 처리, 도시환경의 질, 거주조건, 유동인구관리, 사회관리, 사회보장 등 많은 방면에서 정부가 해결해야 하는 심각한 시련이 나타나게 될 것이다.

인구 고령화의 가속, 노년층 빈곤의 현저함 : 중국은 세계에서 노년층이 가장 많은 국가이며, 전 세계 노년 인구 전체의 1/5이다. 2010년 말, 60세 이상 인구가 1.78억 명에 달하고, 총 인구의 13.26%이며, 이미 국제고령화의 표준(10%)을 초과하였다.[2] 인구 고령화의 제일 직접적인 결과는 노년 인구의 비중이 높아 사회의 양로 능력과 자원 지지력 구성에 대한 도전이며, 그리고 경제의 지속 성장에 대한 도전이다. 사회 부양비율이 높아지면 노동력의 부담과 원가가 커져서 사회에서 고령인구의 공양, 의료, 건강, 사회봉사 내지 노인의 결혼, 가정, 가치관 등 문제에 직면하지 않을 수 없다. 현재 우리나라의 양로 보장제도는 여전히 보급 폭이 넓지 못하고, 보장 수준이 낮아서, 양로 보장체계의 형성에 많은 문제점을 안고 있다.

---

2) 인구 고령화는 하나의 국가 혹은 지역 총인구중 노인 인구 비율이 지속적으로 증가하는 과정을 말한다. 인구고령화는 일종의 동태 과정이다. 국제적인 표준에 의하면 60세 이상의 노인 인구 혹은 65세 이상의 노인 인구가 총 인구 주의 비율이 7%나 혹은 10%를 초과하면 고령사회에 진입한다고 보고 있다.(조추성(趙秋成) 양수능(楊秀凌) 주편,《사회학》, 북경, 경제과학출판사, 2008, 참조)

사진 설명 : 도시화와 공업화가 추진됨에 따라 대도시의 인구는 점점 늘어났다.

"인구보너스"의 한계효용 체감 : 중국은 30여 년 이래 거대한 성취를 이루었고, 도시화도 매우 신속하게 진행되었다. 따라서 "중국제조"의 노동 밀집형 산업이 중국의 거대한 인구에 보편적으로 그 이익이 돌아갔다고 볼 수가 있다. 그러한 과정에 뒤이어 피할 수 없이 직면하게 된 문제는, 중국은 인구의 안정적 증가를 유지하며 동시에 어떻게 하면 경제의 쾌속 성장을 유지할 것인가 하는 문제이다. 이는 바로 "인구 보너스"의 시간을 어떻게 하면 더 연장할 수 있을 것인가 하는 문제와도 같은 것이다. 근년에, "구인난"이 동부 연해 발전지역에 빈번히 나타났고 동시에 중서부지역으로 확산되어, 농민공(農民工, 농촌에서 도시로 와서 노동자가 된 사람 - 역자주) 중에 청장년의 비율이 현저히 낮아졌고, 노동력의 공급과 수요

관계가 Lewis Tunning Point[3])와 같은 방향 변화를 보이고 있다. 노동력 사용 원가가 증가함에 따라 "인구 보너스"가 경제성장에 대한 공헌도가 감소하여, 중국경제의 국제경쟁력에도 영향을 끼치고 있다.

　농촌 노동력의 빠른 이전과 빠른 경제발전에 따라서, 거대한 규모의 유동인구가 형성되었다. 현재의 유동인구 수는 약 2.61억 명으로, 그중 40%가 젊은 사람이고, 도시화와 공업화에 따라서 중국 도시의 유동인구는 3억 이상에 달하고, 미국의 총인구를 초과한다. 인구의 지역분포가 불균형하여, 동부 연해의 발전된 성(省)의 상주인구의 비중이 빠르게 증가하고 있다. 특히 북경, 상해와 같은 특대도시의 어떤 행정구역 인구는 심각한 역전현상이 나타나, 외래 인구가 본 지역의 호적인구보다 십 몇 배나 많은 경우도 있다. 광동성은 우리나라 유동인구의 관리 임무가 제일 많은 지역 중의 하나이고, 이 성의 현 유동인구는 약 3,000만 명이나 되며, 그중 70%는 다른 성에서 유입되었고, 약 95%가 주장삼각주에 집중되어 있다. 유동인구의 맹렬한 증가는 사회관리 체제, 공공복지 공급, 사회보험제도의 통일, 유동 적정 연령 아동의 취학, 도시 공익사업과 사회치안 등 심각한 문제들을 안겨주고 있다. 비록 도시에서 절대 다수의 농촌으로부터 도입된 노동력 인구를 받아들였지만, 그러나 어떻게 하면 이미 도시에 거주하는 유동인구를 진정한 도시주민이 되어 도시와 지역사회에 융합하

---

3) Lewis Tunning Point는 노동력 과잉이 부족으로 향하는 전환점이다. 1950년대, 미국의 저명한 경제학자 루이스가 제출한 "이원경제" 이론이다. 그가 개발도상국의 경제발전은 노동력과 기타 자원이 전통 농업부문에서 부단히 현대 부문으로 이전하는 공업화 과정이다. 농업부문의 잉여 노동력이 비농업부문으로 점차 이전하여 농업부문의 잉여 노동력이 갈수록 적어졌다. 이여 노동력 이전이 끝나는 날이 소위 말하는 "Lewis Tunning Point"가 도래하는 시점이다.

고 시민의 대우를 누릴 수 있게 하는가 하는 문제이다. 앞으로 새로 증가된 농촌인구의 제도를 잘 배치하고, 공간 배치의 계획은 1억 이상의 유동인구를 위한 관리와 봉사를 제공하는 것은 어렵고 방대하며 복잡한 임무이다.

둘째 경제발전과 사회발전의 부조화로, 민생보장과 개선이 중점인 사회건설이 지체됨으로써 경제건설에 장애가 될 수 있다.

경제건설은 재산의 증가를 결정하며, 사회건설은 재산의 분배를 결정하고, 경제발전은 사회발전을 촉진하고 양자가 상호 보완하여 조화로운 발전을 하는 것이 이상적인 상황이다. 국제경험에서도 나타나듯이, 사회건설이 지체된 후에 경제발전에 장애가 와서, "중간 소득함정"[4]에 빠질 위험성이 있다. 2010년 중국 경제의 규모가 처음으로 6조 달러를 초과하여 세계 제2대 경제체가 되었으며, 경제성장률은 10.3%에 달하고, 1인당 평균 GDP는 4,400달러이며 3,000~6,000달러의 "함정 구간"에 들어 있다. 그러나 주민의 소득 증가가 정체한 후에 경제성장이 되고, 민생개선이 낙후된 후에 경제발전이 되어, 일부 주민들은 "나라가 부강하지만 인민들은 그렇지 못하고", "행복지수가 높지 않다"고 느끼고 있다.

중국은 사회사업 영역에서의 개혁개방은 아직도 상대적으로 지체되어 있다. 비교적 두드러진 문제는 어떤 지방정부는 관여해야 할 것은 관여하지 않고 방임하고 있으며, 방임해야 할 것은 방임하지 않고 오히려 관여함으로써, 시장 메커니즘의 발휘 내지 사회자본과

---

4) 소위 "중간 소득함정"이란 일개 국가의 1인당 평균소득이 중등 수준에 도달한 후에, 순조롭게 경제발전의 방식에 의해 변화하지 못하고, 경제성장의 동력부족으로 결국에는 경제정체의 상태가 출현하는 것을 말한다.

민간조직의 작용을 부족하게 하고, 각 방면의 적극성을 동원하는 체제메커니즘은 결핍되어, 사회사업 발전의 활력을 저해하고 있다.

기본적인 공익사업 발전이 불균형한 것은 사회건설 중에 존재하는 하나의 돌출된 문제이다. 비록 전국에 사용되는 교육, 의료, 사회보험의 공익사업의 지출이 재정 총지출에서 차지하는 비중이 30% 전후에 달하지만, 그러나 세계에서 1인당 평균 GDP가 3,000 ~ 6,000달러에 해당하는 국가와 비교할 때 아직도 각각 13%에서 24%가 적으며, 그 차이가 크다. 의료 위생 자원의 배치가 불균형하여, 중국의 인구는 세계의 22%를 차지하지만, 단 의료 위생자원은 세계의 2%에 불과하다. 그나마 2%의 의료자원도 80%가 도시에 집중되어 외진 농촌, 도시 지역사회와 공장 광산 등에는 의료사업이 비교적 결핍되어 있다. 이렇게 경제가 낙후되고 교통이 불편한 중서부 외딴 지역은 의료자원의 절대량이 부족하고, 대중의 기본적인 의료 위생의 수요를 만족시키기가 어렵고, 그런 지방주민들은 진료를 받는 것도 어려운 일이다. 중·대도시와 발전된 지역도 진료받는 것이 오히려 고질병이라 할 수 있을 정도이며, 더구나 중요한 것은 양질의 의료자원이 상대적으로 부족하여, 큰 병원에 가서 진료 받는 것은 아주 어려운 일이다. 농촌 주민, 외부에서 온 근로자가 진료 받는 것도 어려운데 전문 의료진에게 진료 받는 것은 더욱 어려우며, 한걸음 더 나아가 의료사업의 공급을 늘리는 것도 큰 짐을 지는 것이다.

교육 영역에 있어서는 전체적으로 많은 향상을 가져왔지만, "학교에 다닌다"부터 "좋은 학교에 다닌다"까지는 아직도 요원한 길이며,

공평의 문제가 아직도 돌출되어 있다. 국가 재정지원의 교육 경비가 GDP에서 차지하는 비중이 여전히 낮아서 아직도 4%의 목표에 못 미치고 있다. 각 지역의 경제발전 수준의 차이로 교육자원 배치의 불균형을 낳아, 도시와 발전된 지역에 대다수 양질의 교육자원이 집중되어 있고, 농촌과 벽지의 빈곤지역은 상대적으로 결핍되어 있다. 인구유동과 단계적 출산 절정의 영향으로, 취학 전 피교육자원은 공급과 수요의 모순이 드러나 유치원(탁아소 포함) 입학이 어려운 실정이고, 특히 도시에 진입한 1,100만 근로자에 딸린 자녀의 교육문제는 여전히 도시 기초교육의 미해결 문제로 남아 있다.

중국의 도시와 진(鎭)의 사회보장 체계가 비록 초기단계가 만들어졌지만, 그러나 지금도 사회보장 방면에 문제가 존재하고 있으며, 도시와 농촌 사회보장 발전에 불균형을 이루고 광대한 농촌지역의 낙후 정도는 심각하다. 일련의 기본보장제도의 보급 폭도 좁고, 기

사진설명 : 비싼 집값은 향후 몇 년 이내에 중국정부가 해결해야 할 어려운 문제 중 하나이다.

금 전체 단계도 낮으며, 보장 수준도 높지 않다. 특히 농민, 농민공 (農民工), 토지 피수용 농민, 도시의 무직자, 도시와 농촌의 장애인 등의 사회보장 문제가 두드러지게 나타나고 있다. 제도의 체계가 복잡하고, 제도 보장의 여러 수준과 상관 규정의 차이로 인해, 사람들의 기대와 수요는 반드시 거리가 있다. 예를 들면, 양로 보장 방면에 있어 도시와 진의 기업 근로자, 공익사업 단위의 근로자, 공공 기관의 업무인원, 농민공, 농민 등 각기 다른 계층들은 각각의 제도로 구별하여 배치되고 적용된다.

취업 상황을 낙관할 수 없다 : 한편으로는, 노동력 공급이 수요보다 많은 모순이 장기적인 현상이 되었다. "십이오(十二五)" 기간 동안 도시와 진(鎭)에서 매년 취업을 해야 하는 인원수는 2,500만 명이고, 대졸 취업생의 상황은 상당히 심각하다. 2009년 대학 졸업생은 611만 명이고, 2010년 625만 명, 2011년은 758만 명으로 증가하여, 다시 예전에 미취업자를 더하면, 취업이 필요한 대학생 수는 더 많아진다. 이외에도 직업고등학교 졸업생이 약 600만 명, 비농업으로 전환한 250만 명, 제대 군인 약 50만 명, 실직된 근로자도 상당수가 되는 반면, 매년 새로 증가된 취업 자리는 900만 명에 불과하다. 노동인력자원의 구조와 취업의 구조적 모순 또한 나날이 심해져가고 있다. 노동 집약적 산업의 취업계층은 공급과잉 상태이고, 첨단기술 산업분야의 취업은 오히려 공급부족 현상을 보이고 있다. 이러한 현상은 중국의 경제발전 방식과 산업구조 조정의 문제와 밀접한 관계가 있다. 농촌 노동력이 빠른 속도로 이동하여 취업하는 가속기에 진입하여, 현재 이미 2.4억 명이 이동하였고, 그러나 아직도 농촌에 남아도는 노동력은 1억 명이 넘는다. 다른 한편으로는 노동력 수급 관계에 변화가 일어나, 사실상 중국은 매년 새로 생겨나는 노동력 인구가 이미 점차적으로 낮아지는 상태에 있는 실정이다. 2011년 제6차 인구조사에서도 나타나듯이, 0~14세 인구가 222,459,737명으로 16.60%를 차지하고 있는데, 2000년 제5차 인구조사와 서로 비교해보면, 0~14세 인구의 비중이 6.29%나 줄었으며, 소아인구의 감소가 지속되면 중국의 노동력 인구가 점차 감소될 것이다. 농업 인구 중에 많은 청년들이 도시로 취업했기 때문에 농업노동력의 고령화 현상이 심각하여, 농촌의 고령노동력과 비농업 노동력 시장에서 청년 노동력 수급난이 더하여져, 구인난 문제가 상시화되었다.

　주택문제 또한 당면한 하나의 문제이다 : 역사적으로 보면, 중국은 도시와 농촌 주민들의 주택 상황을 이미 30년 전에 크게 개선하였다. 그러나 새로 생겨난 세대인 농민공과 젊은 대학생 계층은 눈앞에 직면한 높은 집값으로, 어떻게 하면 정부가 약속한 "사는 곳에 살집이 있다"는 목표를 실현할 수 있을는지 여전히 관심을 기울여야 할 문제이다. 오르는 집값 때문에 사람들은 그저 쳐다보기만 하고, 어떤 가정들은 집값이 너무 비싸 집을 못 사거나 주택 구매로 인해 곤경에 빠져 "집의 노예"로 전락하는 경우도 있다. 어떤 대도시의 방값은 심지어 일반 노동자 월급의 몇 배에 달하는 경우도 있으며, 뛰는 방값의 속도는 연평균 수입 증가의 속도보다 높아 틈새는 점점 벌어져, 결국 사회의 중산층을 힘들게 하고 있다.

　셋째 경제는 발전하였으나 사회관리는 아직 낙후된 상태에 있음에도 불구하고, 사회계층의 분화와 이익구조의 다양화 추세는 더욱 명확해지고 있다.

사회구조의 조직방식과 가치관념 변동이 격렬해져서, 사회질서와 규범의 진일보한 통합이 절실히 요구되고 있다. 이에 대한 대책을 방임하면 사회모순의 돌출기와 위험이 높은 발생기에 진입하게 된다.

지금 중국사회의 이러한 부조화의 원인은 대부분이 사회관리의 낙후와 결함이 관련되어 있다. 관련 자료에서 나타나듯이, 지금 중국사회 계층구조의 기본 형태는 10개의 사회계층으로 구성되어 있다. 국가와 사회관리자 계층, 경영자 계층, 사영 기업주 계층, 전문 기술인 계층, 사무원 계층, 개인 공상업 계층, 상업 근로자 계층, 산업 노동자 계층, 농업 노동자 계층과 도시와 농촌 무직 실업과 반실업자 계층이다. 사회계층의 분화는 사회진보의 표현이며 양날의 칼로서, 대량의 새롭고 복잡 다양한 이익 모순과 이익 요구를 불가피하게 야기 시킨다. 이러한 각 계층의 사람들 중 일부가 사회 밑바닥으로 전락할 경우 심리적 충격은 커서, 사회 불공정문제와 연결됨으로 인해, 약자계층의 심리에 불만의 정서가 쌓이게 된다. 사회변화가 더욱 복잡하게 얽혀 있고 뒤섞여 구별할 수도 없어서, 사회관리와 봉사의 임무도 더욱 어렵게 되고 경우에 따라서는 집단적인 사건으로 발전할 수도 있다.

사회구조의 분화와 재조직, 각 계층의 불만과 이익 요구가 점차 나타나, 그 차이가 뚜렷해져서 사회 불안정의 중요한 원인이 되고 있다.

사회계층의 분화 즉, 공업화, 도시화에 따른 노동자, 농민계층의 분화는 비록 새로운 사회계층이 부단히 나타나고 있어도, 그러나 이 진행 과정이 다소 완만한 추세가 되어, 사회집단의 횡적인 이동의 통로는 소통이 되지만, 상하 이동의 통로는 막혀 있어 계층 간의 분명한 한계를 형성하고 있다. 사회이익의 주체가 나날이 다원화해가소 있는 상황에서, 한편으로는 다른 집단의 이익 요구 제기가 증가하여 정책 협조가 어렵고, 정책과정 중에 실제수익자와 기대 이익의 상실자를 확정하기는 어렵게 되었다. 다른 한편으로, 부유한 계층이 그들이 점유한 자원의 위력을 동원하여, 정책과정에 있어서 그들에게 편향적으로 유리하게 결정 집행되게 한다면, 그리하여 기타 계층이 상대적으로 불리한 자원과 업무를 얻게 된다면 양극 분화는 매우 심각해질 것이다.

사회생활의 조직방식은 과거의 기관제(機關制)에서 현재의 사회제로 전환되었으며, 기관인(機關人)에서 사회인으로 되는 변화를 겪었다. 과거 이러한 기관(단위) 들은 취학, 취업, 병원진찰, 퇴직, 사회보장 등 모든 사회업무를 함께 처리할 수 있었으나, 지금은 극소수의 영역을 제외하고는 이런 업무를 하지 않는, 업무기관은 단지 업무처리 장소일 뿐으로서, 결코 모든 일을 관여하는 "기관(단위)"은 이미 아니다. 이러한 형태는 사회생활 조직방식에 많은 변화를 발생시켜, 사회 그 자체가 절대 다수 사회구성원의 사회생활의 각 방면을 부담하게 되고, 사람들은 사회로부터 다방면의 도움을 받게 되며, 따라서 현재의 체제에 대해 높은 지지를 보내게 되었다.

기관에 속한 사람부터 사회인까지, 그들에게서 중요한 변화는 바로 심리적 귀속감을 찾지 못하고, 특히 자유 직업인들은 정신적 스트레스와 함께 시종 초조감과 고독감에 빠져있다는 것이다. 그들은 오직 지역사회의 사회인 소수와 고정된 관계의 하나일 뿐인 것이다. 정부와 분리된 하나의"사회인" 간에, 그 동안 기관조직이 관리하던 네트워크와 기능은 모두 약화되고, 새로운 사회관리 네트워크가 형성 되어가고 있다. 그러나 아직 사회 공익사업 체계가 완전히 건립되지 못하여, 정부에서는 간혹 분산된 각종의 개별 조직들을 직접 대면하여, 사회업무를 위에서부터 아래까지 실행하는 것을 관철시켜야 하고, 밑에서부터 위에 이르기까지 소통과 해결에 있어서 여러 어려움을 겪고 있는 실정이다.

한편, 중국의 시민사회단체 발전은 아직 미성숙하고, 숫자도 적고, 규모도 작아서, 사회발전의 수요를 만족시키지 못하고 있다. 인구 1만 명당 시민사회단체의 숫자를 보면 프랑스 110개, 일본 97개, 미국 52개, 아르헨티나 25개, 싱가포르 14.5개, 브라질 13개이며, 반면 중국은 3.37개에 불과하다. 시민사회단체 체제시스템과 시민사회단체 발전은 서로 상응하지 않고, 일부 시민사회단체는 정부 쪽에 의지하여 행정적인 색채가 농후하고 자치능력도 부족한 편이다.

종합적으로 말하면, 사회 변화기에 놓여 있는 중국은 복잡한 사회모순을 눈앞에 두고, 충돌과 곡절에 직면해 있다. 이것이 경제사회 발전의 객관적 현실이자, 진일보한 발전의 위험과 시련이며 반드시 타당성 있게 처리되어야 할 중대한 과제이다.

넷째 소득격차의 확대와 분배방식의 부당함이 빈부격차를 늘리고, 이는 중국사회의 모든 문제의 병폐를 유발한다.

고도로 집중된 계획경제시대의 중국은 "한 솥의 밥(大鍋飯, 업적이나 능력에 상관없이 똑같이 취급함 - 역자 주)"의 평균주의를 신봉했고, 단일의 노동에 따른 분배를 실행하여 점차 노동에 직결된 분배가 주체로 되었고, 여러 종류의 분배방식이 함께 존재하는 그러한 분배방식이 확립되었다. 경제총생산과 1인당 평균 GDP로 보면, 중국의 개혁과 변화가 "중등 소득함정"의 역사적 문턱에 서 있다고 할 수 있다. 2010년 5월 24일자《인민일보》의 보도에 "조강(趙剛)은 국유 금융지주그룹의 부문 사장으로서, 연봉이 80여 만 위안이고, 여기에 주택, 차량, 도서, 체력 단련비, 휴가비, 양로보험 보충비 내지 각종 임시적 "복리"를 보충하여, 실제소득은 백만 위안 이상이 된다. 조강(趙剛)의 고등학교 동창인 소찬(小燦)은 중부지방의 지급시(地級市)의 가공기업에 근무하며, 기업 경영이 좋아 그의 연 수입은 4만 위안으로 그 지역에서는 고소득 계층에 속한다. "수입의 1/3이 주택 임대료, 1/3이 자녀 학비와 부모 병원비이다. 국가에서 소비확대라고 말하지만 이런 적은 임금 수입에 의존하니 소용없는 짓이라고 할 수 있다." 그가 말하는 생활의 스트레스는 상당히 크다. 조강의 초등학교 동창생인 왕배잉(王培仍)은 고향에서 농사일을 하며, 날씨가 따뜻하면 씨를 뿌리고 양어도 하고, 날씨가 추울 땐 철로에서 임시로 고용되어 일하면서, 일 년 동안 열심히 일해도 순수입은 2만여 원에 불과하여, 조강(趙剛) 수입의 일주일 치에도 못 미친다. 세 사람의 수입의 현저한 차등 상황이, 바로 현재 중국 주민의 소득격차의 현실이다"

속담에 한 명의 부자가 500명의 가난한 사람을 거느릴 수 있다는 것은 분배의 불공정을 나타낸 말이다. 정확하게는 중국인 1인당 평균 GDP가 이미 4,000달러를 초과하여 중간소득 국가 반열에 올랐지만, 그러나 최근 들어 국민소득 분배가 과다하게 기업 특히 폭리 업종에 쏠리는 경향으로, 주민 수입이 차지하는 비중이 지속적으로 내려가고 있다.

노동 보수가 첫째 분배 중에서 차지하는 비중이 지속적으로 낮아져서, 노동자의 수입은 지극히 낮아 노동 수입의 성장이 완만하고, 도시와 농촌, 다른 직종, 다른 계층 간의 소득 차이가 지속적으로 벌어졌다. 2010년 1년 동안 도시와 진 주민 가정의 1인당 평균 총수입이 21,033위안이고, 농촌 주민의 1인당 평균 순수입은 5,919위안으로, 도시와 농촌 주민의 수입 비는 3.55대 1에 달한다. 2010년 호윤재부(胡潤財富)의 보고에서 중국에서 1천만 위안 이상 부자가 이미 87.5만 명으로, 2009년에 비해 6.1% 증가하였고, 그중 1억 위안 이상 부자는 5.5만 명이며, 7.8% 증가하였다. 중국 내 이미 1,900명의 10억 부자와 140명의 100억 위안 부자가 있으며, 신흥부자도 속속 나타나고 있다. 스위스의 신용대출연구소에서 낸《전 세계 재산 보고서》에 의하면, 중국 인구 총수의 20%에도 미치지 못하는 부유한 가정이 소유하고 있는 자산은 전체 소득의 80%에 달하는 것으로 나타나, 재산의 불평등 현상이 지금 전 사회의 지대한 관심을 끌고 있다.

개혁개방 이래 중국은 한편으로는 경제성장을 지속하였지만 동시에 빈부 차이도 점차 벌어졌다. 전반적으로 각 계층 주민의 소득을 살펴보면, 지니계수가 한계선을 넘은 것은 논쟁의 여지가 없는 사실이다. 지니계수는 국제적으로 통용되는 주민의 소득 분배 격차를 종합적으로 고찰하는 중요한 분석 지표이다. 이 지수를 분석할 때는 0과 1 사이에 있는 수치가 낮을수록 사회 구성원간의 재산 분배가 평등한 것을 나타낸다. 수치가 높을수록 분배가 불균형적이라는 것을 나타낸다. 통상적으로 0.4를 소득 분배 빈부격차의 경계선으로 잡고, 0.4~0.6이면 빈부 차이가 크고, 0.6 이상이면 고도의 불균형으로 본다. 개혁 개방 이전에 중국의 지니계수는 0.16이었지만, 현재 이미 경계선을 넘은 0.46이다. 일부 계층에서는 낮은 복지로 인해 실제소득의 차이는 더 높다. 빈부의 격차가 벌어지면 의료, 교육, 사회질서, 사상관념, 도덕기준의 충격이 크고, 사회적으로 몇몇 독점기업의 고수입에 대한 많은 불만으로 인해, 민중의 "피 박탈감"이 강렬하게 나타나 심리적 균형을 상실하는 위기를 일으킨다. 만일 이런 심리적 위기의 만연함을 좌시하고 방임하여 순환되어 가면, 동요가 일어나 위기를 유발하게 될 것이다.

분배체제개혁은 아직 자리를 잡지 못하여, 노동자 임금 상승은 기업 이윤의 증가를 따라 잡지 못하고 있다. 세수 조절의 소득 분배의 기능은 아직 효율적으로 발휘하지 못하고, 재정지출이 기본적인 공익사업에 사용하는 비중이 낮고, 균형성 전환지급 비중이 낮다.

분배의 불공정은 소득에서 나타날 뿐 아니라 일부 사회 공익의 배치에서도 나타난다. 예를 들어 일부 가정 여건이 상대적으로 좋은 자녀들은 취업, 입학 등 방면에서 다른 사람에 비해 순조로운 경로를 거친다. 이러한 것은 사람들의 심리적 예측에까지 영향을 미쳐, 사람들의 다른 문제에까지 영향을 미치게 된다.

어떤 학자가 지적한 바와 같이, 만일 개혁개방 이래 가장 큰 성과는 바로 경제의 빠른 발전과 인민생활 수준의 향상이라고 볼 때, 그

러나 아직 해결하지 못한 문제가 있다면 그것은 소득 분배문제일
것이다.

다섯째 가상 네트워크 사회의 확대는 편리함을 주었지만 동시에
사회관리에 있어 어려움을 주고 있으며, 사회의 가치 관념에 대해
소극적이며 불확정한 경향을 가져왔다.

현재 중국은 세계에서 네티즌이 가장 많은 국가이고, 각종 인터넷
을 기반으로 하는 새로운 미디어가 빠르게 발전하여, 사람마다, 어
느 때, 어느 장소이든 인터넷 접속이 가능하고, 모든 사람이 "전체
미디어시대"와 "대중 마이크시대"에 들어가게 되었다. 특히 3G기술
이 "인터넷 전화"에서 "모바일 인터넷"으로 확대되어, 웨이보(weibo)
에서 만든 "개인미디어(We Media)"에 들어가기 쉬워 활동무대가 넓
어지고, 처리 속도가 빠른 특징 때문에 빠르게 보급되었다. 날마다
일어나는 중대사건과 돌발사건의 여론이 전파의 중심에 있고(2010
년 중국에서 사용한 규모가 6,311만 명, 네티즌 총수의 13.8%에 해
당), 네트워크가 없는 곳이 없는 시대가 되었다. 네트워크가 정치,
사회영역에서 갈수록 중요한 역할을 맡고 있으며, 특히 웨이보의 출
현이 가상네트워크 사회의 여론 형태를 변화시켰고, 그 지위와 영향
이 갈수록 두드러져, 이미 여론의 발원지와 집산지가 되었다.

그러나 네트워크관리에서 개인영역과 공공영역의 한계 구분이 명
확하지 않고, 네티즌의 공공의식, 네트워크의 공공질서는 현실사회
에서보다 비교적 약한 편이다. 특히 인터넷 접속의 익명성, 은폐성
은 간혹 마음대로 정서적인 불법성 표현을 나타내거나, 또 거짓 언
론, 온라인상의 유언비어로 쉽게 나타나, 사회 공황을 유발하고 바

이러스식 중계가 형성되어, 부정적인 여론은 더 쉽게 확대되어 사회에 오도될 위험성도 커진다. 이전에 발생된 몇몇의 사회사건을 보면, 가끔 어떤 일은 사건의 발단은 미약했지만, 미디어의 끈질긴 추적으로 한 순간에 폭발하여 마지막에는 사회의 쟁점이 되기도 하였으며, 심지어 어떤 때는 정부 행정의 발목을 잡는 일에까지 번지는 경우도 있었다. 예를 들면, 2010년 9월 한 남자가 온라인상에 광서성 남녕(南寧) "영화교(永和橋)가 붕괴되어 버스 3대가 강으로 추락"했다는 거짓말을 유포하자 순식간에 온라인 검색이 1만 명을 넘었다. 다른 예를 들면, 2011년 "3·11" 일본 대지진 후에 온라인상에 핵 누출로 바닷물이 오염되었다는 소문으로 인해, 각지에서 군중들이 무조건 소금을 사재기한 일이 있었다. 네트워크는 각종 언론들이 교전하는 장소가 되어, 물고기와 용이 뒤섞여 있는 것 같다. 네트워크상에서의 "핫이슈"는 반드시 민의(民意)를 대표하는 것은 아니며, 다른 생각이 있는 일부의 사람들은 가끔 네트워크 화제를 멋대로 조종한다. 전국정치협상 상무위원인 조계정(趙啓正)이 2011년 3월 전국정치협상회의 뉴스 발표회상에서 "일부의 사람들은 일반 네티즌 속에 숨어서 말을 남기고, 그 배후에는 기관이나 단체의 이익이 있다. 거짓 민의를 만들어 내는 목적은 여론을 좌지우지하여 대중을 오도하고, 심지어는 정부정책의 결정에도 영향을 미치고 있으므로, 예의 주시하고 경계해야 한다"고 지적하였다. 빠르게 발전하는 네트워크를 직면하고 있는 우리들은 인터넷이라는 신 미디어에 대해 미지의 영역인 아주 먼 곳도 이미 알고 있다. 어떤 정부기관은 이에 대한 대응과 정의에 대해 정하지 못해 관리수단은 과거

방식이며, 지나치게 보수적이어서, 가끔 "끊고 싶어도 끊을 수 없고, 정리해도 여전히 혼란스러운" 상황이 나타나고 있다고 말한다. "네트워크 공포증"과 "네트워크 마비증"이 같이 있으며, 온라인상의 여론을 홍수나 맹수를 보듯 하거나, 네트워크상의 민의를 무시하여 반응이 느린 경우도 있다. 이외에도 규범과 법제정립에서 입법이 지체되어, 법령 체계가 확립되지 않아, 업계에 대한 자율 부여와 규제가 천차만별이다.

여섯 번째, 정부의 자체 개혁 진행이 지체되어 여러 문제가 나타나고 있다.

오늘날 중국 국내에서 시장경제체제가 이미 건립되었고, 중앙정부 내지 각급 지방정부도 경제발전의 수요에 따라, 자체의 개혁을 진행하여 봉사형, 효율형, 청렴형, 법치형 정부를 향하여 노력하고, 시장경제조건 하의 행정관리 체제의 초기단계를 이루었다.

그러나 지적하지 않을 수 없는 것은 정부 기능의 변화가 여전히 확립되지 않고 있고, 업무의식도 기강이 확고하지 못하다. 정부의 행정비용이 너무 높고, 지출이 투명하게 공개되지 않고 있으며, 낭비를 효율적으로 줄이는 것이 부족하고, 재정시스템 개혁의 지체, 그리고 예산 집행에 대한 감독이 정착되지 못하고 있는 점 등을 지적하지 않을 수 없다. 자체의 직능 범위에 대한 몇몇 업무는 완전한 책임을 다하지 못하고 있는데, 예를 들면 기본 공익사업이 군중의 요구를 만족시키지 못하고, 공익사업 공급의 총량과 균형을 이루지 못하고 있다는 것이 그것이다.

중국은 사회경제체제의 심각한 변혁기에 놓여 있고, 법률제도는 전체적으로 확실하게 완전하지 못하다. 사회관리에 있어 중요한 일부 영역과 중요한 부분에 법률적 결함이 있다. 입법이 상대적으로 낙후되어 있고, 사회교정, 자원봉사, 정신위생, 가정폭력 등의 법률은 거의 백지 상태이다. 노동관계 화목 촉진, 도시 종합 법집행 규범, 돌발사건 대응, 식품약품 안전보호 등의 법률 법규도 미비하다. 시민사회단체의 발전, "가상사회"의 관리, 유동인구의 관리, 특수계층의 합법적 권익보호 등의 법률 법규도 미비하여, 더 높은 차원의 법률제도가 요구된다. 예를 들면, 시민사회단체의 조직관리 방면에서, 현재의 시민단체에 대하여, 민간설립 기업에 상응하는 관리 조례와 관리 방법으로, 단 등기, 등록, 연 1회 정기검사 등 절차성, 난관성의 조건으로 광범한 영역의 시민사회단체에 대한 효율적 관리를 할 수 있다.

법 집행의 유효성, 사법의 권위성 강화의 기대. 절차상의 비규범화로 인해 객관적으로 일부 지방과 일부 부문의 법 집행이 엄격하지 못하다. 실체가 엄중한데 비해 절차는 허술하여, 법 집행에 있어 재량의 범위가 상대적으로 넓은 편이다. 소수의 간부와 공직자들이 법의 집행 에서 "법 집행"이 목적이 되고, 심지어는 야만적 법 집행으로 대립을 초래하고 있다.

최고인민법원의 통계에 근거하면, 2009년 3월까지 전국에서 집행 완결한 재산 관련 안건의 누계가 26만여 건인데, 재산관련 안건 중 미해결 안건은 79.24%이다. 그리고 전국의 집행 완결한 중점 안건은 1,300여 만 건으로 중점 안건 수의 60.45%이며, 아직 많은 안건이 집행 완결되지 않고 있다. 대중들의 공평의식, 민주의식, 권리의식, 법치의식, 감독의식 등은 계속 강화되었지만, 법 존중과 준법의식 향상은 부진한 상태이다.

변화기를 거치면서 중국의 부패현상은 연이어 발생하였고, 거액의 경제적 손실을 가져왔을 뿐만 아니라 심각한 사회오염을 일으켰으며, 심지어는 많은 정부 고위관료들도 관련되어 정부와 인민대중들의 관계에 큰 손실을 입혔다.

일곱 번째, 공공안전, 특히 도시 운영 안전문제가 돌출되고 있다. 2003년 사스 발생에서 2008년 남방의 대 폭설 재해까지, 원촨(汶川) 대지진, 주곡현(舟曲縣) 폭우로 인한 산사태부터 상해 11 · 15 대화재까지……. 매번 중대한 공공안전 사고는 모두 국가와 인민에게 큰 손실을 가져다줬다. 중국이 점차 고위험사회로 진입하여 중국이 매년 공공안전 문제로 인해 일어난 경제손실은 6,500억 위안으로 GDP 총량의 6%에 해당한다. 이러한 문제는 매년 20만 명의 고귀한 생명을 빼앗아 간다. 공공안전에 경종을 울려야 한다. 드러난 주요한 것은 아래와 같다.

안전사고 발생 건수는 치솟고 있으며, 중대한 대형사고는 돌발성, 재난성과 사회위험성을 가지고 있다. 전국에서 매년 교통, 탄광, 산업부문 안전사고 사망자수는 13여 만 명, 상해 70여 만 명으로, 직접적인 경제적 손실은 2,500억 위안을 초과하였다. 2010년 전국에 발생한 각종사고는 363,383건으로 사망자 79,552명이며, 그중 탄광사고가 1,403건 사망자 2,433명이다. 2011년 중국철도 안전사건이 연속해서 일어나, 예를 들어 "7 · 23" 용온선(甬溫線) 대형 철도사고로 인해 200여 명의 사상자가 발생하였다. 10월 29일 란투(蘭渝) 철로 시공차량 전복으로 24명이 사망하고 부상자 다수가 발생했다.

중대한 돌발성 재해의 빈번한 발생 : 일부 지역은 맹목적인 경제발전을 진행하여 자원과 환경에 대해 "약탈식 개발"을 감행하였고, 방재(防災)를 소홀이 하여, 자연재해를 더욱 가중시켜 사회가 재해를 감당할 수 있는 능력을 더욱 취약하게 만들었다. 중대한 재해의 빈번한 발생으로 재해로 입은 손실이 눈덩이처럼 불어났다. 2010년 신장에서 연속적인 9차례의 혹한으로 입은 재해, 서남지역 5개성에서 가을, 겨울, 봄에 연이은 가뭄, 6월 중 하순 남방 11개성의 홍수로 인한 재해 등이다. 극단적인 빈번한 기후이변으로 수해와 가뭄은 심각하고, 경사진 곳의 산사태 등 제2차 지질 재해로 인해 많은 사상자가 발생하였다. 전국 18개성에서의 가뭄, 26개성에서의 홍수 재해로 인한 농작물 손실은 심각하였다. 경사지역의 산사태 등 지질 재해의 발생 횟수, 사망과 실종자 수와 직접적인 경제적 손실은 평년 동기 대비 훨씬 증가하였다.

화재 등 인재(人災) : 현대 도시의 특징은 도시인구, 건축, 생산, 물자 집중 등으로 화재가 쉽게 발생할 수 있다는 것이다. 각종 새로운 재료의 가연물 종류가 증가하여, 연소형식 내지 그 발생물질도 복잡하여 화재의 유독가스 문제가 대두되고 있다. 각종 새로운 에너지와 전기용품의 사용은 화재를 일으키는 원인을 복잡, 다양하게 하고 있다. 고층, 복잡, 초고층 건축의 증가로 구조의 어려움도 더욱 높아지고 있다. 2010년 11월 15일 상해에서 수리하던 빌딩에 무허가 전기용접공의 규정 위반으로 대형 화재가 일어나, 100여 명의 사상자가 발생하여, 생명과 재산 손실이 참담하였다.

식품안전 문제 : 식품의 생산가공과 판매과정 중에 생기는 여러 문제와 드러나지 않는 폐해가 갈수록 자세히 나타나고 있다. 중국의 환경보호 의식이 미흡하고 생명환경의 상황이 좋지 않아, 환경오염으로 인해 농작물과 그 생산품에 직접적인 해를 미친다. 그리고 농·목축업 직종과 어류 양식의 수원 오염은 심각하며, 농약, 약품 남용은 유해물 잔류 기준치를 초과하고 있다. 또한 가짜 저질식품으로 가득 찬 시장은 최근에도 계속해서 식품 안전 사건으로 나타났다. "식품 테러리즘"이 중국의 주민들을 위협하고 있다.

사회치안 상황의 심각 : 근년에 들어 국내 범죄가 조직화, 직업화, 지능화 되는 추세이다. 전국 공안기관에 입건된 형사사건의 연평균 상승폭이 24.7%이고, 형사사건의 총 건수도 연평균 300만 건 이상 발생하며, 각종 형사사건으로 사망자수가 연평균 7만 명이고, 직접적 경제적 손실은 400억 위안이 된다. 경제범죄에 관련된 사건의 금액은 매년 평균 800억 위안 이상이고, 범죄의 형식도 다양화, 복잡화, 심지어 국제화로 가고 있다. 국제테러주의가 대두되어 이미 중국에 대해서도 현실적으로 위협이 되고 있다. 중국 주변 일부 국가의 정국이 불안함에 따라 테러활동이 만연하여 테러사건이 빈번히 발생하고 있다. 이러한 모든 것이 중국사회의 안정에는 안 좋은 영향을 준다.

3. 새로운 계기 : 중국사회 전환발전의 지속적인 추진력

중국은 빠른 속도로 발전 중인 국제적인 대국으로, 사회 발전단계에서 보자면 현재 중국은 따뜻하고 배부른 생활(温飽, 먹고 입는 것이 해결된 상황을 의미 - 역자 주)에서 중간 소득수준으로 전환되는 사회 전환시기라고 할 수 있다. 사회 심리적으로 볼 때, 개방적이고, 다원적이며, 동태적인 사회 환경조건 아래 복잡 다양한 사회 심리상태가 경제상황에 미치는 영향은 매우 크다. 그 첫째로, 우리는 중국의 사회전환 문제를 목격해왔다. 당대 중국은 일종의 새로운 시야를 제공해 왔으며, 연구 및 탐구의 가치가 있는 수많은 부분을 제공해왔다. 다른 한편으로, 중국정부는 의심의 여지없이 경제사회 전환과정에서 발생하는 문제를 해결할 수 있다는 자신감과 능력을 가지고 있으며, 이러한 문제들을 해결하기 위한 더 나은 방법들을 찾기 위해 노력하고 있다.

우리는 중국이 직면한 문제와 도전에 대하여 객관적으로 바라 볼 필요가 있다. 몇몇 문제들은 인류 사회발전의 과정에 따라오는 보편적인 갈등에 속하는 것으로 한 국가만의 문제라 볼 수만은 없다. 예를 들자면 빈부격차와 불공평한 분배문제가 여기에 해당한다. 이는 선진국이나 경제공동체에도 존재해 왔던 문제들로, 심지어 문제의 정도 또한 심각하다. 이러한 갈등은 경제가 발전하는 시기에는 가려져 있으면서 드러나지 않다가 경제위기와 같은 상황이 촉발되면 전면에 드러나게 된다. 금융 위기 이후 서구사회에는 연이어 발생하고 있는 시위와 파업이 명백히 증명해 주듯이 소요가 끊이지 않고 있다. 중국이 모두의 부(富)를 위한 사회발전의 목표를 위해 애쓰는 것과 달리 서방국가들은 법률의 형식으로 이러한 격차의 합법성을 어느 정도 인정해왔다. 그중 일부는 발전과정에서 발생하는 문제로, 어느 정도의 혹은 비교적 긴 시간 동안 국가가 일정 수준 이상의 발전을 이룬 이후에야 해결이 가능하며, 이러한 문제의 대표적인 예로 의료보장과 사회보장 문제들 수 있다. 국가의 경제력이 일정 수준까지 성장하지 못할 경우 보장의 수준과 보편적 혜택의 수준이 좋아지기 어렵다. 또 다른 문제는 한 국가의 국가정세에 의해 결정 되며, 예를 들어 중국은 많은 인구로 인한 취업 스트레스가 상당히 큰 문제이다. 역사적으로 형성된 각기 다른 지역 조건과 발전의 불균형, 상대적으로 두드러지는 도시와 농촌 및 지역 간의 불공평 등의 문제 또한 안고 있다. 이로 인해 정부는 더 큰 실질적인 어려움에 직면해 있고 이에 대한 국민들의 이해가 어느 정도 필요하다. 또 다른 일부 문제는 해당 국가 특유의 문화, 전통과 관련이 있다. 예를 들어 중국인들은 예로부터 주택과 부동산 구입에 열을 올려왔고, 이에 대한 열망이 강하기 때문에 높은 집값이 다른 나라에 비해 훨씬 심각한 사회문제가 되었다. 이들 중 적지 않은 문제들은 일부 정부관리의 부패가 야기한 것이다. 부패한 관리들은 민심의 적대, 심지어는 집단 시위의 등장 또한 야기하고 있으며, 간접적으로 또 다른 사회문제의 끝없는 발생을 초래하면서 사회문제를 집중적으로 발생시키는 도화선이 되고 있다.

중국의 문제는 최종적으로 해결할 수 있을 것으로 보인다. 그 이유로는 중국이 강한 리더를 보유하고 있기 때문이며, 그 리더가 바로 인민들을 위해 성심성의껏 복무하는 집권당인 중국 공산당이다. 중국은 안정적인 정치 체제와 정치시스템을 보유하고 있으며, 또한 점점 완벽해지고 있고, 이를 점차적으로 제도화하고 있다. 중국은 거대한 사회 적재능력을 보유하고 있고, 문제를 해결할 수 있을 정도로 상황 변화에 충분히 적응하였으며, 또한 상황을 변화시킬 수 있는 시기에 와 있다. 중국은 발전적인 경제추세를 가지고 있으며, 발전과 진보를 통하여 사회에 산적한 문제들을 해결할 수 있다. 또한 중국사회가 각계각층마다 문제가 끝없이 산적해 있는 사회는 아니며, 적재능력은 그보다 더 강하다. 실제사례가 증명하듯 중국정부의 관리 개선, 선택의 단계적 공개, 민주과정의 가속화, 국가 안정유지에 있어서 충분히 예상 가능한, 희망이 가득한 미래를 가지고 있으며, 이러한 강한 확신 속에 중국의 발전이 이루어 질 것이다.

첫째, 형세 발전과 사회전환의 요구에 맞추어 정부의서비스관리체계를 강화하고, 서비스형, 법치형태의 정부를 구축한다.

'작은 정부, 큰 사회'라는 공공서비스와 사회관리 체제개혁 방향에 따라 행정관리체계 혁신, 직책 및 기능의 전환, 관계의 합리적 조절, 구조의 최적화, 효능 강화에 힘쓰면서 공공서비스와 사회관리를 더 중요한 위치에 놓고 온 국민에게 보편적 혜택이 돌아가는 기본적인 공공서비스 체계로 조금씩 개선해 나가야 한다. 균등화의 원칙에 따라 공공서비스의 총량을 계속해서 늘리고, 공공서비스의 구조와 구성의 최적화를 위해 힘써야 하며, 공공 제품과 공공서비스의 포함 범위를 확대하기 위해 노력해야 한다. 농촌, 서민층, 저개발지역에 치중하여, 공공서비스의 부족과 분배 불균형의 문제를 점진적으로 해결해 나가야 하며, 사회 구성원 전원에게 편리하고, 빠르며, 효율적이면서 양질인 공공서비스와 공공제품을 제공해야 한다.

정부 조직구조의 최적화, 공공서비스 부서의 확충, 공공서비스를 주요 내용으로 하는 정부의 성과평가와 행정 문책제도를 추진하여 공공서비스관리감독 체계개선과 법치정부 건설을 가속화하면서 법에 의한 행정, 법에 의한 규범적 정부 기능과 행정 행위를 전면적으로 추진해야 한다. 행정과 기업의 분리, 행정과 자본의 분리, 정무 분리, 행정과 중개기구 분리를 빠르게 추진할 필요가 있으며, 이를 통해 공익 형태의 사업 기관이 공공서비스의 핵심 역할을 발휘할 수 있도록 지원하고, 사회단체의 공공서비스 및 사회관리 참여를 지지하며, 공공서비스를 제공하는 사회 및 시장 참여시스템을 형성해야 한다.

완전한 공공 재정체제를 확립하고, 공공서비스에 대한 정부의 투자를 확대하며, 공공 재정체계를 개선하고, 재정 수지구조를 조정하여 공공서비스의 범위를 확대하면서 공공 안전, 공공 위생, 공공 교육, 사회보장과 공공 인프라 건설을 재정지출의 핵심분야로 설정, 더 많은 공공 자원을 공공서비스가 취약한 농촌, 서민층, 저개발 지역과 빈곤층에 투입하여 기저층에 대한 정부의 공공서비스 제공 능력을 강화해야 한다. 기본적인 공공서비스분야의 경쟁질서와 참여의 다변화 국면을 형성해야 한다. 이렇게 되면 사회자원의 효과적 동원과 종합적인 이용을 통해 기본 공공서비스의 강화와 개선을 이룰 수 있으며,서비스의 질과 효율을 높일 수 있다.

청렴 정치의 확립과 반(反)부패를 위해 노력하고, 행정 권력 운영에 대한 감독을 강화해야 한다. 완전한 부패 예방 및 처벌제도 체계를 확립해야 하며, 특히 공공 자원의 분배와 공공 자산 거래, 공공 제품 생산과 같은 분야의 관리 제도를 완벽히 하여 제도적인 구속력을 강화해야 한다. 소득, 주택, 투자 및 배우자와 자녀의 취업 등 개인 재산의 핵심 항목에 대한 탐색 및 점진적인 공개가 이루어져서 대중의 알 권리가 강화되어야 한다. 정무의 공개와 행정 결정 사안의 공개를 통해 대중 스스로의 이익과 관련된 중요 개혁방안과 핵심 정책 실시, 핵심 프로젝트의 결정 이전에 대중의 의견을 광범위하게 수집하고, 합당한 방식의 피드백이나 의견 수용 상황을 공포해야 한다. 행정 권력의 공개적이고 투명한 운영을 추진하여, 공개를 원칙으로 하고, 비공개를 예외로 하며, 정부 정보의 공개를 강화하여 "햇볕정부"를 만들어야 한다. 이와 함께 국민의 광범위한 참여 및 상호 연동을 통해야만 더욱 폭넓은 민주(民主)를 할 수 있다.

법에 의거한 엄격한 행정을 통해 법치정부를 수립해야 한다. 법치정부 수립의 효과적인 절차를 탐구하고, 지표 체계의 심사와 평가를 통해 법치정부를 수립하며, 프로그래밍과 절차 확립 강화, 행정 집행 행위의 엄격한 규제, 행정 처벌권 실시시스템을 규범화해야 한다. 행정심의 제도와 정부책임체계를 개선하여, 행정문책제도를 확립해야 한다. 행정심사 비준제도 개혁을 계속해서 심화하고, 행정심사 비준을 간소화 하고 규범화해야 한다. 정부정책 결정의 공개 자문시스템을 더욱 완비하고, 민의 수렴 채널을 넓히며, 민주적 의사결정을 견지하고, 정부에 대한 사회대중의 감독을 강화해야 한다. 정부의 정보 발표제도를 개선하고, 정부 사업 투명성과 공신력을 높여야 한다.

기저 층의 사회관리서비스 주체의 역할을 다원화 하는데 중점을 두면서 새로운 형태의 사회구역관리 및 서비스시스템을 완비하고,

저소득층 자치제도를 완비하여 지역민들의 법에 의거한 지역 민주 관리 공공사업과 공익사업을 추진하고, 정부의 행정관리와 기층 대중의 자치가 효율적으로 연결되고 좋은 상호작용을 이루도록 해야 한다. 사회관리 및 서비스플랫폼을 구축하고, 정부와 사회의 투자가 함께 결합한 경비보장시스템을 확립하여 지역건설에 있어서 질서 있는 관리, 완벽한 서비스, 여유로운 문명이 함께 결합하는 사회생활 공동체를 건설해야 한다.

둘째, 사회관리시스템의 개혁과 혁신을 가속화하고, 정부와 국민의 상호연동형 사회구조를 구축해야 한다.

제17차 중국공산당 전국대표회의(中国共产党第十七次全国代表大会)의 보고에서는, "당 위원회의 지도, 정부의 책임, 사회 협력, 대중참여의 사회관리구조를 완비해야 한다"고 제시하면서 거시적 차원에서 사회관리 체제의 혁신을 위한 원칙을 확립하였다. 정부의 컨트롤 체제와 사회조화시스템의 상호결합, 정부의 행정기능과 사회적 자치기능의 상호결합, 정부의 조절능력과 사회 민간단체 조절 역량 간의 결합을 중시하며, 사회주의 시장 경제체제와 조화로운 사회관리가 결합하는 새로운 구조를 점진적으로 형성해야 한다. 이러한 체제혁신의 핵심과 하이라이트는 정부와 사회의 양호한 상호연동 실현에 있으며, 시민 참여와 사회관리에 대한 적극성과 열망을 높이는데 있다. 비교적 독립적인 시민사회가 중국에서 부상하고 있는 것이다. 비록 중국 시민사회와 선진국 모델 간의 격차는 여전히 크지만, 우리는 중국사회에 넘치는 생기와 활력을 목격하였고, 사회변혁의 공공 목표로서 현재 시민사회의 건설을 추진하고 있다.

사회단체의 핵심적 역할을 발휘하여 사회의 창조 활력을 일으켜야 한다. 사회단체 체계의서비스 경제사회 발전을 핵심으로, 사회조직력 확립의 강화를 중점으로 하여 완전한 법제, 관리 규범, 분류를 통한 관리, 등급별 책임제의 민간조직관리 체계를 확립해야 한다. 사회 조직 발전관리 중에 직면하는 긴박한 문제에 대응하는 거시적 전략 차원의 장기적 연구, 장기간의 발전을 위한 기본 사상과 제도적 프레임을 설계해야 한다. 법률과 법규의 완비, 법에 의거한 감독 강화, 사회조직의 행동 규범을 확립해야 한다. 예를 들어 〈사회단체 등록관리 조례(社會團體登記管理条例)〉,〈재단관리 조례基金會管理条例)〉,〈민영 비(非)기업 부문 등록관리 조례(民办非企业單位登记管理条例)〉의 수정과 같은, 관련 법률 법규의 개선을 통해 사회단체의 건강한 발전에 제도적 보장을 제공할 수 있다. 동시에 사회단체는 헌법의 틀 속에서 관련 법률을 준수하고, 양성(良性)적으로 운영되어야 한다. 정책적 지원을 통해 공공정책의 제정에 대한 사회단체의 광범위한 참여를 이끌어 내어야 하며, 특히 사회단체가 사회관리 혁신에 있어서 핵심적인 역할을 발휘할 수 있도록 공공서비스에서 더 많은 임무를 맡도록 독려하고, 어느 정도의 미시적 분야와 사회서비스 형태의 역할과서비스 기능을 계승하도록 독려해야 한다. 위생, 교육, 과학연구, 자선, 커뮤니티, 문화, 복지 등 사회단체의서비스분야에 따라 분류관리를 시행해야 한다. 또한 세제혜택 등 이에 규합하는 정책을 보완하고, 경제관련, 공익 관련 사회단체 및 농촌 전문 경제협회와 지역사회 민간단체를 대대적으로 육성하고 발전시켜야 하며, 과학기술, 교육, 문화, 위생, 체육 및 인민생활

수준 향상에 따라 쏟아져 나오는 새로운 형태의 사회단체들을 지원하여, 사회서비스 기능의 증강을 통해 해당 단체에서비스를 제공하는 요구 반영과 행위규범의 역할을 강화해야한다.

민심 소통 방안을 더욱 확대하고, 인민대표회의 대표와 정치협상회의 위원의 광범위한 대중과의 연계에 있어서의 우위를 앞세워서, 인민대중이 공평하고 합당한 이념과 합리적 이익요구를 할 수 있도록 적절한 방식으로 이끌어야 한다. 아울러 각 분야의 사회이익을 고려하여 합리적인 이익 조절 메커니즘을 확립해야하고, 합리적인 개혁비용 분담 및 보상체제를 구축해야 하며, 사회적 이익게임의 상호연동시스템을 최적화하고, 대중이익의 소통, 사회이익의 조화, 모순분쟁의 조사 및 조절, 공민권익 보장시스템 및 규범을 완벽히 제정하여, 사회 민중이 충분히 소통하고 요구하며, 내부 관계를 조절하여 조화롭게 지낼 수 있도록 도와야 한다.

전체적으로 말하자면, 정부를 단일 주체로 하고 부서관리를 주요 운반체로, 행정방안을 주요수단으로, 관리통제를 주요 목적으로 하는 전통모델에서, 정부의 행정관리와 사회 스스로의 조절 및 주민자치관리와의 양성(良性)연동, 사회관리와 기관관리의 유기적 결합, 다양한 수단의 종합적 운용, 관리와 서비스의 융합, 질서 있고 활력 있는 통일적 다원관리 및 함께 만들고 공유하는 새로운 패러다임으로의 전환이 요구된다. 사회의 유동성 경로를 넓혀 중산층이 크게 늘 수 있도록 육성하여 합리적이고, 개방적이며, 포용적이고 점진적인 사회구조를 구축하고, 사회주의 시장 경제, 민주정치, 선진문화의 발전 및 조화로운 사회의 요구에 상응하는 사회관리 체제를 구축해야 한다.

셋째, 민생의 보장과 개선, 공공서비스의 전 국민적 혜택 강화, 공정함과 정의에 중점을 둔 사회정책의 실시, 빈부격차의 해소, 보편적 평등 추구 등의 개혁 발전성과를 공유해야 한다.

권리 지양의 사회 정책체계를 구성 및 시행하고, 사회적 불평등을 해소하는 효과적인 사회관리를 실시해야 한다. 사회 결과의 공평함에 대한 조절, 공공자원의 공평한 배치, 사회관계에서의 평등이 보장되어야 한다. 구체적으로는, 교육을 발전시키고, 기본적 의료위생 제도의 확립이 우선적으로 이루어져야 한다. 발전적인 취업확대 전략을 실시하고, 소득분배제도 개혁을 심화하며, 도시와 농촌 주민들을 포괄하는 사회보장 체계 구축을 가속화하고, 기본 공공서비스의 보편적 혜택과 평준화를 실현시켜야 한다. 소득분배제도 개혁과 소득 분배질서의 규범화를 이룩하고, 과학적이고 합리적이며 공평하고 공정한 사회 소득분배 체계를 구축해야 한다. 첫 분배 시, 공정함을 크게 중시하여, 정책 지렛대의 가이드 역할을 발휘해야 한다. 분배 관계를 보완하고 분배제도를 개선하여 저소득층 소득 수준을 향상시키고, 중산층이 차지하는 비중을 확대하며, 과도한 수준의 고소득층을 효과적으로 조절하고, 불법 소득을 단속하며, 지역 간, 일부 사회 구성원들의 소득분배 격차가 확대되는 추세를 해소하고, 국민 소득분배에서 주민 소득의 비중을 높이도록 노력해야 한다.

교육 분야의 경우, 일류 교육의 발전을 통해 일류 인재를 기르고 일류 국가를 건설하는, 국가의 발전에 끝없는 동력을 제공하기에 우선적으로 발전시켜야 하는 위치에 놓여 왔다. 관건은 교육의 질을 높이고, 공평한 교육을 추진하는데 있다. 의무교육, 직업교육, 고등교육의 제대로 된 시행을 통해 다양화된 교육 수요를 충족시켜 경제사회 발전을 위한 인재를 발굴해야 한다. 지역 간, 도농(都農) 간, 학교 간 교육의 균형 발전을 이끌어서, 자원 배분 불균형 문제를 점진적으로 해결하는 한편 국가 장학금 체제를 개선하여 형편이 어려운 학생이 순조롭게 학업을 마칠 수 있도록 도와야 한다.

의료위생분야는, 의료위생 개혁을 추진하고, 공립의료 기관에 대한 감독과 통제를 강화하여 해당기관의 공익성을 확보하고 공공성과 정책적 기능을 효과적으로 발휘해야 한다. 정부는 공공서비스의 직접 제공과 공공서비스의 유료 구매, 다양한 의료서비스 기관을 대상으로 한 효율적 감독관리를 통해 공공서비스 자원 배분 효율을 높여야 한다. 공공 의료위생의 공익성을 견지하고, 전국 도농을 총괄하는 기본 의료 위생시스템을 완성하여 모두가 누릴 수 있는 기본 의료 위생서비스를 조금씩 실현시켜야 한다. 양질의 의료발전을 통해 의료기술 수준을 높여야 한다. 시장 메커니즘과 경쟁 체제를 도입하고, 대내·대외개방을 확대하며, 사회자본과 외자의 의료서비스분야의 진입 문턱을 낮추어서 대중들의 다층적이고 다원화, 개성화, 특성화 된 요구를 만족시킬 수 있는 시장화 운영 위주의 의료서비스 체계를 확립해야 한다. 통일된 지휘와 영민한 반응, 조화롭고 질서 있으며 효율적으로 가동되는 공공 위생 돌발사건 응급관리 시스템을 구축하여 다양한 유형의 공공위생 사건에 효율적으로 대응해야 한다. 국제공조를 추진하여 중대한 전염병에 대한 감독관리 또한 강화해야 한다.

취업확대 분야는, 중국은 인구가 많고, 노동 취업인구의 공급 또한 많아서 취업이 수많은 사람들의 생계와 발전에 연관되어 있다. 취업문제해결의 기본은 경제의 빠르면서도 건강한 발전을 통한 취업 수용력의 향상과 취업 풀의 확장에 있다. 온갖 방법을 통한 취업확대를 국가 전략으로 삼아 안정적인 취업 확대, 적극적 창업 독려 정책시스템을 구축해야 한다. 시장과 산업학이 결합한 직업기능 훈련을 강화하고, 취업 공공서비스를 제공하며, 창업에 유리한 환경을 조성해야 한다. 취업의 구조적 모순 해결을 위한 연구를 진행하고, 고도로 숙련된 기술을 가진 노동자들을 육성하여 각종 인재를 합당한 일자리에 배치하도록 해야 한다. 근로자의 권익 보호를 강화하고 임금 단체 협상제도를 보완하여 기업의 사회적 책임 강화를 도와야 한다.

다음은 사회보장 체계분야이다. 사회보장은, 국민의 평안과 직결된 문제로, 수입재분배의 기능을 가진다. 사회보장에서 정부가 가지는 주도적 역할을 발휘하여, 인구 고령화, 취업방식의 다양화, 도시화의 가속화에 대한 적응을 통해 사회보장제도의 보완을 서둘러야 한다. 도시주민들의 양로, 의료, 실업, 산재, 출산 보험제도를 보완하고, 농촌사회 보험의 각종제도를 완비하여 농촌과 도시의 기본 양로, 의료보장제도를 전면적으로 포괄하는 사회보장제도를 통해 공평함과 보편적 혜택을 촉진해야 한다. 전국의 수많은 보장체계 병합을 가속화하고, 전국적으로 통일된 국민연금보험제도를 구축하여 국민 전체가 공평하게 누릴 수 있는 사회보장서비스를 만들어야 한다.

주택 방면은, 국내 실정에 맞는 주택시스템 체제와 정책체계의 개선을 서둘러야한다. 한편으론 거시적으로 분양 주택시장을 조정하고, 다른 한편으론 보장형 주택체계를 구축하여, 보장성 주거안정 프로젝트를 강하게 추진하고, 공공임대주택을 중점적으로 발전시켜 단계적으로 보장성 주택이 주체가 되게 하며, 공평하고 적정한 분배를 확보하여 질서 있게 진입하고 퇴출하는 제도가 되도록 보완해야 한다. 이러한 목적은 바로 모든 국민이 집을 갖게 하는데 있다.

사회가 더 나은 방향으로 발전하기 위해서는 공평과 정의가 마지 노선이자 동력이 되어야 한다. 당과 정부가 공정한 사회를 유지하는데 주도적 역할을 하고, 사회정책과 경제정책이 함께 맞물려 사회 구성원들이 사회발전에 공평하게 참여하고, 발전의 성과를 함께 나누도록 해야 한다.제도를 통한 사회적 평등을 확보하고, 사회주의 민주정치를 발전시키며, 사회건설 선택에 있어 투명하고 대중 참여도를 높이고, 각계각층 각 분야에서 일하는 국민이 질서 있게 정치에 참여하는 길을 확대하여, 공공적 관리와 선치(善治)를 실현해야 한다. 권리와 기회가 평등하고 규정이 평등한 법제도를 완비하여, 국민의 합법적 권리를 존중해야 한다. 공정하고 높은 효율성을 지닌 권위 있는 사법제도를 구축하되, 공정하고, 청렴하게 법을 집행해야 한다.

보편적인 취업과 교육 수준의 전체적 향상, 신기술의 보급과 사회복지 확대를 통해 중산층을 키워내 올리브형 경제사회를 만들어야 한다. 2011년 6월, 전국인민대표상무위원회는 개인 소득세법을 개정하여 징세기준이 3,500위안이 될 것으로 전망되어 중산층이 어느 정도의 세금부담을 덜게 됐다. 일부 독점업종의 경우, 수익분배제도의 강도 높은 개혁을 통해 독점을 타파하게 될 것이다.

넷째, 공동가치관의 형상화와 사회심리의 선도를 통해, 문화의 선도적 역할을 발휘하여 사회심리의 유도와 사회 정서의 합리적 조절, 법치(法治) 권위의 수립, 계약정신의 선양, 법규의식의 강화를 이끌어내어 시장경제 스스로에게 존재하는 폐단을 극복하고, 상호신뢰와 신의로 충만한 사회를 형성하여 사회의 응집력을 증강하고 정신의 핵심을 고양해야 한다.

국민의 훌륭한 정신과 이성적이고 평화적인 심리상태를 만들 수 있도록 하고, "무형"을 중시하는 심리소통을 통해 사회전반에 팽배한 "돈을 최고로 보는" 가치관을 반전시키고, 권력을제도적으로 제한하여, 소득분배에서 확대되는 위험을 바로잡아야 한다. "사회심리"는 12차 5개년 계획에도 기입되었다. 당과 정부는 "과학정신을 고양시키고, 인문관심을 강화하며, 심리적 인도를 중시하고, 분발과 진취, 이성과 평화, 개방 포용의 사회심리 육성"을 중요 업무로 설정하고, 향후 5년 경제사회 발전의 국정방침에 포함시켰다. 중국의 미래발전과 문제해결은 사회 응집을 집단행동이 가능한 공동체로 만드는 것과 큰 관련이 있으며, 그중 사회적 핵심 가치관이 핵심적 역할을 한다. 중화문화의 진수를 견지하고 널리 알리며, 핵심 가치관을 형상화하고, 정신문화를 계승하며, 문화적 자신감을 세우고, 문화에 대한 자각을 강화하여 문화적 자강을 실현해야 한다. 사회주의 핵심가치 체계를 확립하여 당대 중국의 발전과 진보를 추진하는데 있어서의 주도적 지위를 확고히 하고, 각종 사회 사조(思潮)에 대한 사회주의 이데올로기의 선도적 역할을 증강하며, 차이를 존중하고, 다양성에 대한 포용을 전제로 최대한도의 사회적 공감대를 형성하고, 사회조화의 사상도덕 기반을 공고히 해야 한다. 국제협력을 견지하고, 인류의 모든 문명의 성과를 흡수하고, 거울로 삼아야 한다.

신용체계를 보완하고, 믿음 사회를 만들어야 한다. 공권력 집행을 규제, 규범화하고 정부가 주동적으로 대중의 감독을 받으며, 필요한 법규에 따르고 스스로의 행위를 규제하며, 신뢰를 잃은 공권력 집행 책임자와 단체를 엄격히 문책해야 한다. 경로 다양화, 이익의 다원화, 요구 다원화라는 오늘날의 새로운 상황에 적응하여, 사회신용을 대대적으로 선도하고, 국민과 기업, 기타 단체의 조회시스템을 구축하고 보완하여 사회신용의 제도 체계를 재구축하고, 서로 다른 사회 계층 군중의 상호 신뢰와 상호 공조, 상호 이해도를 증진하며, 사회 각 계층의 화합과 융합을 주도하고, 빈부격차와 차별 대우에 따른 계층 분화를 방지하여, 장기적인 기저층 정체성의 집단적인 사회반감을 방지해야 한다. 시장경제체제를 더욱 보완하여, 시장경제체제가 신용과 윤리 도덕을 내포하게 하고, 최종적으로는 사회 전체에 보편적이라 판단되는 행위규범으로 만들어야 한다.

인터넷 가상사회관리를 강화하여, 활력이 있으며 질서 있는 인터넷 사회를 구축해야 한다. 우선 인터넷으로부터의 이야기를 정확히 대응하면서, 깊이 공부하고, 사용하며 인터넷과 함께 발전해 나가야 한다. 인터넷상에 나타나는 부정적인 정보들을 전면적으로 부정하기 보다는 사회의 배려로 대응하여, 바다와 같은 수많은 정보들 속에서 옥석을 가릴 수 있게 하고, 정보의 선별 및 해독, 종합 판단능력을 향상시키도록 해야 한다. 열린 인터넷 정책을 신봉하고, 국제협력을 자발적으로 강화하며, 사이버 테러에 공동으로 대응하고, 네트워크 보안과 법으로 국민 개인의 프라이버시를 보호해야 한다. 보다 열린 시야, 평등의 심리, 더욱 더 넓은 마음으로 네티즌들의 목소리에 귀를 기울여 "대중과 대면하는 능력"과 "온라인상에서의 대면(键对键 : 키보드 대 키보드)" 능력을 키우고, 진보적 개방, 온화함과 자신감을 갖춘 집권이미지를 갖추어야 한다. 중앙의 지도자와 지방의 지도자가 모두 인민망(人民網), 신화망(新华網)에서 네티즌들과의 교류를 통해 시범을 보이고 있으며, 웨이보(微博 : 중국의 트위터)서비스를 개통하기도 하였다. 의견 및 건의의 합리화와 요구사항에 대한 수용을 최적화 정책이자, 업무개선의 동력으로 삼아 인터넷을 통한 공공서비스 확산이라는 노선과 내용을 견지하고 있다. 2011년 5월, 중국은 국가 인터넷 정보사무실(国家互联网信息办公室)을 설립하여, 인터넷의 형성과 발전, 관리의 강화에 더 큰 실질적 의미를 부여하였다.

다섯째, 공공안전시스템을 구축하여, 국민들이 안정적인 생활 속에서 즐겁게 일할 수 있는 안전보장이 필요하다.

중국이 현재 "위험사회"에 접어들었다는 것은 피할 수 없는 사실이며, 현대화 수준이 높아질수록 위험 또한 점점 커지고 있다. 공공안보 형세 변화의 새로운 특징들에 적응하기 위해서는, 주동적 방어 컨트롤 및 응급처치의 결합, 전통적 방법과 현대적 수단을 결합시킨 공공안보체계의 구축을 통하여 해당분야의 제도를 확립하고, 안전과 안정, 질서 있는 공공안보 분위기를 조성해야 한다.

공공 위기관리와 운영체제를 개선하고, 조기경보, 응급, 처리체제의 보완이 필요하다. 2010년 2월, 식품과 의약품 안전의 보장을 위해 중국 국무원은 국가식품안전위원회(国家食品安全委员会)를 설립하여 전국의 식품안전작업을 총괄적으로 조율하고, 식품안전 감독관리 책임의 이행을 촉구하고 있다. 전국의 각 성(省)과 시에도 그에 상응하는 식품안전 위원회를 설립하였다. 생산 안전 작업을 고도로 중시하고, 기업의 생산안전 책임제를 실시하며, 기업 생산 안전 예방체제를 보완하고, 그중에서도 특히 생산안전에 대한 감독관리를 강화하며, 탄광, 교통안전분야의 강력한 관리를 통해 사고 발생을 억제해야 한다. 돌발사태에 대한 응급체계를 완비하고, 안보의 개념을 수립하고 발전시켜 정치공적 심사 방식을 개혁해야 한다. 안전 강화를 1차 책임으로 정하고, 도시 안전보장체계를 보완하며, 재해 예방과 대책 능력 및 돌발사건 처리능력을 강화하고, 응급지위, 대오건설, 응급관리, 물자비축, 교육훈련, 비상매뉴얼, 안보 입법, 안보 법 집행 등의 분야에 집중하여 정부와 대중의 응급처리 능력을 강화해야 한다. 공공안전에 대한 투자를 늘리고, 공공안전 교육을 보급하며, 새로운 사회 위험에 대한 방범 및 저항과 관리능력을 강화하고, 공공안전 인프라 건설을 대대적으로 추진하며, 사회치안 예방 컨트롤 체제를 보완하고, 여러 종류의 위법행위에 대해 법에 의거하여 엄격하게 처리해야 한다.

여섯째, 인구에 대한 서비스와 관리를 강화해야 한다.

사회관리란, 다시 말해 사람에 대한 서비스와 관리를 뜻한다. 사람에 대한 관리에서 사람에 대한서비스로의 전환을 실현시키기 위해서는, 국민의 수요를 만족시키고, 개인에 대한 사회의 관심을 강조하여 국민생활을 더욱 행복하게 만들어야 한다.

경제사회 발전에 상응하는 인구정책을 탐구하고 실시하기 위해서는, 경제사회의 지속가능한 발전이 확보되어야 한다. 호적관리제도 개혁을 가속화하여 도농이 일체화되는 인구 상호관리모델을 실현하고, 호적인구에서 상주인구로 확장된 공공서비스를 실현하며, 인간적 관리와 평등한 대우, 서비스 평등화를 실현해야 한다. 경제상에서는 동일노동 동일임금을 실현하고, 정치상에서는 동등한 권리를 누릴 수 있어야 하며, 생활상에서는 대우의 시민화를 실현해야 한다. 특히 빈곤계층에 대한 원조를 늘리고, 유동인구의 동질감과 소속감, 만족감을 높여 유동인구가 진정으로 해당 지역에 섞일 수 있도록 돕고, 그들의 생활수준을 끌어올리도록 도와야 한다.

심천(深圳)은 중국에서 유동인구가 가장 많은 도시 중 하나로 호적인구는 겨우 251만으로 조사되었으나 2010년 5월, 유동인구는 1,200만이 넘는 것으로 조사되었다. 이는 중국 대도시 중에서는 비교적 드문 경우이다. 방대한 유동인구에 대한 서비스와 관리를 위하여, 심천시에서는 '1+3+N' 정보화 응용시스템을 구축하여 유동인구의 취업등록, 거류증 신청 및 처리, 거류등기 3가지 정보를 수집 및 일체화하여 유동인구의 정보와 노동취업, 주택임대 정보를 연결하고, 서비스기능을 강조하며 세밀하고 동적인 유동인구서비스관리체계를 구축하였다.

중국은 인구노령화 문제에 대해서도 매우 중시하고 있다. 12차 5개년 계획의 강령과 〈중국노인사업발전 "12차 5개년" 계획(中国老龄事业发展"十二五"规划)〉에서 인구노령화에 적극 대응하는 전략체제구축을 제시하였고, 정부의 주도로 시장화와 사회화된 다양한 방면의 양로서비스 산업과 노인서비스업의 발전모델을 확립하여, 사회 각 분야의 적극적 참여, 사회 양로서비스의 발전을 도모 및 유도하고, 자금보장과서비스보장을 업그레이드 시키고 있다. 노인들의 정신문화 활동을 중시하고, 생활과 건강의 질을 높여서 노년의 부양과 노년의 의료, 노년의 교육 등을 통해 즐거운 노년을 실현시켜야 한다.

4. 사회관리 실천 : 심천(深圳)시 사회분야개혁으로 추진한 사회전환의 발전

개혁개방 이후, 심천은 인구 28,000명의 변두리 작은 도시에서 출발하여 인구 1,000만이 넘으며, 어느 정도 국제적 영향력을 가진 현대화된 대도시로 성장하였다. 세계 공업화, 도시화, 현대화의 역사에 있어서 기적을 창조하였고, 중국 개혁개방 성과의 상징으로도 여겨진다. 2010년 심천의 GDP총량은 대륙의 모든 도시 중 4위(상해, 북경, 광저우 다음)에 올라있다. 중국사회과학원이 발표한 〈2011년 중국 도시 경쟁력 청서: 중국 도시 경쟁력 보고서(2011年中国城市竞争力蓝皮书 : 中国城市竞争力报告)〉에 의하면, 심천은 중국 도시 경쟁력 순위에서 홍콩, 상해, 북경 다음으로 꼽혔으며, 상해, 북경과 함께 중국에서 공인된 3대 금융 중심으로 꼽혔다.

개혁개방의 30년이 넘는 역사는, 심천의 사회적 역량 성장의 역사이기도 하다. 경제발전의 성과와 발맞추어 나날이 부유해지고 현대적 시민의식을 가진 사회계층이 생겨나고 있다. 이렇듯 패기로 충만한 사회적 역량은 스스로와 조화된 일관성 있는 공간에서, 그들의 사회활동의 반경을 부단히 확장하기 시작했다. 이러한 사회적 역량의 성장에 순응하여 심천은 사회건설의 중요성을 비교적 빨리 인식하였고, 사회단체 등록과 관리 방면에 더욱 느슨한 형태로의 개혁을 실시하였으며, "작은 정부, 큰 사회"라는 개혁의 방향을 유지하고 있다. 사회건설에 관해서, 심천의 시 위원회 서기인 왕롱(王荣)은 다음과 같이 말했다. "우리는 이러한 새로운 사회 중에서 더욱 일찍 시민사회를 건설하기 시작하고, 정치, 경제, 문화, 사회 등 각 분야가 더욱 조화를 이루는 현대화 사회, 국제화사회를 건설하기를 희망한다."

판도를 바꾼 개혁

2010년, 심천의 1인당 GDP 평균이 1만 달러를 넘어섰다. 현대화 수준이 더 높은 단계로 전환되는 시점에 생활방식, 윤리 도덕과 심리상태의 전환 또한 함께 이루어졌다. 이러한 시기에는 특히 사회 개혁의 혁신이 요구되는데, 사회건설 강화를 통해 사회적 역량을 키워내고, 시민소양의 향상을 통해 현대화를 촉진하였다. 경제 분야의 개혁 심화와 함께, 사회분야의 개혁은 심천의 개혁개방 심화의 돌파구나 마찬가지였다.

사회전환을 위해서는 사회단체의 광범위한 참여가 요구된다. 하지만 현재 정부는 사회단체 등록관리에 있어서 "이중관리(雙重管

理)" 체제를 보편적으로 적용하고 있어서 어떤 시민이 사회단체를 만들고 싶을 때에는 먼저 관련 행정기관을 찾아 주관 부서로 정한 후에야 민정부서에 등록을 할 수 있다. 또한 심사 및 비준의 과정이 복잡하고, 결과가 나오기까지 많은 시간이 걸리기까지 한다.

심천시는 사회조직의 "주관부서 없는 직접 등록"을 최우선적으로 실시하였다. 2004년부터, 심천은 업계협회의 민정부서를 통한 직접 등록을 시행하였고, 업계협회의 정부 기능부서 의탁이라는 현상을 조금씩 변화시켰다. 동시에, 심천시는 정부기관 개혁, 정부기능 전환과 결합하여 사회, 시장, 정부 3자의 기능 경계를 합리적으로 규정하였고, 사회단체의 발전을 촉진하는 부양정책을 통해 사회단체의 육성과 성장을 가속화하였다. 개혁은 경제 분야의 협회부터 착수하여, 사회단체와 행정부서의 연계를 끊고, 정부가 "운동선수이자 심판"이 될 수 없음을 보증하였다. 2008년 이후, 심천은 3개 분야의 사회단체에 "주관부서 없는" 등록방법을 연구하기 시작하여 공상경제계열, 사회복지계열, 공익자선계열 사회단체가 민간단체관리국을 통해 직접 등록하도록 허가하면서 사회단체의 성장에 더 큰 동력을 제공하였다. 예를 들어, 심천의 "원 파운데이션 재단(深圳壹基金公益基金会)"은 전국 최초로 정식 등록에 성공한 민간 공모펀드로, 이로 인해 연쇄작용이 계속해서 일어났다.

심천시의 개혁은 중앙정부의 지지를 얻었다. 2009년 7월, 중국 민정부와 심천시 정부는 〈민정사업 종합 일체 개혁 추진 협력협의서(推进民政事业综合配套改革合作协议)〉에 서명하면서, 심천시에 거대한 정책적 공간을 제공하기로 하였다. 예를 들면 심천이 사회단체의 민정부서에 대한 직접 등록 신청제도를 실시함을 허가하고, 심천시에 재단 설립, 성(省)단위 이상의 업계협회 운영, 상인단체 등록관리 테스트 시행의 권한을 부여하여, 심천에 자리 잡은 대외적 재단의 등록관리 권한이 심천시로 이양될 예정이다.

2011년 5월, 심천시는 2011년 개혁계획5)을 공표하면서, 사회단체 개혁추진의 내용을 포함한 32개 항목의 개혁개획을 시행하였다. 개혁의 첫째 항목이 바로 "사회단체개혁을 통해 사회건설 체제시스템을 보완한다."는 내용이다. 사회단체 법 제정을 가속화하여 사회단체의 법적 지위를 명확히 하고, 사회단체 등록관리 체제개혁을 심화하여 사회단체 등록 준비 이원화시스템을 보완하며, 사회단체 부양체계 건설을 가속화하여 사회단체의 사회관리 기능과 구매서비스 체제시스템을 보완하는, 정치와 사회가 협력하는 새로운 형태의 관계를 구축하기로 하였다. 당과 사회, 인민대표에 사회단체의 대표 비율을 높이고, 정치협상회의에 사회단체의 업계별 기능을 높이며, 정부와 사회단체간의 연계와 소통을 위한 상설 플랫폼을 구축하고, 사회단체 대표들이 참여할 수 있는 각종 공청회, 심의회를 적극 조직하여 사회단체의 공공업무 참여도를 높이기로 하였다. 2009년 심천의 개혁 이후, 사회단체에 이전 위탁된 정부업무는 총 69개 항목이었다.

심천시는 사회단체의 지역관리 및 서비스에서의 역할을 특히 중시하고 있으며, 사회단체에 자금과 프로젝트상의 지원을 통해 사회

---

5) 호모(胡謀), 엽화(叶華),《심천 2011년 32개 항목 개혁 계획 공표 시민단체개혁 중점항목》, 인민넷, 2011-05-12.

단체가 사회자치에 더욱 광범위하고 깊게 참여할 수 있게 돕고 있다. 심천은 2010년부터 사회서비스센터를 시범적으로 운영하면서 정부가 서비스를 구매하는 형식을 사회단체서비스지역에 도입하여, 시와 구의 두 정부가 연평균 150만 위안을 모든 지역서비스 경비로 지급하고 있다. 지역서비스 센터는 지역자원의 통합을 기초로 하고, 지역을 기본 플랫폼으로 하며, 사회단체를 주요 운반체로, 사회복지사를 핵심역량으로 삼는 사회서비스의 새로운 모델을 구축하였다. 2011년부터 2015년까지, 심천시의 700개 지역에 지역서비스센터를 건립할 예정이며, 2015년 이후 정부는 지역 공공서비스에 매년 7.5억 위안의 자금을 투입할 예정이다.

심천은 이러한 일들을 시행하면서 "염전모델(盐田模式)"등의 전형적인 지역관리 경험이 쌓이기 시작하였다. 2005년, 심천의 염전구(盐田区)에서 지역관리체제개혁을 시작하여, "정치와 사회 분리"의 이념으로 "의행분설(议行分设 : 여기서의 의는 지역주민위원회를 뜻한다 - 역자 주)"을 실시하는 지역관리모델을 구축하였다. 주민위원회가 오랜 기간 맡아온 자치, 행적 및 서비스의 3가지 기능을 완전히 분리하여, 행정기능과 공공서비스 기능을 주민위원회에서 분리시켜 각각 지역 업무센터와 지역서비스센터에 맡기게 되었다. 지역서비스센터는 민영이자 기업이 아니며, 지역주민위원회의 등록부터 지역주민을 위한 대가 낮은 서비스까지 제공하고 있다. 정부는 지역서비스센터에서서비스 항목을 구매하고, 주민들에게 사회복지, 사회보장 등 무상서비스를 제공하며 "정부제공서비스"를 "정부구매서비스"로 바뀌었다. "의행분설"은 지역의 자치능력을 증강하였는데, 특히 지역자치에서 주민위원회의 주도적 역할을 강화하였고, 주민위원회의 "상급자의 임명"에서 "주민 직선"으로의 전환을 실현하였다.

뚜렷한 개혁성과

심천의 "사회단체신정"은 사회단체의 성장에 큰 동력이 되었다. 2010년 말, 심천에 등록된 사회단체는 4,000여 곳으로, 평균 1만 명당 사회단체의 숫자가 4개 수준으로 조사되어 전국 평균을 웃돌았다. 심천은 또한 사회단체를 상대로 AAAAA급 평가를 시행하며 사회단체의 신용체계를 구축하고 보완하였다. 사회단체들은 이미 심천시 사회건설의 주력으로 평가받고 있으며, 특히 대중의 요구 이해와 사회모순의 해결, 공공서비스 제공 등의 분야에서 스스로의 독특한 우위를 발휘하고 있다. 업계협회는 경제발전전환에서의 산업 업그레이드를 추진하고 있으며, 업계전시회를 개최하고, 업계기준을 제정하며, 시장 질서를 확립하는 등 이미 시장경제체계에서 제외할 수 없는 구성요소가 되었다. 심천 사회단체의 정신문명 건설은, 심천의 문화 소프트파워의 사회 핵심역량으로 평가받고 있다.

사회단체의 성장은 공공업무에 대한 민중의 강렬한 참여욕구를 충족시켰으며, 다른 방면으로는 사회의 공공정신 형성 및 교육을 촉진하였다. 예를 들어, 1990년 4월 23일에 창설된 중국 대륙의 첫 자원봉사단체인 심천시 의무종사자연합회(深圳市义务工作者联合会)의 경우 처음에는 전화연결서비스만 지원하였고, 봉사자 인원도 46명에 불과했지만, 규모가 점점 성장하면서 현재는 이미 25만 명이 넘는 단체로 성장하였다. 자원봉사 정신은 심천의 도시정신 상징 중의 하나가 되었다. 심천에서는 "어려울 땐 자원봉사자를 부르고, 시간이 나면 자원봉사를 하자"(有困难找义工, 有时间做义工)는 구호가 "시간은 금이고, 효율은 생명이다"라는 구호만큼 많이 쓰인다.

2010년 1월, 제5기 "중국지방정부혁신상"(中国地方政府创新奖)의 선정 과정에서, "심천시 사회단체 등록관리체제개혁"(深圳市社会组织登记管理体制改革) 프로젝트가 전국에서 선발된 358개 프로젝트 중에서 급부상하여 "지방정부 혁신상"의 최우수상을 획득하였다. 조직위원회의 심천시 사회단체 등록관리 체제개혁 프로젝트에 대한 비평은 다음과 같았다. "시장과 정부, 사회단체의 경계를 분명히 하여, 사회자치 능력의 협력성을 높였다."

심천의 개혁은 국내에 영향을 미쳤을 뿐만 아니라 해외의 관심 또한 이끌어냈다. 2011년 3월 17일, 영국의 잡지 〈이코노미스트(The Economist)〉는 정부개혁의 특별보고에 관한 내용을 발표하며, 그중 Taming Leviathan이라는 부분에서 심천 사회단체관리개혁의 경험을 비중 있게 다루며 긍정적으로 평가하였다. 해당 글에서는, 30여 년 전에 시작된 중국의 개혁개방과 같이, 심천이 다시금 새로운 공공분야 개혁의 전시무대로 떠오르고 있다고 다루었다.

사회분야 개혁의 노선에서 심천은 스스로의 행보를 멈춘 적이 없고, 계속해서 앞장설 것이며, 다원화된 공동관리의 선치(善治)구도를 구축하여, 경제사회의 전면적인 지속가능한 발전을 위해 견실한 사회적 기반을 구축할 것이다.

4장.
평화 발전에 따른 도전과
그 대응

평화발전은 세계 최대의 개발도상국인 중국이 찾아낸 새로운 형태의 발전경로라 할 수 있다. 평화발전경로에 대한 중국의 확고한 입장은 "국가가 강해지면 반드시 패권을 장악하려 하게 된다[國强必覇 : 국강필패]"는 대국의 전통적인 굴기(崛起)의 모습을 타파하였다. 중국의 평화발전노선이 순조롭지만은 않을 것이고, 많은 난관에 직면할 것이기에 중국정부와 인민의 타당한 대응 방안에 대한 검증이 계속 이어지게 될 것이다.

1. 위기 이후 세계경제의 동요

우선 글로벌 경제의 불균형이 심화되고 있다. 2000년대 들어 글로벌 경제의 불균형은 더 이상 낯선 주제가 아니며, 정상회담의 회의 의제및 선언문에서도 자주 등장하고, 세계 주요 매체의 보도와 논평에 있어서도 핵심 주제로 등장하고 있다.

2005년, 국제통화기금(International Monetary Fund, 이하 IMF)의 로드리고 라토 총재(Rodrigo de Ratoy Figaredo)는 〈글로벌경제의 불균형 시정〉에 관한 연설에서 처음으로 해당 단어를 사용하였으며 그는 "글로벌경제의 불균형"을 "어느 국가가 대규모의 무역 적자에 허덕일 때, 그 상황의 반대급부라 할 수 있는 무역흑자가 몇몇 국가에 집중되어있는 현상"으로 정의하였다. 구체적으로, 글로벌경제의 불균형은 국제사회에서 달러의 지위를 앞세운 초강대국 미국이 막대한 규모의 대외무역 적자폭을 유지하면서 어마어마한 부채를 누적하였고, 이와 반대로 중국을 위시한 신흥시장 경제국과 석유수출국, 그리고 일본 등이 큰 폭의 무역흑자와 대량의 외환을 보유하고 있음을 말한다. 이러한 차이는 미국 경제에 위기가 닥치면 글로벌경제가 동요하고, 수출에 의지하는 개발도상국들이 큰 타격을 입는 등의 불균형 관계를 낳고 있다. 무역을 제외한 글로벌경제의 불균형은 자본의 분배에서도 나타난다. 미국은 세계의 자본이 모이는 자본의 순유입국인 반면, 자본이 필요한 수많은 개발도상국들은 자본유출국이 되었다. 글로벌 경제의 불균형은 경제세계화의 산물임과 동시에 국제체계를 주도하는 미국의 일거수일투족과 밀접한 연관이 있다.

2008년 이후 서브프라임 모기지론에 의한 글로벌 금융위기가 세계 주요국가의 실물경제를 위협하기 시작했을 때, 미국 경제는 그 충격으로 인해 성장 동력을 잃으면서 위험할 정도로 악화되었고, 실업률 또한 장기적으로 증가하였으며, 국내 소비수요 또한 하락하였다. 2011년 5월 뉴욕연방준비은행(Federal Reserve Bank of New York)이 발표한 〈분기 가계부채와 신용대출 보고서〉에 의하면, 2011년 1분기 미국 가계부채는 2년 만에 처음으로 상승세를 나타냈지만 발전추이가 그렇게 안정적이지는 못했다. 위기 극복을 위해 미국정부는 국제사회의 보편적 반대에도 불구하고 독단적으로 두 차례의 화폐 양적완화 정책을 시행하여 전 세계적인 인플레이션을 예고하였고, 다른 국가들의 화폐정책 독립성에 영향을 주면서 국제금융질서를 어지럽히고 세계경제회생에 있어 부정적인 영향을 미쳤다. 달러화는 미국의 본위화폐이자 국제준비통화이기 때문에 화폐 발행을 남발하면 글로벌경제는 더욱 큰 위기에 처하게 된다. 독일의 메르켈 총리는 양적완화 정책에 대하여 "근시안적이다. 결국 모두가 손실을 입게 될 것"이라 지적하였다. 러시아, 일본, 한국, 브라질, 남아프리카 공화국 등 다수 국가들이 미국의 정책에 큰 우려를 표했으나, 결국 어쩔 수 없이 그에 상응하는 대책을 내놓아야했다.

2000년대 들어 중국이 국제체계에 더욱 깊이 유입되면서 중국 경제의 대외의존도 또한 점점 증가하고 있다. 그중에서도 미국은 중국에 있어 제2의 수출시장으로 중국의 수출 총량의 18%를 차지하며, 또한 미국 경제가 불안정하고 중국 또한 독단적이기는 힘들기 때문에 양국은 깊은 상호의존 관계에 있다. 비록 최근 들어 중국의 글로벌 경제참여가 점점 광범위하게 진행되고 있지만 글로벌 경제의 제도는 여전히 미국을 위시한 서방 선진국들이 장악하고 있기 때문에, 중국과 같은 개발도상국들의 발언권은 여전히 제한적이다. 현재 개발도상국들은 국제법규를 통해 글로벌 경제의 정의에 있어 영향을 미치기 힘든 것이 사실이며, 오히려 불합리한제도로 인해 종종 피해자의 위치에 서게 된다. 위기 극복에 있어 중국정부는 중국 경제의 균형 잡힌 고속성장만이 가장 효과적인 방법이라 인식하였고, 될 수 있는 한 스스로의 역량을 세계 경제의 회복에 투자하였다. 중국정부의 노력으로 2010년 중국의 GDP는 10.3% 성장하였고, 2000년대의 첫 10년간 매년 10.5%의 경제성장을 기록하였다. 같은 기간 동안 중국의 GDP는 세계 6위에서 2위까지 늘어났고, 대외무역총액 또한 7위에서 2위까지 늘어났다. 글로벌 경제에 있어 2차 위기의 우려가 극에 달했던 2011년에도 중국은 양호한 성장세를 기록하였고, 경제구조전환을 가속화하였으며, 내수확대와 민생개선을 목적으로 하는 정책들을 실시하였다. 이러한 면모는 중국사회의 발전노선 변경의 요구에도 부합하면서 거시적으로는 글로벌경제의 불균형의 훌륭한 대응 조치가 되기도 하였다. 세계경제포럼(The World Economic Forum)이 발표한 〈2011 - 2012 글로벌경쟁력보고서〉에 의하면, 중국은 26위에 올랐고, 상승 추세에 있으며 브릭스(BRICS : 브라질(B), 러시아(R), 인도(I), 중국(C), 남아프리카 공화국(S)의 신흥 경제 5국을 일컫는 경제용어 - 역자 주) 국가들 중에서는 최고 순위이기도 하다.

둘째는 보호무역주의의 등장 및 가속화 추세이다. 역사적으로 볼 때 경제위기는 국가들의 보호무역주가 대두되는데 영향을 미쳐왔지만, 지금까지의 경험으로 비추어볼 때 보호무역주의는 위기 극복에 있어 그리 효과적이지 못하며 오히려 위기를 가중시켜왔다. 1930년대의 경제대공황 시기에 미국 의회에서는 〈스무트 홀리 법(The Smoot-Hawley Tariff Act)〉이 통과되면서 해외상품에 높은 세율을 적용시키면서 수입을 제한하였고, 그 결과 다른 국가들의 보복무역을 야기하게 되면서 국제무역에 큰 손실을 가져왔을 뿐만 아니라 미국 경제회복의 시간 또한 늦추는 결과를 낳았다. 이번 국제금융위기의 발발 이후 미국 내에서는 다시금 보호무역주의의 목소리가 커지고 있다. 예컨대 "미국물품구매"조항 제정과 미국 기업의 미국인 우선 채용을 요구하고, 중국 등 신흥시장국가의 높은 저축률이 글로벌경제의 불균형을 초래했다고 지적하며, 중국 등 개발도상국의 관세율을 높이라고 요구하는 등 여러 가지 목소리들이 미국 국내 여론에 만연하다. 2011년 10월 미국 상원에서는 〈2011년 화폐환율감독개혁법안〉이 통과되면서 "화폐 불균형"을 구실삼아 환율과 보조무역 귀속을 조종하여 주요 무역 파트너가 직접 혹은 간접적으로 본국의 화폐가치를 낮추는지 아닌지와 본국의 수출에 보조를 제공하고 있지는 않은지를 미국정부가 조사할 것을 요구하면서 이러한 주요 무역 파트너에게 환율을 낮추려는 시도가 있었음이 밝혀질 경우 징벌적 관세를 적용시키겠다는 내용이다. 미국상원의 의도는 의심의 여지없이 위안화의 평가절상을 강요하는 것으로, 중국이 채택하고 있는 보호주의 정책을 겨냥한 것이다.

중국은 줄곧 서방 선진국들의 보호무역주의 압력행사의 주요대상이었다. 통계에 의하면, WTO가입 이후 10년간 중국은 602건의 국외무역구제조치를 당하였고, 합계액수는 389.8억 달러에 이른다.

2010년까지 중국은 무려 16년 연속으로 최다 반덤핑조사를 당한 국가가 되었고, 5년 연속 반(反)보조금 조사를 가장 많이 당한 국가에 이름을 올렸다. 그중 2010년에만 66건의 무역구제조치를 당했고 연루된 금액만 71억 달러로 최근 10년간 최대 규모였으며, 같은 해에 새로 시행된 무역구제조치의 47%와 이미 조치가 끝난 안건들 모두가 중국을 겨냥한 것이었다.

　오랜 기간 동안 중국이 서방 선진국들의 보호무역주의에 피해를 입었던 이유로는 첫째, 중국과 세계 각국, 특히 선진국들의 경제공동체와의 경제무역 규모가 계속 커지면서 극도의 시장경쟁으로 인하여 무역마찰과 분쟁의 확률 또한 늘었기 때문이고, 둘째, 선진국은 경제성장의 여력이 부족하기 때문에, 특히 경제위기에 직면했을 때 보호무역주의를 통하여 스스로를 보호하려 하는 것이다. 1990년대부터 미국은 중국과의 무역에서 꾸준히 적자를 기록하고 있어 보호무역을 통해 중국 상품의 수출을 제한하는 카드를 손에서 놓은 적이 없다. 금융위기 발발 이후, 미국의 보호무역주의가 다시금 대두되고 있다. 예를 들어 중국 상품의 관세를 높이고, 정부의 차별적 구매 및 반덤핑 등의 수단 채택을 통해 중국을 무역구제조치의 최대피해자이자 시행의 우선목표로 설정하여 중국 수출을 이끄는 제조업에 타격을 가하고 기업 주문 감소, 실업률 증가 및 가공무역 경쟁력에도 타격을 입히려는 것이다. 사실상 2010년 중국의 무역수출입 총액은 3조 달러로, 세계 제2의 무역대국이자 최대 수출국이 되었다. 그중에서도 중국은 미국에게 있어서 셋째로 큰 수출시장이며, 최근 몇 년간 수출량이 가장 크게 늘어난 시장이기도 하다. 중국의 금융위기 대응방향은 서로가 이익을 얻는 개방전략을 유지하고, 개방형 경제의 수준을 격상시키며, 보호무역주의에 반대하고, 경제성장방식의 전환에 입각하여 내수를 확대하고, 미국을 포함한 국가들과의 국제협력을 강화하며, 위안화 환율체제의 개혁을 추진하는 것이다. 비록 현재까지는 보호무역주의가 범람하는 사태가 일어나고 있지는 않지만 세계 경제회복이 늦어지고 글로벌 마켓이 위축되는 상황 속에서 보호주의의 우려는 사라지지 않고 있으며 중국기업의 해외진출에도 무역 마찰이 빈번하게 발생하고 있다. 경제 상호의존도가 높은 중미 양국의 경우, 미국이 보호주의에 입각하여 문제들을 처리하기 시작한다면 양국의 경제무역 관계에 부정적인 영향을 미칠 것이고, 글로벌 금융위기에 대한 공동대응에 있어서도 결코 이롭지 못할 것이다.

그 다음으로는 글로벌 금융시장의 위험성 극대화이다. 서방 선진국의 금융파생상품 범람 및 투기의 성행이 2008년 금융위기의 직접적인 원인 중 하나임은 모두가 알고 있다. 또한 그 이면에는 선진국, 특히 미국 정부의 부채가 급속도로 늘면서 주권채무위기에 봉착하여 글로벌 금융시장의 안정을 위협했기 때문이라는 이유가 있다. 2008년 이후 서방국가들의 주권채무위기는 점점 심각해지고 있는데, 아이슬란드, 두바이가 심각한 위기를 겪은 후 2011년에는 유럽의 그리스, 스페인, 포르투갈, 이탈리아가 나날이 심각한 채무위기를 겪고 있다. 2011년 7월의 통계에 의하면, 그리스의 국가 부채가 GDP에서 차지하는 비중이 142.8%를 넘어섰으며, 이탈리아는 119%, 포르투갈은 93%, 스페인은 60.1%를 기록하였다. 유로랜드 국가들

의 부채가 GDP에서 차지하는 비중은 2009년의 79.8%에서 85.4%
로, 유럽연합 27개국의 경우는 74.7%에서 80.2%로 늘어났다. 이렇
듯 위험한 상황은 시장 신뢰도와 투자환경에 큰 타격을 입혔고, 나
아가 서방 사회의 혼란을 야기했다. 글로벌 경제를 이끄는 미국을
보더라도, 2011년 5월 국가부채가 역대 최고인 14.29조 달러를 기
록하면서, 채무의 한계선까지 도달한 상황 속에 민주당과 공화당은
격렬한 가격 흥정의 정치적 연출을 통해 최종적으로 오바마 대통령
의 서명과 함께 미국 채무 상한선을 올리고, 적자 삭감 방안에 타협
하였다. 그중에는 부채 상한선을 최소 2.1조 달러 높이고, 10년 내
로 적자폭을 2조 달러 이상으로 줄이는 내용이 포함되어 있다. 국가
신용의 장기간 남용으로 인해, 비록 미국 내에서 부채 상한선을 높
이기로 협의가 되긴 했지만 부채 성장 수준이 경제와 재정수입 증
가 추세에 비해 월등히 높다는 점 때문에 국제사회와 글로벌 마켓
의 미국의 주권채무위기에 의한 깊은 우려의 국면을 타개하지는 못
하고 있다. 2011년 8월, 스탠다드 앤 푸어스사(Standard & Poor's)
는 미국의 장기주권신용등급을 "AAA"에서 "AA+"로 낮추었는데 이
는 미국 역사상 최초로 AAA등급을 받지 못한 것이며, 이러한 등급
하락은 글로벌 금융시장의 큰 혼란을 야기했다.

유럽과 미국의 선진 경제공동체가 대량의 채무를 지고 있는 것과
반대로, 중국정부는 국가 채무와 재정적자를 언제나 위험범위 내에
서 컨트롤해 왔다. 2011년 세계경제포럼이 발표한 경쟁력 보고서에
의하면, 중국은 세계에서 부채가 가장 적은 국가들 중 하나이며, 높
은 저축율과 양호한 재정적자를 기록하고 있다. 이러한 요소들과

낙관적인 경제전망이 합쳐져, 중국의 국가부채 분야의 개선도는 기타 BRICS 국가들에 비해 크게 앞서고 있다. 하지만 현재 세계경제의 형세는 여전히 극도로 복잡하고 불확실성을 띠며, 글로벌 금융시장의 동요 또한 여전히 계속되고 있다. 비록 중국 경제는 비교적 견고하지만, 복잡한 외부환경은 개방을 확대하면서 글로벌 금융체계에 유입되고 있는 중국에 적지 않은 곤란을 야기하고 있다. 해외자본의 유입은 장기적인 자산거품현상을 유도할 수 있고, 위안화의 평가절상 요구는 날이 갈수록 높아지고 있으며, 중국이 보유중인 1.13조 달러의 미국 국채(2011년 8월 통계)의 안전성 문제 또한 거론되고 있다. 중국정부는 위기에 의한 험난한 도전에 대응하기 위하여 최근 몇 년 동안 거시적인 통제정책을 실시하면서 적극적인 재정정책과 견실한 화폐정책을 실시하여, 성장세를 지속하고, 구조 및 인플레억제의 관계를 조정하며, 지속적이고 안정적인 경제성장을 유지하고, 대중의 전체적인 복리를 늘리기 위하여 노력하고 있다. 다른 방면으로, 중국은 최대 신흥시장국가이자 평화적이고 안정적인 국제정치경제질서의 수혜자로서, 국제사회에서 합당한 책임을 지고, 국제금융체계의 공평, 공정, 포용, 질서의 방향으로의 개혁을 지지하며, 글로벌 금융경제의 새로운 질서를 확립하기 위해 노력하고 있다.

2. 안보분야의 어려운 문제

2000년대 들어 세계 안보문제에 있어 새롭고 복잡한 변화들이 일어나면서 전통적인 안보위협과 비(非)전통적 안보위협이 교차하고, 국가안보의 함의 또한 더욱 커지고 있다. 중국이 직면한 안보문제는 국제안보의 요소와 스스로의 특수한 상황으로 인한 안보로 나눌 수 있다.

첫째, 지역적인 변수가 크게 작용한다. 중국은 유라시아 대륙의 동부에 위치하며 지리적인 환경이 대단히 복잡하고, 많은 국가들과 영토를 접하고 있으며, 사회제도와 형태 또한 대단히 복잡하기에 불안정한 요소가 비교적 많은 편이다. 해상으로도 육지와 섬에 가로막혀 대양(大洋)과 직접적으로 맞닿아 있지 않기 때문에, 중국은 전반적인 위치 프리미엄을 가지고 있음에도 불구하고 안보 문제에 있어서는 여러 불안요소들의 제약이 따르고 있다. 지연(地緣) 정치의 배경 아래, 중국은 여러 가지 변수가 많은 지역적인 문제들에 직면해 있으며, 그중 가장 까다로운 문제가 바로 북핵 문제라 할 수 있다.

북핵문제는 1990년대부터 대두되었는데, 북한의 핵개발을 의심하던 미국이 북한의 핵시설에 대한 조사를 요구하면서 시작되었다. 미국과 북한은 안보 문제에 있어서 오랫동안 적대 관계였기에 상호 간에 소통 부족으로 인해 문제해결에 대한 합의점을 찾지 못하고 있으며, 심지어 북한은 핵확산금지조약(核擴散禁止條約, Nuclear Non-Proliferation Treaty)의 탈퇴를 선언하기에 이른다. 2001년 미국의 조지 부시 대통령은 당선 후 일방주의 노선을 취하면서 북한에 대하여 더욱 강경한 태도를 취하게 되었고, 북한과 이란, 이라크를 묶어 소위 "악의 축"이라 명명하면서 미국과 북한의 관계는 점점 악화되어갔으며 결국엔 북핵위기를 초래하였다. 미국과 북한의 문제가 상호간의 대화로는 해결이 불가능했던 상황에서, 중국은 지역적인 평화와 안정 유지라는 큰 틀에 입각하여 외교적 노력 끝에 2003년 북중미 3자회담을 성사시켰고, 이후 한국, 러시아, 일본 등 이웃국가들의 참여와 함께 육자회담 체제로 발전하였다. 2003년부터 2007년까지 북핵문제와 관련하여 총 6차례의 육자회담이 열렸고, 어느 정도의 성과를 거두었으며, 최종적으로 한반도 비핵화 및 관련국과의 관계정상화, 북한에 대한 경제, 에너지 원조 등의 문제에 있어 합의점을 찾게 되었다. 하지만 그 이후에 북핵문제는 미국과 북한, 한국과 북한의 구조적 모순으로 인해 다시금 교착 국면에 처하게 되었다. 2009년 5월 북한이 핵실험에 성공했다고 공표하자 6월 UN안전보장이사회는 1874호 결의안을 만장일치로 채택하였고, 북한의 핵실험을 "가장 강력하게 규탄"하였다. 미국은 북한이 조건 없이 육자회담에 복귀하기를 청하면서 "전면적이고, 사찰과 불가역의 방식"으로 핵계획의 전면폐기를 호소하였다. 하지만 북한은 미국이 한반도 핵 위기의 장본인이라는 인식과 함께 육자회담의 범위 내에서 〈정전협정(Armistice Agreement, 停戰協定)〉의 당사국들 간의 회담을 열어서 평화협정문제를 논의할 것을 주장하였고, 이는 미국이 요구한 북한의 우선적인 "핵 포기" 이후 평화협정 문제논의와는 완전히 상반된 입장이다. 북핵문제육자회담은 정체되어 있고, 한국과 북한의 관계 또한 새로운 긴장 국면에 놓여있다. 2010년 11월의 천안함사건 이후, 논란의 서부해역인 "북방한계선(NLL) 부근(연평도)에서 남한과 북한 사이에 또 한 번 포격사건이 발생하였다. 이어서 한미 양국은 서해에서 대규모 군사훈련을 실시하였는데, 미국의 핵 동력 항공모함을 포함한 해군, 공군의 군사력이 집결하여 한반도의 긴장 기운이 더욱 고조되었다. 중국과 북한은 전통적인 우호 관계에 있고, 중국은 일관적으로 한반도의 평화와 안정 유지를 주장해왔으며 한반도의 비핵화를 지지해왔고, 북한과 관련된 안보문제에 있어서 타협을 통한 해결을 추구해왔다. 북핵문제를 통해 파생된 동북아의 혼란은 중국의 안보위협 또한 가중시켰고, 심지어는 중미 관계의 발전에도 어느 정도 영향을 미치기도 하였다. 이러한 문제들은 중국정부가 바라지 않았던 결과이지만, 앞으로도 중국정부에 있어서는 계속해서 피해갈 수 없는 난제이기도 하다.

둘째는 영토문제이다. 역사적인 문제로 인해, 중화인민공화국 건립 이후 중국은 주변의 몇몇 국가들과 꾸준히 영토분쟁이 있어 왔다. 그중의 일부인 러시아, 카자흐스탄, 키르기스스탄, 타지기스탄, 베트남 등 국가들과의 영토 경계 문제는 양측의 협상과 담판을 통

사진설명 : 중국은 언제나 한반도 비핵화 실현을 위해 노력해왔다. 사진은 2005년 7월 북경에서 열린 제4차 육자회담 장면.

하여 타협에 성공했지만, 해결이 힘든 영토 문제 또한 여전히 존재한다. 중국과 인도는 서로의 국경선에 큰 차이가 있다. 중국과 인도의 국경은 약 2,000km에 이르며, 동, 중, 서 3개의 지역으로 구분한다. 논쟁 지역의 면적은 약 125,000㎢에 이르고 그중 동쪽 지역이 90,000㎢, 중앙 지역이 2,000㎢, 서쪽 지역이 33,000㎢이다. 논쟁의 근원은 인도가 20세기 초 영국 식민지이던 시절, 불법적으로, 중국 역대 정권의 승인 없이 설정된 맥마흔라인(McMahon line)을 근거로 중국의 적지 않은 영토를 침범했기 때문이다. 1987년 2월, 인도는 맥마흔라인 이남의 중국 영토를 불법으로 점거하고 "아루나찰프라데시 주"를 세웠다. 중국은 이에 대해 불법적인 맥마흔라인과 그에 따른 "아루나찰프라데시 주"를 인정할 수 없음을 수차례 선언하였고, 주둔 중인 병력들을 철수할 것을 인도 측에 요청하였다. 오늘날까지 중국과 인도 양국은 국경선 문제와 관련된 회담을 십 수차례 개최하였다. 이를 통해 양측은 국경 문제해결을 위한 정치지도 원칙에 합의하였고, 국경 문제가 양국의 발전 및 기타분야의 관계에 있어 걸림돌이 되어서는 안 되며, 평화적으로 해결해야 한다는데 동의하였다. 하지만 인도 내의 몇몇 인사들은 중국을 위협으로 간주하고 있고, 인도 대통령은 불시에 국경지역을 방문하여 논란이 될 만한 발언을 하였으며, 해당 지역에 병력을 점점 늘리고 있다. 이러한 시도들은 중국과 인도의 우호협력 관계를 악화시키고 있다. 인도는 급속도로 발전하고 있는 신흥시장국가로, 최근 중국과 밀접한 경제무역 관계를 맺고 있다. 따라서 이러한 영토문제가 원만하게 해결되지 못한다면 계속해서 양국의 관계발전을 제약하는 중대한 문제가 될 수 있다.

　시선을 중국의 남동쪽 연안으로 돌리면, 다오위다오(钓鱼岛)라는 또 다른 난제가 버티고 있다. 역사와 법리적으로 볼 때, 다오위다오는 논란의 여지없는 중국 영토이다. 1970년대부터 중일 간에 귀속 문제가 본격화되었던 다오위다오는 대만성(省)의 부속군도로 총 면적이 6.3㎢이고, 명(明)대부터 중국의 방어선에 포함되었으며, 중국의 항해가들이 수차례 거쳐 간 기록이 남아있다. 1895년 중국의 청(清)왕조가 갑오전쟁(1894 - 1895년)에서 패하면서 대만과 부속군도를 일본에 빼앗겼지만, 1945년 일본의 패전 및 항복 이후, 중국은 국제법에 의거해 다시금 대만과 그 부속군도들에 주권을 행사할 수 있게 되었다. 제2차 세계대전 이후, 다오위다오는 대만과 함께 당연히 중국에 귀환되었지만 미국에 의해 강제적으로 위탁관리 되었으며, 1972년에는 중국정부의 반대에도 불구하고 독단적으로 행정관할권을 일본에 양도하였고, 이후 일본이 실질적으로 관리하고 있다. 일본은 다오위다오에 대한 장기적이고 실질적인 점거를 이유로 군을 동원해 중국의 민간선박과 중국인의 접근을 막고 있으며, 일본 국내의 우익집단은 섬에 방문하여 다오위다오가 일본영토임을 떠들어대면서 국제사회의 시청각을 교란시키고 있다. 2010년 9월, 일본이 다오위다오 해역에서 중국 어민과 어선을 불법적으로 나포하면서 영토분쟁에 다시금 불을 지폈다. 사실 양국은 다오위다오 문제에 관하여 솔직하고, 냉정하며, 실무적인 협상을 통해 문제를 처리할 수 있다. 중국정부는 양국 관계의 유지 및 발전을 위하여, 일관적인 주권 입장을 유지한다는 전제하에 일본과 해당 문제를 해결하기 전에는 일방적인 행동을 취하지 않는 방식으로 양국 관계의 대세에 문제를 일으키지 않는다는 방침을 취하고 있었다. 하지만 일본이 다시금 도발행위를 일으키면서 중국정부는 국가의 주권과 정의를 보호하기 위하여 어쩔 수 없이 일련의 대응 정책을 시행하였다. 현재 다오위다오 문제를 포함한 영토문제는 중일 양국 관계 발전의 대세에 영향을 미치고 있지는 않지만 양국의 관계 발전을 제한하는 불안정한 요소임에는 분명하다. 어떤 이는 양국 국민들의 우호 관계를 위협하고, 심지어 아시아 태평양 지역의 안정과 평화를 위협하는 다오위다오를, 대해를 떠다니는 수뢰(水雷)로 표현하기도 한다.

셋째는 해양 권익 분쟁이다. 중국은 아시아의 동남부에 위치하며, 북서태평양에 가깝고, 세계에서 가장 많은 도서(島嶼)를 보유한 나라이며, 18,000km의 해안선에 5,000여 개의 크고 작은 군도들의 해안선까지 더할 경우 32,000km에 이르는 해안선을 보유하고 있다. 중국은 복잡 다양한 주변 지리환경을 가졌으며, 역사 및 현실적인 원인들에 의하여 몇몇 국가들과 해양 권익 분쟁이 존재해왔다. 오늘날 해양 인접 국가들은 중국의 영해와 권익에 있어 서로 다른 정도의 불합리한 요구를 하고 있으며, 약 100만㎢에 이르는 해역에서 침범 및 도서의 불법점령, 자원의 불법적 약탈 등의 정황이 발견되었다. 이러한 문제는 남해안에서 더욱 분명하게 드러난다. 역사와 법리적인 관점에서 봤을 때, 난사군도(南沙群島) 및 해당 해역은 논란의 여지 없는 중국의 영해지만, 현재 필리핀에 9개, 베트남에 29개, 말레이시아에 5개, 인도네시아에 2개, 브루나이에 1개의 섬이 불법적으로 점거 당했다. 2002년 중국과 아세안(ASEAN : Association of Southeast Asian Nations, 동남아시아국가연합)은 해당 문제의 해결을 위하여 남중국해 문제에 대한 최초의 정치문건인 〈남해각방행위선언(南海各方行为宣言)〉에 서명하면서, 양측의 우호협력을 강화하고, 남중국해 지역의 평화와 안정을 지키기로 합의를 보았다. 또한 우호적인 협상과 담판을 통한 평화적인 방법으로 해당 문제를 해결할 것을 강조하였고, 분쟁 해결 전에는 논쟁을 복잡하게 하거나 확대할 위험이 있는 행동은 자제하기로 합의하였다. 또한 이러한 협력 및 양해정신에 입각하여, 해양환경보호, 수색 및 구조, 해상 항해 및 교통안전, 범국가적 범죄 타결 등에 협력하기로 합의하였다. 중국과 아세안은 〈남해각방행위선언〉을 통해 남중국해의 분쟁해결에 있어 긍정적인 기류를 형성하였고, 중국이 주장해온 "보류분쟁, 공동발전"(搁置争议, 共同开发)의 구호를 실현시켰다.

하지만, 최근 들어 주변 국가들의 일방적인 권익 고려 및 무모한 조치로 인하여 남해안의 분쟁은 더 확산되었다. 2009년 필리핀 국회는 〈영해기본선법안(领海基线法案)〉을 통과시키며 중국의 스카버러 암초(黄岩岛)와 난사군도의 일부 도서를 필리핀 영토에 포함시켰고, 대통령도 서명하기에 이르렀다. 2011년 7월, 필리핀의 아키노(Benigno Noynoy Aquino) 대통령은 국회의 국정 자문에서 필리핀이 남해상의 "영토"를 보호하기 위하여 무력을 사용할 준비가 되었음을 다시 강조하였다. 2009년 3월, 말레이시아의 압둘라 아맛 바다위(Abdullah Ahmad Badawi) 총리는 난사군도의 단완자오(弹丸礁)와 광싱즈자오(光星仔礁)를 방문하여 "주권을 선포"하였다. 베트남은 남사군도의 산호섬을 가장 많이 불법점거하고 있는 나라로, 또한 남해안의 석유자원 개발에 있어 서방국가들과의 협력을 꾸준히 모색하면서 오늘날까지 1억 톤이 넘는 석유 및 대량의 천연가스를 남해에서 채굴하였으며, 이를 통해 백억 달러 이상의 이익을 거두었다. 2010년 이후 베트남은 각기 다른 시간에 각종 수단을 이용하여 자신들이 점거하고 있는 남사군도 도서의 "주권"을 선포해왔는데, 특히 2011년 6월에는 중부 해안 부근에서 군사훈련을 실시하며 강경한 입장을 과시하기도 하였다. 2011년 10월 중국과 베트남은 대화를 통한 양국 해상 문제해결을 위한 기본 원칙에 합의하였다. 남해안 영토 문제에 있어서 중국정부의 입장은 조금의 동요도 있을 수 없으며, 어떠한 국가의 일방적인 영해침범 행위도 중국 영토주권의 침범으로 간주하고, 모두 불법이고 무효라는 입장이다. 사실상 중국이 오랫동안 견지해 온 "주권은 우리의 것이며, 논쟁은 보류하고, 함께 발전하자"(主权归我, 搁置争议, 共同开发)는 원칙은 남해안 형세의 평화와 안정에 유리할 뿐 아니라, 당사국 각자의 권익 보호에도 유리하다. 남해안의 영해 문제가 최종적으로 해결되지 않는 한, 중국과 관련 국가의 분쟁 및 갈등은 오랫동안 계속될 것이다.

넷째는 해당 지역 밖에 위치한 대국들의 개입문제이다. 주변 국가들과 중국 사이의 복잡한 영토분쟁에 더해 중국의 신속한 발전에 따른 우려가 이러한 지역 밖에 위치한 대국들이 분쟁에 개입하게 되는 계기가 되었다. 우선 다오위다오 문제에 있어서 냉전 이후 미국의 개입은 점점 분명해지고 있으며, 특히 2000년대 이후 미일 안보동맹 관계가 공고해지면서 일본은 해당 문제에서 미국의 지지를 얻고 있다. 2004년 2월, 미국의 국무차관 리처드 아미티지(Richard Lee Armitage)는 〈미일안보조약(The U.S.A-Japan Security Treaty)〉을 근거로, 일본의 섭정 하에 있는 지역이 공격을 받을 경우 미국에 대한 공격으로 간주하겠다는 성명을 발표하기도 하였다. "일본 섭정 하에 있는 지역"이란 다오위다오도 포함된다는 뜻을 내포하고 있다. 2004년 3월에는 미국국무원 부대변인이 기자들과의 질의응답에서 "〈미일안보조약〉을 센가쿠열도(다오위다오)에 적용시킬 것"이라 대답하였다. 미국은 자신들의 태도를 클린턴 정부의 "모호한 중립"에서 "적당한 개입"으로 전환하였다. 오바마 정권은 집권 이후 글로벌 전략을 동쪽으로 이동시키면서 일본 등 동맹국과의 관계를 더욱 공고히 하였고, 다오위다오를 명확히 〈미일안보조약〉 적용범위에 포함시켰으며, 다오위다오 문제의 국제화를 통하여 해당 문제를 미국이 주도하는 중미일 3국의 회담으로 이끌기 위해 노력하고 있다. 2010년 10월, 미국의 힐러리 국무장관은 다오위다오가 "〈미일안보조약〉의 제5조에 해당하는 미국의 대일방어의무 적용대상"이라는 성명을 발표하였다. 장기적으로 이루어져온 미국의 개입은 중일 양국의 협상으로 해결해야 할 다오위다오 문제를 더욱 복잡하게 만들고 있다.

또한 남해 문제에서 미국, 일본, 인도 등의 국가 및 몇몇 지역 공동체는 각기 다른 목적으로 중국과 관련 국가들의 분쟁을 이용하여 남해지역의 사업에 착수하여 문제를 국제적인 논쟁으로 유도하고 있다. 미국 국회는 남해 문제에 있어서는 중립 및 불(不)간섭 정책을 엄수해왔지만 1994년 〈해양법에 관한 국제연합 협약(United

Nations Convention on the Law of the Sea)〉이 효력을 갖게 되면 서, 미국의 남해문제에 대한 기본 정책은 "개입하지 않는"에서 "개 입하되 깊이 관여하지 않는" 방향으로 전환되었다. 오늘날 필리핀, 베트남 등 국가들과 중국의 남해문제에 의한 마찰은 점점 빈번해지 고 있으며, 이는 미국이 해당 문제에 개입할 수 있는 기회를 제공하 고 있다. 필리핀은 남해 문제에서 미국의 권익이 연루되어 있음을 거듭 강조하고 있으며, 또한 〈미·필리핀 상호방위조약〉에 근거하 여 미국의 지지를 통해 중국에 대항하려 하고 있다. 이에 관련하여 미국은 "운항안전"을 이유로 공개적으로 남해 문제에 개입하였으며, 문제의 다각화와 국제화를 시도하고 있다. 미국의 동아시아와 아세 안 및 동남아국가의 관계 회복 전략은 남해 문제에 대한 미국의 영 향력 또한 강화시켰으며, 이는 남해지역의 병력 유지 문제 및 남해 주변 국가와의 합동 군사훈련 등을 포함한다. 일찍이 일본은 1950 년대에 남사군도 및 서사군도(西沙群島 : 하이난(海南) 섬 남동쪽 남중국해(南中国海)에 있는 도서군. 중국, 필리핀, 베트남이 영유권 을 주장하고 있다= 파라셀(Paracel)제도)에 관한 모든 권리의 포기 를 선언하였지만, 남해수송로를 스스로의 석유수입 및 상품수출의 생명선으로 간주하기 시작하면서 남해 문제를 크게 주시하고 있다. 1997년에 수정한 〈미·일 방위협력을 위한 지침(Guidelines for U.S.A-Japan Defense Cooperation)〉을 통해 남해는 "주변사태"의 범위에 포함되었고, 1999년에 통과된 〈주변사태법〉을 통해 이러한 입장을 더욱 공고히 하였다. 근래 들어 일본은 미·일 동맹의 강화 를 통하여 동남아국가와의 경제 관계 및 비전통 안보분야의 협력을 강화하고 있으며, 아세안과 함께 행동하며 중국에 대응할 수 있는 승부수를 강화하려 하고 있다. 이와 동시에 남해문제의 확산에 기대어 지역안보분야에서 스스로의 영향력을 확대하려 하고 있다. 냉전 종료 이후, 인도는 "동진정책(東進政策)"을 통한 아시아 태평양 국가들과의 관계발전을 추진하고 있는데 특히 2000년 이후 베트남, 인도네시아, 말레이시아 등 국가들과의 군사연계 강화 및 미국, 일본과의 합동 훈련을 빈번하게 진행하면서 남해문제에 대한 개입 의도를 분명히 하고 있다. 이렇듯 중국 주변의 지리적 환경은 이미 복잡한 상황이며, 역외 대국의 개입은 이러한 영토 및 영해 분쟁을 더욱 해결하기 힘든 어려운 문제로 만들고 있다.

다섯째는 해상 통로 안보 문제이다. 근래 들어 해상 무역의 신속한 발전이 이루어지고, 국가발전에 있어 해상 무역의 중요성이 나날이 커지면서 해상 통로의 안보 전략 문제가 세계 주요국가의 핵심 대외전략에 포함되기 시작하였다. 광활한 해역 중에서 중국에 중요한 영토주권, 영해주권, 해역관할주권과 해양 권익 및 원양 통도 안보권 등의 권리는 중국의 평화발전 및 경제안보권익에 직접적인 관련이 있다. 중국정부의 오랜 방어형 국방정책과 미국 등 선진국에 비해 낙후된 해군력으로 인하여 중국의 이익과 밀접한 관계에 있는 대외무역 및 에너지 수입 주요 해상 통도에 대한 안보능력은 상당히 떨어지는 편이다. 중국은 1993년에 석유 수입을 시작한 이후 2009년 수입 의존도가 처음으로 50%를 돌파하였고, 2010년에는 수입량이 최초로 2억 톤을 넘어섰으며, 대외의존도는 55%를 넘기에 이르렀다. 중국의 석유 수입은 대부분 중동 및 아프리카 지역에서 이루어지기에 해당 지역의 불안정한 정치적 상황을 차치하더라도 석유의 해상운송로가 미국 및 해당 해역의 주변국가의 통제 하에 있으며, 설상가상으로 해적 및 테러의 위협 또한 간과할 수 없기에 석유 수입 의존도가 과하게 높은 중국의 에너지 안보 및 경제안보에 큰 위협이 되고 있다. 말래카 해협[Malacca(영)海峽[은 아시아, 아프리카, 유럽 3대륙을 잇는 중요한 통도로, 그중요성은 수에즈 운하와 파나마 운하와 비견될 정도이며 중국 석유운송의 생명선이라 할 수 있다. 통계에 의하면, 매년 말래카해협을 통해 운송되는 석유의 총량은 중국 석유 수입량의 80%이상을 차지하고, 하루 동안 해협을 통과하는 선박의 60%가 중국을 왕래하며, 대부분은 유조선으로 조사되었다. 말래카해협은 미국의 글로벌 전략에 있어 반드시 장악해야할 16대 중요수로에 꼽혔으며, 현재는 싱가포르, 말레이시아 및 인도네시아의 공동 관할 하에 있다. 미국은 이미 싱가포르의 해군 및 공군 기지의 부분 사용권을 획득하였고, 해협 연안에 군사시설 건설 원조에 여념이 없으며, 전시에 해협을 봉쇄할 수 있는 능력을 갖게 되었다. 인도 또한 해양에서의 능력 강화를 위하여 말래카 해협 서부에 기지를 건설하였고, 군사 배치 및 빈번한 군사 훈련을 실시하고 있으며, 긴장 국면 시에 이를 통한 해협봉쇄주도권을 노리고 있다. 말래카 해협은 폭이 좁아 봉쇄가 용이하며, 오랜 기간 동안 해적의 습격과 테러리즘 등 비전통적안보의 위협에 시달려왔다. "말래카 해협에서의 곤경"은 중국이 직면한 해상통도 안보 문제의 축소판에 지나지 않는다. 그 외에도 아덴만 및 소말리아 해역에 만연한 해적들의 약탈 행위는 중국 상선에게 큰 위협이 되고 있으며, 현재 중국은 이미 십여 차례 호송편대를 파견하여 호위임무를 실행하고 있다. 대외개방의 구체화 및 외부세계와의 연계 강화로 인해 중국의 해외권익은 갈수록 확산되고 있으며, 이러한 이익과 중국의 해상통로 안보능력 부족의 모순은 오랜 기간 계속될 것으로 보인다.

3. 외부세계와의 관계

인류의 역사적 경험에 비추어볼 때, 외부세계와의 관계 형성 방안은 대국굴기의 과정에 있어 피할 수 없는 중대 과제라 할 수 있다. GDP로 비교할 때, 중국은 2010년에 일본을 초월하고 세계 제2의 경제대국이 되었으며, 발전 속도로 볼 때 계속된 고속 성장을 통해 세계 1위 경제대국인 미국과의 격차를 점점 줄여나가고 있다. 개혁 개방 이후 30여 년간, 중국의 발전은 중국과 세계 관계의 역사적인 변화에 엄청난 영향을 미쳤다. 중국경제는 세계경제의 핵심 구성원이 되었고, 중국의 발전은 세계경제 및 무역의 성장을 이끌었으며, 중국은 이미 국제체제의 핵심 멤버가 되었다.

중국의 굴기 및 그로인한 중국과 외부세계 관계의 변화는 일부 국가들이 중국의 전략에 대하여 우려하게 되는 결과를 낳았다. 그 첫째 우려로는, 세계의 패권교체의 보편적 사고에서 출발한 "국강필패(國强必覇 : 나라가 강해지면 반드시 패권을 노리게 된다)"의 논리로, 중국의 굴기가 현재의 국제질서에 맞서거나 그 질서를 깨트리게 될 것이고, 더 나아가 중국을 중심으로 한 새로운 패권체계를 확립하게 될 것이라는 내용이다. 둘째는 서방세계의 의식형태에서 출발한 중국사회제도와 지도이론에 대한 편견으로, 이러한 제도의 차이점으로 인해 동서양 사이의 모순과 충돌이 잦아질 것이라는 내용이다. 셋째는 중국과 영토분쟁의 상황에 있는 주변 국가들이 주관적인 견해로 중국의 굴기가 중국의 해당 문제의 처리에 있어서 강경한 자세를 조장할 것이며, 심지어는 중국이 현재의 지역적 질서를 타파하고, 지역의 패권을 차지하려 한다는 것이다.

현재 외부세계의 중국에 대한 각종 우려들은 성장하는 대국에게는 피할 수 없는 고민이며, 이러한 우려에 맞서 중국은 이론과 실천의 두 가지 방면에서 의혹을 해소하기 위한 프로젝트를 진행해왔다. 2011년 중국은 〈중국과 평화발전(中国的和平发展)〉이라는 백서(白書)를 발표하였으며, 그중 중국의 평화발전 경로에 관한 서술은 서방 선진국을 위시한 오늘날의 국제사회가 진지하게 이해할 필요가 있다. 또한 백서에는 중국정부와 국민이 중화문화의 우수한 전통을 계승한 것이 바로 평화발전 경로라고 밝히며, 이는 시대의 발전 추세와 중국의 근본적인 이익을 위한 전략적 결정으로, 중국 발전의 내부적 수요에 의한 것임을 분명히 하였다. 중국의 평화발전은 앞서 설명한 "국강필패"라는 전통적인 형태를 무너뜨렸다. 중국은 스스로의 수천 년 문화와 역사적 전통에 의거하고, 경제세계화의 본질에 대한 인식에 근거하여 21세기 국제 관계와 국제안보의 구조적 변화에 대한 인식, 인류 공동의 이익과 가치에 대한 인식을 통해 평화발전과 협력을 통한 공동의 이익을 국가의 현대화와 국제적 업무

참여 및 국제 관계의 기본 과정으로 선택하였다. 2011년 9월, 국무위원 다이빙궈(戴秉国)는 북경에서 열린 "중국과 평화발전"좌담회에서, 평화발전은 중국이 현대화와 "부국강민(富國强民)을 실현하기 위한 전략적 선택임을 다시금 강조하였다. 이는 즉 중국이 세계 평화와 공동번영을 위해 더욱 공헌할 수 있는 필수적인 길이고, 평화발전 경로는 외국인들을 속이기 위함이 아니며, 평화발전 전략의 의도는 투명하고, 정책은 분명하며, 태도는 진실하고, 결심은 견고하며, 언행에 책임을 질 수 있음을 분명히 하였다.

중국과 세계 관계의 역사적 변화는 세계진출을 통한 국가의 이익이라는 새로운 변화 또한 가져왔다. 2001년 12월 WTO에 가입한 이후, 중국은 더욱 발 빠르게 경제세계화와 구역경제협력에 참여하면서 대외개방의 수준을 끌어올렸다. 이러한 중국의 진출 전략은 이윤의 변경선을 더욱 확장시켰으며, 해외이익의 보장문제가 더욱 시급한 문제로 떠올랐다. 경제세계화의 확산과 함께 중국기업은 전체적 능력이 강화된 상황에서 해외무역 및 투자를 조금씩 늘리고 있다. 국유기업과 민영회사 및 기타 중국자본경제기구들은 중국의 해외경제이익에 있어서 중요한 장치이며, 에너지와 원자재의 해외를 통한 보급, 직접적인 대외투자, 노동력 수출, 해외의 대형 공사청부 등과 연관되어 있다. 통계에 의하면, 2010년 중국의 해외직접투자 순 투자액은 688.1억 달러로, 전년 동기대비 21.7% 늘었으며, 9년 동안 성장세를 유지하였고, 연 평균 성장률은 49.9%였다. 유엔 무역개발회의(UNCTAD)가 2011년 발표한 〈세계투자보고서〉(World Investment Report)에 의하면, 2010년 중국의 해외직접투자 순 투자액은 해당

연도 세계 전체 유동량의 5.2%를 차지하였는데 이는 세계 5위에 해당하며 최초로 일본과 영국 등의 전통적인 해외투자대국을 넘어섰다. 2010년 말까지 중국은 세계 178개 국가 및 지역에 총 1만 6천개의 기업이 진출해 있으며, 투자 복개율은 72.7%에 달했고, 아시아와 아프리카 지역 투자 복개율이 각각 90%와 85%에 달했다. 2010년 연말까지, 중국의 해외직접투자 순 투자액 통계는 3172.1억 달러로, 이는 세계 17위에 해당한다. 또 다른 방면으로, 소강사회(小康社會 : 중진국 수준의 사회, 경제상황)의 건설 추진으로 인하여 중국사회에서 중산계층 규모가 점점 확대되고 있고, 점점 더 많은 민간단체 및 개인의 해외 진출 또한 이루어지고 있으며, 민간사회와 세계의 연계가 점점 밀접해지고 있다. 2009년 중국은 135개 국가에 총 5,000만 명의 여행객이 여행을 다녀온 것으로 집계되었다. 중국과 세계의 연계 및 협력이 폭발적인 성장세를 보이면서 국경을 초월한 해상통도안보, 투자안보, 재외국민 신변안전 등의 문제가 점점 대두되고 있다. 대외교류협력은 국가의 이익을 해외로 확장하는 계기를 마련했지만, 국가의 주권이 관할할 수 있는 범위를 넘어서면서 불확실한 요소로 인한 위협에 처하기 쉽다. 예를 들어, 해외에서의 이익은 해당 국가에 전쟁이나 소요가 발생 혹은 정권교체로 인한 정책 변화나 인종주의, 반중(反中)주의, 테러리즘을 통하여 중국 해외 이익이 피해를 입을 수 있고, 또한 중국 기업의 해외마켓과 법률 법규 이해 부족 및 국제화경영관리 인재 부족 등의 문제들도 해외 마켓의 운행 및 투자에 있어 위험으로 작용한다. 2011년 리비아의 내부 충돌로 인한 소요가 그 예로, 중국의 투자기업들은 엄청난 손실을 입었으며, 그 위기는 중국 국민들의 신변재산으로까지 번졌다. 상무부(商务部)의 발표에 의하면, 중국기업이 리비아에서 하청 받은 대형 프로젝트는 총 50가지 항목에 계약액수는 188억 달러로, 전란으로 인하여 모든 프로젝트가 중지되면서 많은 설비와 자산이 빼앗기고 파괴되었다. 비록 현재 중국의 해외 이익 보호수단은 여전히 취약하지만, 중국의 발전은 세계와 밀접한 관계가 있기 때문에 해외 이익은 좁은 의미의 국가적 이익에 그치지 않고, 해외 협력 및 교류의 확산, 공평하고 공정한 협력세계 구축의 전략규획과 밀접한 연관이 있다. 미래에는, 해외이익의 발전이 중국 외교수준의 향상을 요구하게 될 것이다. 외교업무는 새로움에 대응하는 자세로 창조성, 주도성, 진취성의 강화가 필요하며, 해외 이익 보호능력을 높이고, 해당 법률 및 법규를 개선하며, 조기경보 및 신속한 대응시스템을 완비하고, 업무태도를 개선하며, 재외국민의 편의를 위하여 최선을 다해야 한다. 종합하자면, 복잡하게 얽힌 국제형세 속에서 중국의 해외이익은 유례없는 속도로 확산되고 있기에, 해외이익의 보호는 대외전략에 있어 중국이 마주한 중대한 과제라 할 수 있다.

중국과 외부세계의 관계에 있어 중요하고 민감한 문제 중의 하나가 바로 군사현대화 문제이다. 근래 들어 서방 선진국들은 중국의 군사현대화의 발전상황을 특별히 주시하고 있으며, 미국이 매년 한 차례씩 발표하는 중국 군사력 보고서는 "중국군사력 위협론"에 대한 과장을 포기하지 않고 있다. 2011년 8월, 미국국방부가 발표한 〈2011년 중국 군사력 및 안보발전보고서〉에 의하면, 미국은 강대하고, 번영 및 성공을 거두고 국제사회의 규범을 공고히 하며, 글로벌

안보와 평화를 증강하기 위해 노력하는 중국을 환영하며, 중국이 국제평화유지, 반(反)해적, 인도주의 원조 등의 활동에 더욱 적극적으로 참여해야 함을 인정하였다. 하지만 동시에 중국의 현대화된 군대가 "중국이 외교적인 우세를 얻거나, 분쟁을 유리한 방향으로 해결하는 일에 이용되는 일이 늘어날까봐" 우려하기도 하였다. 군사 투명성 방면에서, 해당 보고서는 중국을 "제한적이지만 꾸준히 개선되고 있는", 하지만 "이를 중국이 어떻게 활용할지는 성장하고 있는 군사력만큼이나 확실치 않다" 고 서술하고 있다. 사실, 미국은 부채 총액과 재정적자가 끝없이 상승하고 있음에도 군비예산은 줄어들지 않고 있다. 2011년 국방예산은 7,250억 달러로, 같은 해 중국의 국방예산인 6,011억 위안에 비해 8배나 많다. 서방 선진국들의 중국 군사현대화에 대한 우려의 근원은 중국의 사회제도와 의식형태에 대한 심리적 배척 및 중국의 신속한 성장으로 인해 그들의 질서가 위기를 맞았다는 우려에서 시작된 것이다.

중국은 아직 개발도상국으로, 국방의 목표와 임무는 국가의 주권, 안전, 이익 확대를 지키고, 사회의 조화와 안정을 유지하며, 국방과 군대의 현대화를 추진하여 세계의 평화와 안정을 수호하는데 있다. 중국의 발전노선과 근본적인 임무, 대외정책과 역사적 문화적 전통은 중국이 필연적으로 방어적인 국방정책을 실시하도록 하였다. 《중국의 평화발전 백서》는, "중국은 광활한 영토와 해양을 보유하고 있으며, 육지의 국경선은 22,000km, 대륙의 해안선은 18,000km에 이른다. 중국은 복잡 다양한 전통적, 비전통적 안보위협에 직면하였으며, 분열세력 및 테러리즘 등의 위협을 받고 있다. 국방력의 현대화 추진은 중국의 합리적인 국가안보요구에 의한 것이며, 중국이 평화발전을 실현하는데 있어 반드시 필요한 일이다. 중국의 군사 현대화의 근본목적은 국가의 주권, 안보, 영토의 완전성과 늘어나는 국가의 이익을 지키기 위함이다. 중국의 국방비 지출은 적정 수준이고, 국가안보의 수호를 위한 수준으로, 어느 나라와도 군비경쟁을 할 수도, 그럴 의향도 없으며, 어느 국가에게도 군사적 위협을 감행할 의도 또한 없다. 중국은 "나를 해하지 않으면, 나 또한 남을 해하지 않는다(人不犯我, 我不犯人)"는 원칙을 견지하며 국제분쟁 및 화제의 평화적 해결에 애쓰고 있다. 중국은 국제적 군사교류의 강화를 통해 세계 및 지역 안보협력을 추진하고, 일체의 테러리즘에 반대한다고 밝히고 있다. 현재 중국은 군사장비 면에서 선진국가에 비해 분명히 낙후되어 있으며, 스스로의 안보환경이 복잡하게 변하는데도 국방 및 군사력 확립에 있어 장기적으로 투자가 부족했고, 또한 국력의 증강과 함께 국제적 의무 또한 늘어나면서 중국의 군사현대화와 국가의 이익보호 문제에 있어 여전한 차이와 모순이 산적해 있으며, 해결이 요구된다.

경제경쟁은 중국이 외부세계와의 관계를 처리하는데 있어서 또 하나의 중요한 과제이다. 2000년대 이후 경제적 요소가 국제 관계에서 차지하는 비중이 점점 커지면서 대국들의 경쟁의 주요 전장이 되었다. 2011년 세계경제포럼이 발표한 〈2011-2012 세계경쟁력보고서〉에 의하면, 중국의 순위는 26위로 조사되었고, 다른 BRICs 국가들인 남아프리카 공화국, 브라질, 러시아의 순위는 각각 50위, 53위와 66위였다. 이러한 결과는 선진국들에 비해 신흥시장국가들의 경쟁력이 지속적으로 상승하고 있으며, 더욱 견실하게 성장하고 있음을 나타낸다. 관련 통계에 의하면, 2010년 신흥마켓국가들의 세계경제성장 공헌도는 60%에 달했으며, 글로벌경제성장을 이끄는 중요한 역량으로 성장하였다. 신흥시장국가들의 관계로 볼 때, 비교적 안정적인 성장을 기록하고 있는 중국을 제외하면, 러시아, 인도, 브라질 등의 국가들이 내부개혁과 조정으로 인해 이미 경제성장에 장족의 발전이 있었으며, 신흥시장국가의 선두대열에 합류하였다. 2000년에서 2007년 사이에, 러시아 경제는 연평균 7% 수준의 비교적 빠른 성장을 유지하였다. 세계금융위기 발발 이후, 러시아의 2008년 GDP 성장률은 5.2%로 떨어졌고, 2009년에는 마이너스 7.8%까지 떨어졌지만, 조정을 통해 2010년에는 4%까지 성장을 회복하면서 빠르게 곤경을 벗어나고 있다. 인도는 높은 성장률을 유지하고 있는 신흥시장국가의 주요 일원으로, 2000년부터 2006년까지 연평균 GDP성장률이 7.4%였고, 2007년에는 9%에 달했다. 비록 2008년에는 금융위기의 영향으로 6.7%까지 낮아졌지만, 스스로의 조정을 통해 2010년에는 8.5%의 고성장을 다시금 회복하였다. 남미의 대국 브라질은 금융위기에 대한 적절한 대응으로 인해 2010년 GDP가 전년 대비 7.5% 성장하면서 25년만의 최고치를 기록하였다. 신흥시장국가는 세계 경제성장의 중요한 원동력으로, 중국과 다른 신흥시장국가 간에는 상호간의 무역발전 및 협력추진의 관계에 있고, 상품, 산업, 기술 등 분야에서는 경쟁의 관계에 있기에, 신흥시장국가와의 경제기술협력 방안과 발전모델 참고, 자원 발전 및 공유 등의 방법을 통해 최종적으로 공동의 발전을 실현하는 것이 중국이 당면한 중요한 문제라 할 수 있다. 선진국과의 관계로 볼 때, 중국은 세계화의 과정에 적극 참여하면서 현재의 국제질서에 주동적으로 유입되었으며, 전면적인 대외개방을 통해 선진국과의 경제상호의존의 구조를 만들어 서로 이익을 얻는 공동의 발전 방안을 찾기 위해 노력하고 있다. 하지만 중국이 과학기술, 경제구조, 산업의 발전, 환경보호, 관리, 정보 등의 분야에서 서방국가들과 여전히 큰 격차가 있음은 부인할 수 없다. 특히 기술효율과 에너지 사용효율이 낮고, 전체적으로 볼 때 여전히 조방적인 형태의 성장이라 할 수 있다. 경험이 증명하듯, 중국의 이전의 경제성장방식은 지속할 수 없는 상태이며, 경제발전의 자원적 환경의 병목현상이 나날이 심해지고 있으며, 새로운 형세 속에 핫 머니(hot money, 투기성 단기자금)의 유입 증가, 유동성 규모의 확대, 인플레이션 압박 상승 등 새로운 문제에 직면해 있다. 중국은 신흥시장국가로서 경제경쟁에서 선진국을 추격하고, 추월하기 위해서는 여전히 가야할 길이 멀다.

4. 비전통적 안보 위협

2000년대 이후, 국제안보의 형세에 새로운 변화가 나타났다. 전통적인 안보 위협이 여전한 가운데, 비전통적 안보 위협이 나날이 증가하면서 국제사회가 공동으로 직면한 중요한 문제로 떠올랐으며, 중국 또한 관여하지 않을 수 없다.

그 첫째는 테러리즘의 위협이다. 오늘날의 테러리즘은 1960년대

에서 1970년대 사이에 시작되었으며, 냉전 종료 이후 신속히 확산
되었다. 특히 2000년대 이후 범세계적으로 확산되고 있고, 활동 범
위의 확산과 함께 연락방식 또한 나날이 국제화와 네트워크화 되고
있으며, 수단과 방식 또한 새로워지면서 더욱 심각한 결과를 낳고
있다. 현재 글로벌테러리즘 세력은 미국, 영국 등 서방 선진국을 주
요 목표로 하고 있지만, 세계화 과정에 적극적으로 참여하고, 국가
이익의 외부적 확산 및 국내의 복잡한 민족 문제로 얽힌 중국이 테
러리즘에서 자유롭지는 못하다. 중국이 직면한 주요 테러리즘의 첫
째는 중국 국민이 국외에서 상해를 당하는 것으로, 사상자와 재산손
실이 일어나고 있으며, 이러한 정황은 중국 국민의 세계 각지 분포
인구가 늘어날수록 발생확률 또한 지속적으로 상승하고 있다. 2004
년 6월, 아프간 북부의 중국의 건설 원조가 이루어지던 건축현장에
서 발생한 테러리스트의 습격사건으로 인해 11명의 중국 노동자가
사방하고 4명이 부상당하는 참극이 일어났다. 둘째는 테러리즘의
세력이 스스로의 특정한 정치적 목적 달성을 위하여 중국 국민을
공격하는 행위이다. 이러한 정황은 중국을 적시하기 때문이 아니라
일종의 정치적 영향을 모색하기 위함이지만, 중국의 국가적 이익을
직접적으로 위협한다. 셋째는 중국의 국가적 이익을 차지하기 위한
목적성의 테러활동으로, 이러한 테러는 가장 위험성이 높다. 일찍이
1930년대의 "동투르키스탄 테러조직(East Turkistan organization)"은
중국의 분열을 위하여 활동하였으며, 오랜 기간 신장 위구르 자치
구에서 분리주의와 테러활동을 해 온 "동투르키스탄 이슬람운동
(East Turkestan Islamic Movement)"은 "동투르키스탄 테러조직"의

핵심 세력으로, 글로벌 테러세력과 긴밀하게 연결되어 있다. 1990
년대 이후, 동투르키스탄 세력은 신장에 비밀 훈련 기지를 건설하여
간부를 육성하고, 탄약과 무기, 폭탄설비를 제조하였으며, 테러와
소요사태를 통해 대중의 생명과 안전을 크게 위협하였고, 정상적인
사회질서를 교란하였다. 중국 공안부의 통계에 의하면, 최근 수십
년간 신장지역의 테러리즘과 분리주의, 극단주의세력은 중국 내외
에 260건 이상의 테러를 일으켰다. 최근에 가장 심각했던 사건은
2009년 7월 5일 동투르키스탄 테러세력이 우루무치(乌鲁木齐)에서
일으킨 대규모 폭력사태로 197명이 사망하였고, 1,700여명이 부상
을 입었다. 오늘날, 글로벌 반테러 운동의 전체적인 형세는 여전히
심각하고, 테러리즘은 사라지지 않고 있으며, 이미 동투르키스탄 세
력은 앞으로 중국이 직면할 주요 테러리즘 위협으로 성장하였다.
이에 대한 중국의 입장은 확고하다. 모든 형태의 테러리즘 활동을
단호하게 반대하며, 글로벌 반테러 협력에 대한 적극적인 지지 및
참여를 통해 세계와 지역의 평화와 안정, 안전을 수호하는 것이다.

둘째는 공중위생안보의 위협이다. 글로벌 경제일체화의 과정이
빨라지고 국가와 지역 간의 교통이 편리해지면서 금융과 무역시장
이 서로 밀접하게 얽히게 되었고, 질병 발생, 식품안전사건 발생의
가능성과 파괴력이 커지게 되었다. 이에 더해서 전염병의 확산 속
도는 전에 비해 명확히 빨라졌으며, 이로 인해 비전통적 안보의 중
요한 부분을 차지하는 공중위생안전 문제가 국제사회의 새로운 문
제로 떠올랐다. 2003년 창궐한 SARS(중증 급성 호흡기 증후군, 이
하 사스)는 중국 공중위생안보분야의 여러 문제점을 노출했다. 질병

예방 등 공중위생기구와 의료기구의 예방분야에서 균형을 잃으면서 전염병의 발견 시간이 지체되었다. 또한 질병예방 통제센터의 수와 응급대처가 가능한 인원이 부족하였으며, 심각한 전염병 위기에 대한 대응능력 결핍 등의 문제점이 드러났다. 사스라는 공중위생의 중대 사건을 경험한 이후 중국정부는 공중위생안보분야에 대한 전방위적 작업을 통해 공중위생 안보체계를 강화하여왔다. 그중에서도 돌발적인 공중위생사건에 대한 대응 문제해결에 큰 힘을 쏟았으며, 국제적인 관심의 초점이 될 수 있는 공중위생사건의 발견, 평가, 통보, 보고 및 처리 능력 강화에 중점을 두면서 초보적인 돌발 상황 응급예방체계를 구축했다. 또한 성(省), 시(市), 현(县) 세 개 등급의 질병예방 컨트롤 센터 및 각 등급의 응급센터, 전염병 병원 등 공중위생기구의 개선 작업을 실시하였으며, 질병예방의 통제와 응급치료 조건을 크게 개선하였다. 중국정부의 고도 중시를 통해 중국의 공중위생 안보체계 건설은 눈부신 성과가 있었지만, 여전히 적지 않은 문제점도 안고 있다. 우선, 공중위생 자원분배와 공유에 있어 지역적인 격차, 도농격차, 계층 간 격차가 두드러지며, 그중에서도 농촌의 위생안전은 여전히 취약하다. 그 다음으로, 각급의 질병예방 컨트롤기구에 필요한 인원이 절대적으로 부족하고, 해당 인재들의 유출 또한 심각한 수준이다. 마지막으로, 공중위생 비상경보 및 응급치료체계에 있어 여전히 정보처리 능력 부족, 떨어지는 반응 속도, 비합리적 처리능력, 완전치 못한 체계 및 단체 등의 문제가 존재한다. 앞으로 전염병의 국제적인 유행에 있을 경우 글로벌 공중위생안보에서 이전에 없을 정도로의 국제적 협력이 요구된다. 중국

의 공중위생 안보체계를 만드는 것은 명백히 국제협력에 따른 것이
며, 스스로의 역량 투입과 시스템 개혁 외에도 세계보건기구(World
Health Organization)에서의 역할을 충분히 발휘하여 글로벌 경보
및 응급시스템을 확립하고, 신속하게 글로벌사회와 국제기구의 해
당 정보와 기술지원을 얻어야 한다.

셋째는 핵 안보문제이다. 핵 안보란 핵물질, 핵시설 및 방사성 물
질 등에 대한 안보 문제를 말한다. 2010년 4월, 미국 워싱턴에서 열
린 제1차 핵안보정상회의(Nuclear Security Summit)에서는 중국을
포함한 참가국들이 국가의 책임 있는 행동과 지속적이고 유효한 국
제협력 및 강력한 안보대책을 통해 핵 테러의 위협을 감소시키기로
합의하고 공동 성명 및 계획을 발표하였다. 계획에 의하면, 회의 참
가국들의 자발적 참여 하에 각자의 법률과 국제적 의무에 근거하여
핵물질의 절강, 사용, 운반, 처리 및 무정부주의자의 핵물질 획득,
악의적 사용 방지에 필요한 정보 분야에 관하여, 관련분야의 정치적
인 약속을 이행하기로 하였다. 국제원자력기구(International Atomic
Energy Agency, IAEA)의 통계에 의하면, 1993년에서 2008년까지
확인된 핵물질과 방사성물질의 절도 및 분실, 비(非)권한 세력에 의
한 점유 등의 사건이 1,500여 건에 이르렀다. 원자력 발전이 빠른
속도로 성장하면서 핵물질, 핵 기술의 응용이 더욱 광범위해졌고,
핵물질의 확산과 유실의 위험성 또한 더욱 커졌다. 중국에서는, 핵
안보의 국가적인 약속과 책임을 성실히 이행하는 한편 핵 테러의
위협 방지의 의무를 담당하며, 국내의 해당분야 법안과 감독관리시
스템을 강화하고, 스스로의 핵물질과 핵시설 안전을 효과적으로 보

호 할 수 있는 정책을 채택하고 있다. 현재 중국은 핵물질의 관리와 국제운송, 기술 수출, 핵 수출입 및 핵분야의 대외협력의 보장 및 감독 등 대부분의 항목에 엄격한 관리조항을 보유하고 있다. 또 다른 방면으로, 중국은 원자력 이용 대국으로서, 사용 안전문제에 있어서도 성실하게 처리하고 있다. 중국의 원자력 산업은 고속성장 가도에 있으며 현재 총 6곳의 원자력발전소에서 13개 발전기가 운행 중에 있고, 21곳의 원자력발전소가 건설 중에 있으며 24곳이 건립 예정에 있다. 2020년이 되면 핵 발전 규모에서 세계 2위에 이를 것으로 전망된다. 원자력 발전은 청결하고, 안전하며, 효율이 높다는 장점이 있지만, 역사가 증명하듯 만약에라도 사고가 발생한다면 대단히 심각한 결과를 초래할 수 있다. 2011년 3월 일본의 후쿠시마에 발생한 지진과 해일에 의한 방사능 누출 사건으로 인하여 중국정부는 자연재해가 핵 안보에 심각한 위협이 될 수 있음을 다시 한 번 인식하였고, 원자력 발전에는 안전이 우선되어야 한다는 원칙을 견지하게 되었다. 사고 발생 이후, 중국정부는 가동 중인 모든 원자력발전소와 건설 중인 발전소에 전면적인 안전점검을 실시하였고, 〈핵안전계획(核安全規劃)〉의 비준 이전에 원자력 발전의 새로운 프로젝트에 대한 승인을 모두 멈추기로 결정하였다. 장기적으로 볼 때, 원자력 발전을 성장시킨다는 중국의 목표는 바뀌지 않았기에, 중국정부의 앞에는 빈번한 자연재해와 테러의 위협에서 어떻게 핵안전을 수호할 것인지의 과제가 펼쳐져 있다.

넷째는 자연재해 문제이다. 자연재해는 수해와 가뭄, 기상이변, 지진, 지질재해, 해양재해, 생물재해 및 삼림 초원 화재 등을 포함한다. 중국은 국토 면적이 넓고, 지리와 기후조건이 복잡하기에 재해의 종류가 다양하고, 발생 빈도가 높으며, 손실 규모가 막대한, 세계에서 자연재해의 영향이 가장 심각한 국가 중의 하나이다. 가장 빈번한 재해로는 홍수, 가뭄, 지진, 태풍 및 산사태 등이 있으며, 모든 재해 손실의 80~90%를 차지한다. 2006년의 통계에 의하면, 1949년 이후 중국의 자연재해로 인한 경제적 손실은 매해 평균 1,000억 위안에 달한다. 각종 자연재해 중에서도 지진으로 인한 사망 인원이 가장 많으며, 전체 사망 인원의 54%에 달한다. 그 다음으로는 홍수, 가뭄 등의 기후재해로 인한 사망 인원이 전체의 40%를 차지하였다. 2008년 중국은 올림픽을 성공적으로 개최하며 세계의 이목을 집중시켰지만, 자연재해 발생빈도가 높았고, 종류도 다양했으며, 넓은 지역에 심각한 피해가 발생했던 1년이기도 하였다. 연초에 중국 대부분의 지역, 특히 남부지방에서 심각한 저온으로 인한 재해가 발생하였고, 3개월 후인 5월 12일에 사천성(四川省)의 원천(汶川) 지역에 리히터 규모 8의 지진이 발생하면서, 중화인민공화국 건립 이후 가장 강한 파괴력과 가장 광범위한 피해 지역을 가진, 구호작업의 난이도가 가장 높았던 지진으로 남게 되었다. 통계에 의하면, 해당 연도에 발생한 각종 재해로 4억 7천만 명의 연인원이 피해를 입었다. 그중 사망과 실종이 88,928명에 직접적인 경제손실이 11,752.4억 위안에 달했다. 2009년은 각종 자연재해로 인해 연인원 4.8억 명이 피해를 입었고, 사망과 실종이 1,528명에 직접적인 경제손실액은 2,523억 위안에 달했다. 2010년의 경우는 각종 자연재해로 인해 연인원 4.3억 명이 피해를 입었고, 사망 실종인원이 7,844명, 직접적

경제손실액이 5,339.9억 위안으로 최근 20년간 2008년에 이어 둘째로 피해가 심했던 해로 남았다. 이렇듯 심각해지는 자연재해에 맞서 중국정부는 피해를 줄이기 위한 종합적인 연구를 늘리고 있다. 법률과 제도에 있어서는 자연재해 응급관리와 구조체계를 끊임없이 개선하고 있으며, 중국의 사회주의가 가진 정치, 조직, 대중의 우세를 충분히 발휘하여 재해에 맞서는데 중요한 역할을 하였다. 2011년 5월, 중국 최초의 종합적 자연재해위험 예방지도라 할 수 있는 〈중국자연재해위험지도첩(中国自然灾害风险地图集)〉이 대외에 공개되었는데, 지도첩에 의하면 중국 자연재해 위험 등급은 "동부가 중부보다 높고, 중부가 서부보다 높게" 나타났으며, 이는 중국의 경제중심지가 집중된 중동부 지역과 정확히 일치한다. 지구 기후온난화와 중국의 급속한 공업화로 인한 자연환경의 변화로 중국이 직면한 자연재해의 위험도는 계속해서 상승하고 있다. 자연재해는 중국의 지속가능한 발전에 있어 중대한 제약이 되고 있으며, 빈번한 자연재해로 인한 국민경제와 국민 생명, 재산의 피해를 어떻게 최소화할 것인가 하는 문제는 반드시 해결해야한다.

다섯째는 무기 확산에 관한 문제이다. 우선적으로 대량살상무기의 확산 위험을 들 수 있다. 대량살상무기는 핵무기, 생화학무기를 포함한다. 일반적으로 대규모 살상무기, 그중에서도 핵무기를 사용할 경우 서로를 궤멸시킬 수 있기 때문에 전쟁에서 사용하는 경우가 극히 드물다. 하지만 국제적인 테러리즘세력이 늘어나면서 대량살상무기 및 운송수단, 관련자재와 기술이 테러리스트 및 무정부주의자의 수중으로 확산될 수 있는 가능성이 있고, 또한 은폐기술 또한 강화되면서 인류의 평화와 중국 스스로의 안보에 심각한 위협이 되고 있다. 현재 대량살상무기 확산 방지와 관련된 국제감시체계는 여전히 개선해야 할 여지가 있다. 중국은 확산방지 문제를 대단히 중시하고 있으며, 다른 국가의 대량살상무기 발전 정책을 지지하지도, 돕지도 않는다는 방침이다. 대량살상무기 및 운송수단의 확산에 단호히 반대하며, 확산방지분야의 국제협력 강화를 주장하며, 관련된 모든 국제조약 및 시스템에 가입하였다. 또한 전면적인 수출통제 법률체계를 확립하였고, 효과적인 조치를 통해 철저히 집행하고 있다. 대량살상무기 문제에 이은 둘째 문제는 소형무기 불법 무역 문제이다. 냉전이 끝난 이후, 그 동안 드러나지 않았던 민족분쟁과 영토분쟁이 새롭게 수면 위로 떠오르면서 다양한 충돌이 끊이지 않고 있다. 그중에서도 소형무기를 이용한 무력충돌이 심화되면서, 인도주의 지원을 방해하고 있으며, 충돌 이후의 재건과 발전과정을 지체시키고 있다. 그러므로 불법무기의 확산 통제는 세계, 지역 혹은 국가의 모든 소형무기 문제의 통제에 있어서 반드시 필요한 대책이다. 중국은 소형무기를 불법으로 제조하거나 운송 판매하는 행위를 항상 반대해 왔고, 소형무기의 불법무역 문제를 고도로 중시해왔으며, 유엔의 소형무기 불법무역 단속분야의 주도적 역할을 지지해왔고, 2011년 유엔의 소형무기 개방형 정부 업무팀 회의에 적극적으로 참여하였다. 중국은 장기적으로 스스로에게 부여된 국제확산금지 의무를 성실히 이행해왔고, 국제적인 확산금지노력에도 적극적으로 참여해왔으며, 이는 무기 확산 방지에 있어 긍정적인 의미를 가진다. 글로벌시스템의 조정과 지역적인 소요에 의한 불안, 세계화의 확산 및 과학기술의 신속한 발전이라는 새로운 흐름 속에 무기 확산 방지는 여전히 어려운 문제로 남아있다.

5. 국가 통일의 길과 반분열투쟁의 무거운 책임

국제사회는 개발도상국인 중국의 빠른 경제성장 속도와 나날이 상승하고 있는 정치적 군사적 영향력에 민감하게 주목하면서, 중국이 여전히 완전한 통일을 이루지 못한 민족국가라는 점과 아주 복잡한 반(反)분열, 반(反)분리 투쟁에 직면해 있다는 사실을 간과하곤 한다.

중국이 우선적으로 해결해야 할 중대임무는 국가 주권 및 국가 통합이다. 2011년 중국정부가 공표한 백서 〈중국의 평화발전〉에서 밝혔듯이 중국의 핵심이익은 국가주권, 국가안보, 국가통합, 국가통일, 중국의 헌법이 확립한 국가정치제도와 사회정세의 안정, 경제와 사회의 지속 가능한 발전에 대한 보장을 포함한다. 중국 국민들은 국가주권과 국가 통합을 매우 중시해왔으며 과거는 물론 현재 그리고 미래까지, 국가의 핵심이익을 포함하는 문제에 있어서 확고부동한 입장을 확실히해왔고, 어떠한 타협과 양보도 없을 것이다. 그중의 하나가 대만문제를 중국 주권과 국가 통합에 관한 것으로, 중국이 완전한 통일을 실현하는데 있어 관건이라 할 수 있지만 여전히 복잡 다양한 제약에 직면해있다. 중국은 세계에서 오직 하나이며, 중국의 주권과 영토는 분할될 수 없다. 1949년 이후 중국대륙과 대만은 통일을 이루지는 못하였지만 중국의 영토와 주권이 분열된 것이라고는 볼 수 없다. 이것은 1940년대 중·후반의 중국내전이 남겨놓은, 그리고 여전히 이어지고 있는 정치적 대립이다. 이런 이유 때문에 중국 대륙과 대만이 하나의 중국에 속한다는 사실이 달라지는 건 아니다. 중국이 평화발전을 추구하는 과정에서 대만문제는 국내·외적인 문제의 복잡성 때문에 국가 주권과 국가 통합에 영향을 미치는 핵심 문제로서 평화통일을 실현하는데 있어 여전히 저항에 직면해있다. 미국은 "하나의 중국 정책"을 고수하면서도 대만을 중국을 견제할 "침몰치 않는 항공모함"화 하려는 안보전략으로 인하여 대만과의 실질적 관계를 계속해서 강화하고 있으며, 대만을 향한 군수정책을 포기하지 않고 있다. 2011년 9월, 미국정부는 중국의 강렬한 반대에도 불구하고 중·미 3개 연합공보의 정신을 위배하면서 다시 대만에 58.5억 달러에 이르는 군사 장비를 판매하였고, F16A/B전투기의 성능을 업그레이드 시켜주기까지 하였다. 통계에 의하면 중·미 〈8·17공보〉가 발표된 후 30년 가까운 기간 동안, 미국은 대만에 총액 420억 달러가 넘는 군사 장비를 판매하였으며, 오바마 집권 이후의 판매액은 이미 100억 달러가 넘어서면서 조지 부시의 재집권기의 2배를 초과하고 있다. 중국이 평화통일을 실현하는데 있어 가장 큰 외부적 방해요소가 미국이라면, "대만독립" 분리주의 세력은 평화통일을 망치는 직접적인 원인이다. 2000년부터 2008년까지, 천수이볜(陈水扁) 정권이 시행한 "일변일국(一边一国, 타이완 해협을 사이에 두고 2개의 국가가 존재한다는 뜻으로, 중국과 대만이 하나의 국가가 아니라는 원칙)"이라는 분리주의 노선으로 인하여 대만 내부에서는 "대만독립"의 정책적인 움직임이 있었으며,

대만 대중의 "통일 독립"의식을 심각하게 교란하였고, 의도적으로
양안 관계의 긴장을 유발하였으며, 심지어는 타이완 해협과 아시아
태평양 지역의 안보까지 위협하였다. 2008년 대만의 민주진보당
(Democratic Progressive Party, DPP)이 실각한 이후에도 "일변일
국"과 "대만독립"의 입장을 계속해서 견지하고 있으며, "하나의 중
국"원칙을 인정하지 않고, "9·2공식(九二共识)"을 기반으로 한 양안
협상담판 또한 반대하고 있다. 장기적으로 볼 때, 민주진보당이 대
만 내부에서 여전히 어느 정도의 시장과 지지자를 보유하고 있기에,
양안 관계의 평화로운 발전을 방해하고 위협할 중대요소가 될 수
있다. 국가주권과 국가통합에 있어 "티베트 독립"과 "신장 위구르
독립"에 대한 대응 또한 중요한 문제이다. 티베트 문제에 있어서,
"티베트 독립" 활동의 주요 세력인 달라이라마 집단은 줄곧 진실을
무시한 채 중국정부의 민족정책을 모독하면서 "티베트 독립 문제"를
국제적으로 이슈화하고 있다. 2000년대 이후 달라이라마 집단의 분
리주의 활동은 더욱 심화되고 있으며, 중국의 정치적 목적을 분열시
키기 위하여 민족 간의 충돌과 무력사태를 조장하고 있다. 2008년
3월 14일, 달라이라마 집단은 사전모의를 통한 조직적이고, 계획적
인, 서동을 통한 라싸(拉萨)에서의 약탈 및 폭력 사태를 일으켰다.
무고한 군중들을 습격하고, 학교, 상점, 주택, 병원, 은행 등의 건축
물들을 불태웠으며, 정부기관을 습격하여 많은 건물들이 피해를 입
었다. 18명이 사망하고, 380여명이 부상을 입었으며, 해당 지역의
사회질서를 심각하게 파괴하였다. 신장 위구르 자치구의 경우, 민족
분리주의자 레비야 카디르(Rebiya Kadeer, 热比娅·卡德尔)를 대표

로 한 테러리즘 조직인 "세계 위구르대회"를 통하여 중국 영토의 분열을 도모하고 있으며, "동투르키스탄 국가" 성립을 모색하고 있다. 최근 들어 수차례 테러사건을 일으키며 민족적인 단결을 파괴하였고, 신장 위구르 문제의 국제적 이슈화를 도모하고 있으며, 서방 국가들이 "인권"을 이유로 중국정부에 압력을 행사하도록 부추기고 있다. 2009년 7월 5일, 신장 우루무치(乌鲁木齐)에서 발생한 유혈사태로 인하여 197명이 사망하였고, 천여 명이 부상을 입었다. 확실한 증거에 의하여 "세계 위구르대회"가 사건의 배후 조종자임이 밝혀졌다. 오늘날 "티베트 독립"과 "신장 위구르 자치구 독립"세력이 "동투르키스탄"테러조직과 합류하려는 조짐을 보이고 있으며, 종교극단주의, 민족분리주의, 테러리즘의 3개 세력은 중국의 국가안보와 영토, 주권을 위협하는 장기적인 문제가 될 수 있다.

중국이 해결해야 할 또 다른 중요 임무는 민족적인 감정을 유지하는 일이다. 국가 주권과 국가 통합은 대외 관계에서 한 국가가 국제사회에서 가지는 기본 권리이며, 대내적으로는 한 국가와 민족의 감정을 유지하는 것이기도 하다. 중국 국민은 5,000여 년 동안의 문명 발전과정에서 빛나는 중화문명을 이룩하였고, 다민족 통일국가를 건립하였다. 근대의 중국은 가난, 끊이지 않는 전란으로 인해 백성들은 도탄에 빠지고, 서방 열강들에게 끊임없이 시달렸지만 1949년 중화인민공화국 건립을 통한 민족독립을 통하여 부강한 국가를 위한 기반을 다졌다. 그러므로 중국 국민은 국가의 주권과 국가 통합을 특별히 중시하며, 국가의 핵심이익을 단호히 지켜나갈 것이다. 중국은 다민족국가로서, 56개의 민족이 큰 규모로 뒤섞여 살아가거나, 작게 모여 살거나, 서로 얽혀 살아가고 있다. 한족이 다수인 지역에 소수민족이 모여살기도 하고, 소수민족 지역에 한족이 거주하기도 한다. 이러한 분포는 오랜 기간 동안의 역사 발전과정 중에 각 민족 간의 왕래와 이동을 통하여 형성되었다. 중국정부는 평등과 단결, 상호도움, 화합, 민족 간의 공동번영을 민족문제해결의 기본 원칙이자 정책의 근간으로 삼아왔다. 하지만 민족의 다양성은 민족 정감 유지에 복잡하고, 막중한 문제들 또한 야기하였다. 민족의 구성으로 볼 때, 한족과 소수민족의 관계는 중국 민족 관계의 가장 기본적인 문제로, 해당 관계의 좋고 나쁨은 국가의 안정과 발전의 전체적인 국면에 직접적인 영향을 미친다. 현재, 중국의 민족 관계에는 여전히 복잡 다양한 문제들이 존재한다. 소수민족 지역의 경제발전이 비교적 낙후된 관계로 중동부지역과 사회발전의 격차가 분명히 존재한다. 이런 차이는 소수민족과 한족 간의 불안을 야기할 수 있는 문제이다. 둘째는 시장경제에서의 극심한 경쟁과 언어, 문화, 풍속과 종교 신앙의 차이 또한 분쟁을 일으키는 요인이 되고 있다. 그 외에도, 역사가 남긴 민족 간의 갈등 및 국외의 적대적 세력의 도발로 인한 민족갈등과 사고 또한 중국 민족 관계에 영향을 미치는 중요한 요소이다. 중국 경제와 사회의 발전경로 전환이 가속화되면서 경제적 사회적 갈등과 민족 갈등이 서로 뒤섞이고 있다. 수면 위로 떠오른 민족분쟁과 갈등의 수가 늘고 있으며, 범위 또한 확대되는 추세이다. 심지어 적대적 성격의 단체 사건을 야기하면서 민족의 단결과 사회적 안정까지 위협하고 있다. 중국정부는 앞으로도 사회개혁과 체제전환, 이익 조정의 성장과정이 지속될 것이다.

따라서 민족 갈등을 문제없이 처리하고, 민족의 단결을 지키는 것이 중국정부가 반드시 해결해야 할 핵심 과제가 될 것이다.

마지막 문제는 전략적인 공간압박의 문제이다. 국가 통일은 중국의 내정에 해당하지만, 복잡한 국제적 요인으로 인한 간섭과 제약에서 벗어날 수 없는 상황이다. 중국사회의 비약적인 발전은 외부세계의 반감을 야기하였고, 이는 점점 더 분명한 전략 공간압박으로 돌아오고 있다. 미국은 오바마 정권이 집권한 이후 전략의 방향을 새로 조정하였는데, 동아시아와의 관계를 다시 강화하는 것이었다. 중국과는 정책상으로는 협력을 모색하고, 다른 한편으로는 일본, 한국, 필리핀 등 전통적인 우방과의 연합체제를 공고히 하며, 아세안 및 해당 회원국과의 관계를 확대하는 방식으로 중국의 발전을 견제하려 하고 있다. 미국 국무장관 힐러리 클린턴은 〈포린폴린시(foreignpolicy)〉에서 발표한 글을 통해 미국의 미래에 있어 아시아의 중요성을 크게 강조하면서 미국이 성과 없이 돌아갈 수 없으며, 새로운 연맹을 통하여 새로운 도전에 맞서야 한다고 말하였다. 동아시아는 중국에 있어 가장 중요한 국제무대이고, 중국의 국제적 이익에 있어서, 특히 국가의 주권과 국가 통합 등의 핵심 이익이 연관된 핵심 지역이다. 미국의 동아시아에 있어서의 전략적 목표는 중국의 굴기 및 미국의 주도적 지위에 대한 도전을 방지하고, 전통적 우방의 안전을 보장하며, 민주(民主)를 알리면서 동아시아 지역의 평화와 안정을 수호하는 것으로, 이러한 동쪽으로의 전략 이동은 중국이 더 큰 압박과 도전에 직면했음을 뜻한다. 동아시아 그 자체에 대하여 말하자면, 중국의 빠른 성장과 금융위기에도 발전 추세를 유지하고 있으며 전반적인 힘은 오히려 반등하면서 동아시아 몇몇 국가들의 중국 미래전략에 대한 우려는 더 심해져, 심리적으로 더욱 복잡해지게 되었다. 중국 경제발전의 흐름에 탑승하여 중국과의 교류협력을 늘리면서도 중국의 지위가 격상되는 것에는 안심하지 못하고, 심지어는 미국의 힘을 빌려서라도 중국과의 균형을 맞추려 하는 이러한 태도는 중국의 동아시아 이웃국가들과의 관계를 해결하는데 있어 새로운 어려운 문제로 떠올랐다. 2010년 12월, 일본이 미국의 전략수정에 따라 발표한 《국가방위백서》에 의하면, 일본 근해의 섬들을 국방계획의 새로운 핵심지역으로 정하고, 일본의 전략 핵심을 동중국해 및 일본 남부의 유구 열도로 옮길 것을 주장하였다. 인도는 빠르게 발전하고 있는 신흥시장국가로서 지역 대국으로 지위를 확장시키고 있으며, 항상 중국에 대한 경계심을 품어왔다. 또한 중국의 부상에 맞서 군사와 외교 분야에서 일련의 행동을 취해왔는데, 특히 인도양과 남중국해에서 중국의 전략적 공간에 압력을 행사하고 있다. 베트남의 경우 최근 몇 년간 미국과의 관계를 크게 발전시켜왔다. 양국 고위층의 교류가 나날이 늘어나고, 군사교류가 활기를 띄면서 방위협력 양해각서에도 서명하는 등 미국의 지원을 통한 남중국해 정책과 행동은 중국의 남중국해 문제해결을 방해하고 있다. 종합적으로 볼 때, 중국이 직면한 전략적 공간 압박 문제는 중국 모든 분야의 현대화 과정에 영향을 미칠 가능성이 높다. 이러한 압력에 의한 제한을 어떻게 처리하느냐 하는 문제는 중국이 평화발전전략을 실행하는데 있어서 반드시 신중하게 해결해야 할 핵심과제이다.

6. 평화발전을 향한 경로 유지

역사를 통한 경험에 근거할 때, 중국이 평화발전 경로를 선택한 것은 외부세계의 영향을 받아들였기 때문만은 아니다. 이는 인류의 모든 선진문명의 열매를 거울삼고 학습함과 동시에, 세계 물질문명과 정치문명, 정신문명의 보고(寶庫)를 위하여 스스로의 역량과 부(富)를 공헌하는 것이다. 중국의 평화발전 경로에 대한 입장은 확고하며, 내적인 함의도 풍부하고, 그 영향 또한 클 것이다.

중국은 독립자주의 평화외교정책을 추구한다. 〈중국의 평화발전〉백서에도 나와 있듯이, 중국 국민은 스스로 선택한 사회제도와 발전 경로를 유지하며, 외부의 세력이 중국 내정에 간섭하는 것을 허락하지 않는다. 평화공존 5대원칙을 기초로 하여 모든 국가들과의 우호협력을 발전시키고, 서로 다른 국가 및 국가적 단체와 동맹을 맺고 있다. 사회제도와 의식형태가 다르다는 것을 근거로 국가 간의 관계가 좋다거나 나쁘다고 구분하지 않는다. 각 국가의 국민들이 사회제도와 발전 노선을 스스로 선택할 권리를 존중하고, 다른 나라의 내부사항을 간섭하지 않으며, 패권주의와 강권정치는 반대한다. 다른 의견은 미루어 두고 의견을 같이하는 부분부터 협력하며, 대화와 협상을 통해 갈등을 봉합하고, 스스로의 의도를 강압하지 않는다. 중국 국민의 근본적인 이익과 세계 모든 대중의 공동이익에서 출발하여, 사건 본질의 시비를 가려 입장과 정책을 확정하고, 정도를 지키며 정의를 신장하여 국제사회에서의 건설적인 역할을 적극적으로 발휘하고 있다.

중국은 모두가 이익을 나눌 수 있는 국제협력을 적극 추진 중이다. 30여 년 동안 중국사회가 얻은 전면적인 발전은 개혁개방과 상호이익의 국제협력을 통한 것으로, 중국의 발전은 세계를 떠나서는 생각할 수 없다. 중국은 무역수출입 대국으로, 문호를 닫고서는 발전을 도모할 수 없다. 경제세계화가 진행되고 있는 현재에 대외개방과 협력을 늘리는 것은 중국이 현대화를 실현하기 위한 필수적인 선택이라 할 수 있다. 복잡하게 변화하는 국내외의 상황에서 국내와 국외의 양대 시장 간의 관계문제를 계속해서 잘 해결하고, 내수의 확대와 해외수요 확산 사이의 관계를 잘 해결해 나가야만 경제와 사회의 균형적 발전을 실현할 수 있다. 또한 대외개방이라는 기본 국책 하에 상호이익의 개방전략을 통하여 개방분야와 공간을 확대하고, 개방의 수준을 높이며, 개방형 경제체계를 개선해야만 새로운 형세 아래에서 글로벌 경제협력과 경쟁에 있어 주도권을 가질 수 있다. 중국이 적극 추진 중인 국제협력은 이익이 한 방향으로 몰리는 관계가 아닌, 세계 각국이 스스로의 비교우위를 교환한다는 전제하에 상호간의 협력 진행을 통하여 공동의 이익을 극대화하는 것으로, 모두 혹은 다수가 이익을 얻는 국면을 말한다. 중국은 평화공존 5대원칙의 고수를 기본으로 모든 국가와의 우호협력을 발전시키고 있다. 선진국과는 전략적 대화를 늘리고, 전략적 상호 신뢰 관계를 강화하며, 상호이익의 협력을 늘리고, 합리적인 방안을 통한 갈등해소 등 새로운 형태의 대국 관계를 건립하고 발전시키면서 상호 관계의 안정적이고 장기적인 발전을 추진하고 있다. 인접국과의 동반자 관계를 유지하고, 선린외교의 방침을 통하여 인접국들과 다

른 아시아 국가들과의 우호협력 관계를 발전시켜나가며, 쌍방 및 지
역협력을 적극 확대하고, 평화와 안정, 평등한 상호 신뢰 관계, 상호
협력을 통한 상호이익의 지역 환경을 만들고 있다. 많은 개발도상
국들과의 단합과 전통적인 우의를 강화하고, 상호이익의 협력을 확
대하며, 지원과 투자 등의 형태를 통하여 개발도상국들의 자주적인
성장을 돕고, 개발도상국의 정당한 권익과 공동의 이익을 보호하고
있다.

　중국은 상호신뢰와 상호이익, 평등, 협업의 새로운 안보관을 창도
하여 종합안보, 공동안보, 협력안보의 실현을 꾀하고 있다. 그 첫째
는 종합안보에 관한 중시이다. 새로운 역사적 조건 하에 전통적 안
보 위협과 비전통적 안보 위협이 서로 뒤섞여 안보의 내적 함의가
더욱 광범위해졌다. 국제사회는 종합적 안보 관념을 강화해야 할
필요가 있으며, 종합적인 시책과 표본겸치(標本兼治 : 지엽적인 것
과 근본적인 것을 함께 다스리다)의 태도를 견지하여 인류가 직면
한 다양한 안보적 도전에 협력하여 응대해야 한다. 둘째는 공동 안
보의 추구이다. 경제세계화의 조건 하에 각국이 동고동락 하고 있
는 현실에서 국제사회는 공동안보의식을 강화해야만 하며, 본국의
안전을 지킴과 동시에 타국의 안전 또한 존중해야 한다. 냉전식 사
고와 동맹 간의 대결을 버려야 하며, 다자간의 협력을 통하여 공동
의 안전을 지키고, 충돌과 전쟁 방지를 위해 함께 노력해야 한다.
유엔의 세계평화와 안보분야의 역할을 충분히 발휘하여 공평하고
효과적인 공동안보체제를 확립해야 한다. 셋째는 협력안보의 추진
이다. 전쟁과 대립은 폭력의 악순환을 낳을 뿐이고, 대화와 협상이

야말로 분쟁을 해결한 유일한 방법이라 할 수 있다. 협력을 통한 평화 모색, 협력을 통한 안보, 협력을 통한 무장과 협력을 통한 조화의 촉진으로 무력의 사용과 무력을 통한 위협에 반대해야 한다.

중국은 스스로의 발전을 통해 전 세계의 평화와 발전을 촉진시키고 있다. 중국은 인구가 많고 기반이 약하기 때문에, 경제사회 발전의 성과를 13억 인구 전체가 누리게 해야 하는데, 이렇게 많은 인구의 생존과 발전수요를 계속해서 만족시켜야 한다는 어려운 문제를 안고 있다. 중국은 항상 스스로의 정세와 시대의 요구에 부합하는 사회주의 현대화 노선을 찾으려 애써왔다. 중국의 발전은 세계의 평화와 발전에 있어서 중요한 구성요소라 할 수 있다. 따라서 중국의 문제들이 잘 해결되는 것만으로도 세계의 번영과 안정에 크게 기여하는 것이라 할 수 있다. 중국은 세계 평화와 발전을 위해 스스로의 역량에 상응하는 공헌을 해왔다. 침략과 확장은 절대 고려하지 않고, 패권을 다투지도, 차지하지도 않으며 전 세계와 주변지역의 안정을 위해 노력해왔다. 중국은 협력을 통해 평화를 모색해왔고, 협력을 통해 발전을 추진해왔으며, 협력을 통해 분쟁을 해소해왔다. 국가에 따라 각각 맞는 다른 형태의 협력 관계를 형성하고 발전시켜 왔으며, 각 나라들과의 상호이익 협력을 꾸준히 늘리는데 힘쓰면서 나날이 늘어가는 전 세계적인 문제들에 효과적으로 대응하고, 협력을 통해 세계 경제발전과 인류생존과 진보에 관련된 핵심문제들을 해결해왔다. 중국은 모두의 이익을 위한 개방전략을 봉행하면서 스스로의 이익과 인류 공동의 이익을 일관성 있게 지켜왔으며, 스스로의 발전을 추구하는 동시에 다른 국가 발전과의 상호 순 작용을 실현시키기 위해 노력해 왔고, 세계 각국의 공동발전을 추진해 왔다. 중국은 언제나 독립 자주의 태도를 견지해왔다. 국가 발전의 근간과 중점을 국내에 놓고, 스스로의 국가정세에서 출발하여 스스로의 역량과 개혁을 통한 혁신으로 경제와 사회의 발전을 이루어왔으며, 문제와 갈등을 다른 국가에 전가하지 않았다. 거시적인 세계역사의 관점으로 평화노선은 다음과 같이 귀결할 수 있다. 세계평화를 지키면서 스스로를 발전시키고, 스스로의 발전을 통해 세계평화를 지키는 것. 스스로의 역량과 개혁을 통해 혁신으로 발전을 하면서 동시에, 대외개방을 통해 다른 국가의 장점을 배우고 거울로 삼는 것. 경제세계화의 발전 추세에 순응하면서 다른 국가들과의 공동의 이익과 공동의 발전을 모색하는 것. 국제사회와의 공동의 노력을 통해 지속적인 평화를 확립하여 공동의 번영과 조화로운 세계를 만드는 것이라 할 수 있다.

중국은 다변외교(多邊外交)에 적극적으로 참여해왔다. 전 방위적인 다변외교는 중국이 "세계화합"의 이념을 실현하는데 있어서 중요한 과정 중 하나이다. 중국은 1980년대부터 각 정부 간의 모든 주요 국제기구에 기본적으로 참여해왔으며, 그중 다변외교가 중국외교에서 처음으로 핵심 분야로 떠올랐다. 2000년대 이후, 세계시스템은 다극화의 방향으로 계속해서 진전하고, 과학기술은 신속하게 발전하고 있으며, 세계적인 혹은 지역적인 국제기구의 역할과 영향력이 끝없이 확대되고 있다. 이러한 시기에 중국정부는 다변외교시스템에 대한 더욱 적극적인 참여를 전략으로, "대국은 열쇠이고, 주변은 수뇌이며, 개발도상국은 토대이고, 다변외교는 핵심 무대"라는 외교

방침을 통해 전 방위적이며, 다층적이고, 광범위한 분야의 다변외교 시스템을 확립하고 있다. 중국은 유엔 상임이사국으로서 긍정적인 역할을 해왔다. 유엔이 다변외교의 핵심장소이자 집단안보시스템의 핵심이 되어야 하고, 그 역할이 강화되어야지 절대로 약화되어서는 안 된다고 주장하며, 유엔의 공정하고 합리적인 개혁을 적극 제창해 왔다. 중국은 G20과 G8, 개발도상국정상회담, 개발도상 5개국, BRICS, 중·러·인 3국 등 신흥 다변협력시스템의 핵심 구성원으로서, 의제의 설정, 심의 및 협력 진행의 분야에서 중요한 역할을 하였다. 중국은 동아시아의 일련의 정상회담과 APEC(아시아태평양 경제협력 조직), 아셈(ASEM, Asia Europe Meeting)등 지역별 협력 시스템을 추진하면서 실무협력을 진행해왔고, 주변국들과의 화합을 위하여 일련의 다변외교를 펼치려고 노력해왔다. 이러한 노력으로는 상해협력기구(Shanghai Cooperation Organization, 上海協力機構), 보아 포럼(Boao Forum for Asia)의 창설, 아세안과의 "10+1대화시스템" 및 북핵문제육자회담의 참여 등이 있으며, 이를 통해 중국과 이웃국가와의 평화로운 동반자의 형상을 만들어냈다. 중국은 여전히 경제다변협력에 적극적으로 참여하고 있으며, 인류공동의 발전을 다변외교의 핵심목표로 설정하고 있다. 세계화가 나날이 진행되고 있는 현 시점에서, 중국은 다변외교를 고수하고 확장해 나갈 것이며, 형태 개선과 규모 확대, 중국과 세계의 평화와 안정, 번영과 발전을 위하여 이러한 무대를 적극 활용할 것이다.

중국은 세계경제질서에 대한 합리적인 개혁을 주장해왔다. 냉전 종료 이후의 세계경제질서는 언제나 서방 선진국들이 독점해왔기에, 중국 등 개발도상국들은 현재의 세계경제체제에 유입되면서 무역, 금융, 과학기술 등의 분야에서 서방 국가들이 제정하고 주도한 규칙을 받아들일 수밖에 없었다. 2000년대 이후 세계경제불균형 현상은 날이 갈수록 심화되고 있으며, 특히 글로벌금융위기로 인하여 서방 선진국들이 주도하는 국제 경제질서의 근본적인 결함을 다시금 노출하면서 현존하는 세계경제질서에 대한 합리적인 개혁이 필요한 실정이다. 중국은 최대 규모의 신흥시장국가로서, 세계 각국의 경제 분야 협력, 우세 상호보완, 경제세계화 조류에 맞는 균형과 혜택, 공동의 이익을 향한 발전을 주장하고 있다. 공정하고, 공개적이며, 합리적이고, 차별 없는 무역다변체제의 확립을 위해 노력하며, 글로벌금융체계가 공평하고, 합리적이며, 관용적이고, 질서정연한 방향으로 개혁되는 것을 지지하고, 글로벌경제금융의 새로운 질서를 확립하기 위해 노력하며, 경제세계화의 성과와 혜택이 세계 각국의 국민들에게 미칠 수 있도록 노력하고 있다.

중국은 평화발전노선을 추구하면서 위기에 대한 대처능력을 증강해야 한다. 인구가 많고 국가의 정세가 복잡한 개발도상국으로서, 중국의 발전은 스스로의 역량에 의지해야만 한다. 독립과 자주의 태도를 견지하여 국가 발전의 근간과 핵심을 국내에 놓고, 스스로의 국가 정세에서 출발하여 스스로의 역량과 개혁을 통한 혁신으로 경제사회 발전을 중시하며, 문제와 갈등을 타국에 전가하지 않아야 한다. 오늘날 세계정세와 국가정세의 변화와 세계경제불균형의 심화, 유럽국가 들의 채무위기 및 미국 경제2차 위기에 대한 가능성 증대로 인한 세계경제회복의 불확실성은 중국 경제의 안정적인 발전에 있어 외부적인 방해요인이라 할 수 있으며, 중국이 평화발전경로를 추진하기 위해서는 위기 대처능력을 반드시 강화해야만 한다. 중국은 최근 10년 동안 내부적 능력 강화에 힘쓰면서 경제성장의 궤적과 동력에 있어 구조적 변화를 실현하였다. 중국정부는 제12차 5개년 계획을 통해 경제구조의 전략적인 조정을 더욱 강화하는 것에 방향성을 두고, 내수수요를 확대하면서도 특히 소비수요 확대를 위하여 다양한 경로를 통해 대중의 소비능력을 증강시키고, 국내의 투자구조를 개선하기로 하였다. 그와 동시에 공업화, 도시화와 농업현대화 추진을 통해 투자와 수출을 통한 경제성장에서 소비, 투자, 수출이 조화를 이루어 성장을 이루는 형태로 전환하기로 하였다. 2차 산업에 대한 의존을 1차, 2차, 3차 산업의 시너지를 통한 성장으로 전환하고, 물질자원의 소모량 증가를 과학기술의 진보와 노동자의 자질향상, 관리혁신으로 전환할 것이다.

양안 관계의 평화발전 유지는 중국의 평화발전노선에 있어 핵심적인 구성요소라 할 수 있다. 중국은 1979년에 발표한 〈대만 동포들에게 고하는 글〉(告台湾同胞书)을 통해 처음으로 국가 최고 권력기관 공문서라는 방식으로 중국 평화통일의 국정방침을 정중히 선언하였다. 이후 30여 년 간 중국정부는 일관적으로 "하나의 중국" 원칙을 견지하고, "대만 독립"에 반대하면서 양안 관계의 평화와 안정적인 발전을 위해 애써왔다. 2008년, 국민당이 대만에서 다시 정권을 잡은 이후 중국 대륙은 양안 관계의 평화발전을 주제로 중국과 대만의 협상 및 담판 과정을 회복하고 발전시키기 위하여 적극적으로 노력해왔으며, 평등한 협상을 통해 양안 관계에 존재하는 각종 문제를 해결하기 위해 노력해왔다. 또한 양안 관계에 있어 3통(통상·통신·통항)정책을 실현하고, 경제협력기본협정(Economic Cooperation Framework Agreement, 이하 ECFA) 또한 서명 및 실시하며, 양안의 경제 관계 정상화와 시스템화를 위한 새로운 길을 열었고, 교류, 협력, 발전의 새로운 역사적 국면을 열었다. 양안 관계의 평화발전을 착실히 수호하는 것은 중국이 아시아 태평양 지역의 평화와 안정, 세계의 평화발전에 크게 공헌하는 형태라 할 수 있다.

중국의 평화발전 요구는 대국으로서의 책임을 이행하는 것이다. 국제사회의 책임이행 국가로서, 중국은 국제법과 공인된 국제 관계 규범을 준수하고, 해당하는 국제적 책임을 성실히 이행해왔다. 중국은 적극적인 태도로 국제체계 개혁과 국제규범의 제정에 참여해왔고, 전 세계적인 문제들의 관리에 참여해왔으며, 개발도상국의 발전을 지지하고, 세계의 평화와 안정을 수호해왔다. 각 국가의 정세에 따라 성장단계도 각각 다르기에, 책임, 권리, 실력 일치의 원칙에 입각하고 본국과 인류공동의 이익에 착안하여 스스로의 국력에서 출발, 국제적으로 상응하는 의무를 이행하고, 건설적인 역할을 발휘하여 왔다. 1997년 아시아 금융위기 발발 이후, 중국은 개발도상 대국으로서의 책임을 드러내며 위기의 확산을 막는데 있어 긍정적인 역할을 하였다. 2008년 세계금융위기 발발 이후 중국은 위기해결을 위한 세계적인 움직임에 적극 동참하였다. 관련 국가들과의 관계를 발전시키고, 국제협력을 착실히 늘려갔으며, 국제 및 주변지역의 안전과 안정을 수호하고, 스스로의 안정적인 발전을 통해 국제사회가 위기를 벗어나는데 크게 공헌하였다. 2008년 중국의 세계 경제성장 공헌도는 22%에 달했다. 종합적인 국력이 더욱 성장해감에 따라 중국은 계속해서 스스로의 능력에 합당한 국제적 책임을 계승하게 될 것이다.

7. 대만해협의 평화 : 양안 관계의 평화발전을 위한 대륙의 노력

60여 년간 양안 관계는 크게 요동쳐왔으며 첨예한 대립과 평화발전의 과정을 모두 겪어왔다. 2008년 국민당이 다시금 집권하는 등 대만 정국에 중대한 변화가 발생하면서 양안 관계 또한 새로운 전기가 마련되었다. 같은 해 12월 31일, 후진타오 주석은 〈대만 동포들에게 고하는 글〉 발표 30주년 기념 좌담회 연설 중에 양안 관계의 평화발전사상 및 "6가지 의견"을 체계적으로 제시하였다. 평화발전 사상의 지도 속에, 중국 대륙은 대만정국의 긍정적 변화라는 역사적인 기회를 통해 양안 관계에 있어서 역사적인 성과와 진전을 이루어내면서 평화발전의 새로운 국면을 이끌어냈다.

첫째, 양안 관계에 있어서 초보적인 정치 상호신뢰 관계를 확립하였고, 상호 관계에 있어 나쁘지 않은 국면을 형성하였다. 중국 대륙은 중국과 대만이 하나의 중국을 지키는 문제와 관련해서는 공동의 인식과 일관된 입장을 가지고 있으므로, 정치에 있어서 상호신뢰의 초석을 다지고, 어떠한 일이라도 협상할 수 있음을 주장하였다. 국민당은 재집권 이후 하나의 중국 원칙에 동의하면서 "9·2공식(九二共识)"을 승인하였고, "대만 독립"이라는 정치적 입장에 반대하면서 양안의 정치적 상호신뢰의 기반을 확립하였다. 2008년 이후, 국·공 양당은 역사적인 화해와 정치 상호신뢰의 누적에 따라 양안 관계의 평화발전을 위한 공감대를 형성하였고, 이를 관철시키기 위하여 적극적으로 노력해왔다. 중국과 대만은 "상호신뢰 확립, 논쟁 보류, 공통점을 찾아내고, 공동의 이익을 창조"하기 위하여 복잡한 문제들의 적절한 처리와, 나쁘지 않은 상호 관계의 국면을 형성해가고 있다.

　양회(两会, 전국인민대표대회와 전국인민정치협상회의를 말한다)를 통한 협상과 국·공 양당의 제도화를 통한 방향으로도 꾸준히 발전하고 있다. 대륙의 "해협양안 관계협회(海峡两岸关系协会)"와 대만의 "해협교류재단(海峡交流基金会)은 1999년 이후 이어져오던 대치 국면을 끝내고 "9·2공식"을 기초로 상호협상을 회복하고 16개 핵심 항목의 합의에 서명하면서 합의를 이루어냈다. 합의 내용으로는 교통운수, 경제무역협력, 인원교류, 식품안전, 사법 상호부조, 농업 및 수산업, 원자력 발전 안보 협력 등 광범위한 분야를 포함하며, 양회를 통하여 양안 회의 제도의 체제화를 효과적으로 실현하였다. 양회를 제외하고도, 양안경제무역문화포럼(국·공 포럼, 国共平台)의 경우는 국·공 양당 정당교류시스템의 핵심조치를 시행하고, 양당 및 양안의 각계 인사교류와 대화에 있어 핵심 플랫폼 역할을 하고 있다.

　양안은 대만의 대외업무에 있어서도 긍정적인 진전이 있었다. 중국 대륙은 대만이 "두 개의 중국", "하나의 중국과 하나의 대만"의 상황을 만들지 않는다는 전제하에, 대만의 국제기구 활동문제에 있

어 양안의 협상을 통한 공정하고 합리적인 안배를 통해 대외경제무
역 및 문화 교류를 발전시키는 것을 반대하지 않아왔다. 양안 관계
에 있어서의 상호신뢰가 쌓이면서 양측의 대만 국제기구 활동문제
에서도 새로운 합의가 있었다. 그 내용으로는 대만이 옵저버의 신
분으로 세계보건총회(World Health Assembly, WHA)에 참가하는
것, 국민당 명예 주석인 롄잔(连战, 대만 제9대 부총통)을 "국가정책
연구재단(国家政策研究基金会)" 이사장의 명의로 APEC의 지도자
비공식회담에 참석시키는 것 등이 있다. 대만의 대외업무에 관한
양측의 내약은 국제사회에서의 불필요한 마찰과 대립을 감소시켰
고, 중화민족의 전체적인 이익을 지키며, 양안 중국인의 민족적인
정감을 지키는 일에 영향을 끼쳤다.

둘째, 양안의 경제 관계는 기본적으로 정상화되었고, 점점 시스템
적이고 제도적인 방향으로 발전하고 있다. 우선 양안은 경제 관계
에서 직접적인 양측의 교류를 통해 기본적인 정상화를 이루었다.
2009년 4월, 양안은 〈해협양안금융협력협의서(海峡两岸金融合作协
议)〉에 서명, 금융협력의 골조를 확립하면서 양안의 금융 교류와 협
력을 촉진하였고 금융마켓의 안정적인 발전을 위한 일련의 조치에
합의하였다. 같은 해 11월 16일, 양안은 한 발 더 나아가 〈금융관리
감독협력양해각서(金融監理合作谅解备忘錄)〉에 서명하면서 양안의
금융업 교류와 협력에 더욱 긍정적인 기류를 형성하였다. 현재 대
만 당국에서도 이미 부분적으로 대류 자금의 대만을 향한 투자를
허용하고 있다. 양안 정부 당국의 적극적인 추진 속에 양안의 경제
관계는 일방적이고 간접적이었던 제한을 극복하고 쌍방의 직접적인

교류 협력이라는 새로운 단계에 진입하였으며, 실물경제에서 금융 분야로, 일방적 투자에서 쌍방 투자로의 발전을 실현하고 있다.

또한 양안은 경제협력합의에 서명하면서 경제 관계의 시스템화와 제도화에 실질적인 발걸음을 내딛고 있다. 2000년대 이후, 경제의 글로벌화와 지역경제일체화가 급속하게 진행되면서 2003년 이후 대륙은 대만에게 있어 최대 무역흑자 지역이자 최대의 수출시장이 되었고, 양안의 경제무역 교류의 신속한 성장으로 좀 더 제도화된 경제 관계에 대한 요구가 있어왔다. 2008년 국민당의 재집권 이후, "중국 대륙을 통한 세계진출"이라는 경제전략이 확립되면서 양안 경제일련의 규제를 완화하는 정책을 실시하여 양안 경제 관계의 발전을 이끌고 있다. 양측의 실속 있는 협상과 함께, 2010년 6월 29일, 양회의 "제5차 천쟝회담(第五次"陈江会谈", 대륙의 해협 양안 관계 협회의 회장 천윈린(陈云林)과 대만의 해협 교류 재단의 회장 쟝빙쿤(江丙坤)의 회담을 뜻한다)"을 통해 〈경제협력기본협정(Economic Cooperation Framework Agreement, 이하 ECFA)〉을 정식으로 체결, 미래의 양안 경제교류 및 협력의 기본적인 틀과 발전계획을 확립하였고, 광범위한 분야의 초기 성과계획을 달성하였다. 그중에는 중국 대륙에 대하여 539개 항목, 총액 138.3억 달러의 대만 상품의 관세를 인하하고, 대만은 267개 항목, 총액 28.5억 달러 규모의 대륙 상품에 관세 인하를 실시한다는 내용도 포함되어 있다. 중국 대륙은 양안의 경제규모와 시장조건의 차이를 고려하여 충분한 성의와 선의를 통하여, 항목의 안배에 있어서도 대만의 중남부의 상황, 중소기업과 서민의 이익을 충분히 고려하였으며, 대만이 약세를 보이는 산업, 농산품의 개방과 대륙 노동인력의 대만 진출 등의 문제는 내용에 포함시키지 않았다. 양안의 특색을 충분히 고려한 종합적 경제협력협의로서, ECFA는 30여 년 간 양안 경제무역 교류의 상호혜택 및 보완, 상호의존 성장의 집약체라 할 수 있다. 이를 통하여 양측의 무역과 투자에서의 제약이 줄어들거나 사라졌으며, 공평한 무역 및 투자환경을 조성하여 양안경제 관계의 시스템화, 제도화 실현이라는 중대한 성과를 이룩하였고, 양안 공동의 경제경쟁력 강화, 대중의 복리증진, 지역경제일체와의 기회 및 도전에 대하여 효과적으로 대응할 수 있게 되었다.

셋째, 양안에 대규모의 교류와 소통의 국면이 형성되고 있으며, 교류의 분야가 나날이 확대되고, 수준 또한 높아지고 있다. 역사적인 원인으로 인해, 양안 사람들의 각계 교류 및 왕래는 오랫동안 불균형 상태에 있었다. 대륙의 대만 방문 인구는 적었던 반면 대만의 대륙 방문 인구는 많았는데 그 인원들 또한 대부분이 정치, 경제 및 학계 인사들로 제한되어 있었기에 대만 서민들 대부분에게 대륙에 대한 객관적인 인식과 이해가 부족하여 오해나 우려가 쉽게 확산되는 경향이 있었다. 2008년 이후 양안이 상호신뢰를 기반으로 이러한 문제들을 조금씩 해결해 나가면서 긍정적인 성과를 거두고 있다.

우선, 전면적이고 직접적인 상호간의 "3통정책"을 실현시켰다. 2008년 11월, 양회의 제2차 협상을 통해 〈해협양안항공운수협의(海峽兩岸空運协议)〉,〈해협양안해상운수협의(海峽兩岸海运协议)〉,〈해협양안우정협의(海峽兩岸邮政协议)〉를 체결, 양안의 동포들이 기대해왔던 "3통정책"의 문제를 기본적으로 해결하였고, 양안 대중의 왕래와 경제교류 및 협력 또한 더욱 편리해졌다. 이후 양회에서의 회담을 통해 양안의 정기항공편 문제에서도 진전이 있었고, 직항 문제가 개선되고 체계화되면서 양안이 일일생활권을 형성, 교류와 교역이 더욱 편리해졌다.

또한, 대륙 대중들의 대만여행이 가능해졌다. 양안의 회의를 거쳐 2008년 7월 대만 측이 중국 여행객들에게 문호를 개방하면서 양안 대중들의 상호왕래 문제를 해결하였으며, 2011년 6월 대륙 주민의 대만 개인여행 또한 정식으로 허가되었다. 2008년부터 2011년까지 3년간 대륙의 주민들은 대만여행을 통해 건전하고 체계적이며, 발전에 대한 협조를 목표로 대만 경제발전을 이끄는 역할을 하였다. 2011년 5월 말까지, 대륙의 대만 여행객 수는 이미 연 인원 2,348,100명에 이르면서 대만 최대의 관광객 시장으로 거듭났다. 2010년 5월에는 "소(小)양회"라 불리는 "해협양안여행교류협회(海峽兩岸旅游交流协会)"와 "대만해협양안관광여행협회(湾海峡两岸观光旅游协会)"가 각각 북경과 타이베이에 설립되었는데, 이것은 양안 여행교류가 정상화되고 시스템화되었음을 의미한다.

그 다음으로, 해협포럼(海峡论坛)을 비롯한 양안의 민간 교류형태의 계속되는 혁신이 있었다. 3년 동안 양안의 인원교류는 계속해서 확대되었는데, 2010년에는 연 인원 680만 명에 달하면서 교류가 서민층과 대중에게까지 확대되었다. 2009년 5월에는 제1회 해협포럼이 복건(福建)에서 순조롭게 열리면서 대만 25개 현 및 시에서 약 20여개분야의 9,000명에 달하는 대만 대중들을 포함한 인원을 파견하였다. 2010년 6월의 제2회 해협포럼은 "민간교류의 확대, 양안협

력 강화, 공동발전 추진"을 주제로 역시 복건에서 개최, 25개의 주
제 및 계열 행사가 열렸으며 30개 분야에서 1만 명이 넘는 대만 대
중들이 참여하여 대중적이고 광범위한 해당 포럼의 특징을 선명하
게 드러냈다. 2011년 6월에는 "서민에게 집중하여, 성과를 함께 나
누자"라는 주제와 함께 제3회 해협포럼이 성대하게 개최되었으며,
대만 22개 현 및 시의 32개 분야에서 1만 명 이상의 인원이 참여하
여 여러 분야의 활동에 참여하였다. 인원 중 서민층이 90%를 차지
하였고, 대만 중남부 지역 참가자도 70%를 차지하였으며, 대다수의
인원이 해협포럼 첫 참가이었고, 그중에는 처음으로 대륙을 방문한
인원 또한 적지 않았다. 해협포럼은 현재 최대 규모이자, 대만 서민
층의 참여가 가장 활성화된 민간교류행사라 할 수 있다. 그 외에도,
양안의 상공업계, 종교계, 학술계, 교육계, 청소년, 소수민족 등 수
많은 교류단체의 설립 및 개선이 활발히 이루어지고 있다.

　2008년부터 지금까지, 양안 관계는 긍정적인 평화발전의 단계에
접어들었고, 평화발전이라는 프레임을 건설해 나가고 있다. 중국대
륙은 대만과 대만의 대중 모두를 위하는 정책 및 대만 중남부 지역
을 우대하는 정책을 실시하고 있으며, 중소기업과 서민층을 위한 정
책을 실시하고 있다. 대만 내에서 양안 관계 평화발전의 수혜를 입
는 단체, 계층, 업종 및 지역이 크게 확대되면서 대만 민중들의 긍
정적인 반응을 얻고 있으며, 양안의 평화발전을 지지하는 민심의 기
반이 더욱 확고해졌다. 하지만 "대만독립"을 주장하는 대만 내의 세
력이 여전히 나름의 시장을 형성하고 있다는 것과, 일부의 대만 민
중이 여전히 대륙에 대한 각기 다른 수준의 오해와 우려를 품고 있

다는 것을 간과해서는 안 된다. 대만 내의 국민당과 민진당의 경쟁 상황으로 볼 때, 민진당의 재집권 가능성을 완전히 배재할 수는 없기에, 양안이 적대 관계를 완전히 청산하지 못한 상황에서 "대만 독립"주장 세력이 집권한다면 어렵게 이룩한 상호신뢰 관계의 기반이 무너질 수 있으며, 양안 관계는 새로운 변수와 도전에 직면하게 될 것이다.

5장.
미래읽기

1. 전례 없는 중국의 평화발전

중국의 평화발전은 전 세계로부터 인정받고 있는 21세기의 가장 중요한 지정학적 정치사건이다. 광활한 영토와 많은 인구, 그리고 유구한 역사가 살아 숨 쉬는 동방의 중국은 일찍이 눈부신 화하문명(华夏文明)을 창조했지만 많은 시련과 고난도 함께 겪어왔다. 세월이 흐른 지금 중국은 다시 세계무대의 중심에 서게 됐는데 일상용품에서부터 제조업 공업용품, 유엔평화유지에서 각종 국제정상회담에 이르기까지 "중국의 요소"가 부각되고 있는 점은 더 이상의 논쟁이 불필요한 사실이다. 더욱 많은 사람들이 중국의 발전성과를 인정하며 직시하고 있는데, 설령 중국을 비판하는 목소리라 하더라도 중국이 이뤄낸 성과들에 대해서는 인정할 수밖에 없다. 국제사회에서 중국을 둘러싼 매체보도와 학술연구 및 토론이 오늘날과 같이 활기를 띠는 것은, 따로 설명이 필요 없는 일반적인 현상으로 보이지만 꼭 그렇지만도 않다. 과거 100여 년간 서방의 관심사는 중국을 어떻게 분할 하는가이었고, 90년대까지만 하더라도 국제여론은 여전히 "중국 붕괴론"에 머물러 있었다. 중국으로 전 세계의 관심과 이목이 쏠린 것은 불과 최근 10년의 일이다.

역사적인 측면에서 볼 때 중국의 국제사회 영향력 증대는 과거 30여 년간 지속되어온 개혁개방으로부터 나왔다고 볼 수 있다. 개혁개방은 국가의 전략사상과 체제상의 변화를 이끌어내며 사회 곳곳에 엄청난 활력을 불어넣었다. 중국은 과거 30여 년간 다양한 분야에서 많은 변화를 겪음과 동시에 국제사회체제로 녹아들면서 오래된 대국에서 활력 넘치는 새로운 대국으로 거듭났음을 전 세계에 나타내 보였는데, 이러한 국력의 신장은 신중국 성립 후 60여 년간 투입된 노력들과 서로 밀접하게 연결되어 있다. 계획경제의 폐단이나 문화대혁명의 영향과는 관계없이 건국 후 30여 년간 축적된 경험은 이후 경제발전에 있어 중요한 기초로 작용해왔다. 만약 중국이 완전한 독립주권을 갖추지 못했다면, 상대적으로 잘 갖춰진 공업체제는 존재하지 않았을 것이며 개혁개방 사업은 더욱 많은 어려움에 직면할 수 있었음을 쉽게 상상해 볼 수 있다. 좀 더 말하자면 중국이 지금까지 이루어온 위대한 성과들은 아편전쟁 이후 끊임없이 투입된 중국인들의 노력과 희생의 산물이다. 양무운동에서 유신변법, 신해혁명에서 신문화운동, 다시 중국공산당 성립에 이르기까지 각 시기와 세대의 중국인들은 국가발전에 공헌해왔다.

오늘날의 중국은 과거 빈곤과 연약함을 상징했던 가난한 후진국에서 세계 제2의 경제대국으로 성장했으며, 국력과 함께 국제사회의 영향력도 새로운 수준에 도달했다. 이러한 변화는 많은 애국지사들의 아낌없는 노력을 통해, 결국 중국이 세계 변화의 흐름과 국정상황에 맞는 발전경로를 찾았음을 보여준다. 이렇게 해서 나온 중국의 평화발전경로는 국제환경의 평화와 발전을 도모하면서 동시에 국내 발전이 세계평화의 유지로 이어지며 공동발전을 추진하는 것을 말한다. 근대 이후 역사의 진보 과정 속에서 중국이 오늘날과 같이 민족부흥의 목표에 가깝게 다가선 적은 없었다. 새로운 세기의 둘째 10년을 맞이하여 과거 백여 년의 역사를 회고해 보면 중국의 평화발전은 다음 4가지 방면에 있어 과거 전례가 없는 최초의 시도를 보여 왔다.

첫째 중국의 산업화는 규모에 있어 비교대상이 존재하지 않는다. 일반적으로 산업화는 인류사회가 전근대에서 현대로 이행하는 과정의 핵심으로써, 생산력의 급격한 발전을 이끌어냈을 뿐만 아니라 국제질서의 변화에도 영향을 미치며 인류사회의 모습을 근본적으로 바꿔놓은 인류사의 혁명으로 이해되고 있다. 규모로 볼 때 산업화는 그 시작에서부터 오늘날에 이르기까지 3단계의 과정을 거쳐 왔다. 첫째는 영국에서 시작된 산업화의 물결이 유럽대륙으로 빠르게 확산되었던 단계로서, 이 시기 산업화는 천만의 인구와 상호 결합되어 유럽을 세계의 패권으로, 국제사회의 절대적인 주연으로 성장하게 했다. 둘째는 산업화의 물결이 유럽대륙을 기점으로 좌우로 확산되어 일억의 인구와 상호 결합되어 나타난, 미국과 소련이라는 초강대국을 만들어낸 단계다. 오늘날의 산업화는 셋째 단계로의 진입과정에 놓여있는데 중국에서 10억이 넘는 인구와의 상호결합을 통해 나타나고 있다. 인구규모로 볼 때 중국의 인구는 유럽 전체의 인구와 비슷하고 미국의 4배, 일본의 11배 인구와 같은 수준인데, 이러한 대규모 산업화는 역사적으로 중국이 처음 겪고 있는 것이다.

둘째 중국의 산업화는 탄성을 자아내며 빠른 속도로 진행되고 있다. 1776년 와트가 증기기관을 발명한 후 지금까지 서방의 산업화는 200여 년의 긴 시간을 거쳐 왔는데 산업화를 빚어낸 역사와 사회적 근원을 찾는다면, 500여 년 전의 르네상스와 지리혁명 시기로 거슬러 올라가야 할 것이다. 반면 중국이 산업혁명의 힘을 느끼기 시작한 것은 171년 전에 발생한 아편전쟁부터이다. 이때부터 과거 3천여 년의 긴 역사 동안 대변혁으로의 유인과 자극 없이 정체되어 있던 환경에서부터 중국 사대부들은 각성하여 세계를 보는 안목을 넓히며, 국가를 위기로부터 구해 국부민강(国富民强)으로 나아가는 길을 모색하기 시작했다. 1949년에 이르러서야 중국은 내부분열과 외부침략의 위기에서 벗어나, 비로소 자주적인 산업화 추진능력을 갖출 수 있었다. 그러나 개혁개방 이전까지 중국은 일본과 아시아 네 마리용의 성장과 비교했을 때 성장이 미미하게 나타났으며, 심지어 정치이념이 최우선 되는 전체 전략 하에서 경제적으로 심각한 어려움을 겪기도 했다. 중국 산업화의 역량이 진정 해방된 것은 개혁개방 이래 30여 년에 불과하다. 중국이 이토록 짧은 기간에 고속성장을 유지하며 세계 제2의 경제대국으로 도약한 것은 세계사적으로도 하나의 기적으로 볼 수 있다.

셋째 중국사회의 내적 동력에 다시 불이 붙었다. 20세기 초 중국의 지식인들은 중국이 산업화의 도전에 대응하지 못한 점을 중국문화의 쇠락으로 인식하여 중국인은 안 된다는 패배주의에 젖어있었다. 신중국 성립 초기 중국은 강한 정부와 낙후된 사회가 함께 공존하는 특수한 시기로 접어들면서 사회적 역량은 다시 무시되고 억압되었다. 그러나 30여 년간 지속된 개혁개방의 실천은 중국사회가 지닌 강한 잠재력과 성장 동력을 분명히 드러내 보였다. 체제가 자리 잡히자 수면아래 잠자고 있던 중국인들의 생존능력과 타고난 상업적 DNA, 그리고 기술능력들이 봇물 터지듯 터져 나오면서 중국사회가 가진 강인함, 창조력, 자강정신(自强精神)도 그 어느 때보다 강하게 빛을 발했고, 인터넷의 보급과 국민권리의식의 신장은 중국사회의 독립성을 더욱 단단히 하였다. 묶여있던 사회동력의 해방은 중국의 평화발전에 동력을 주입하며 국가와 사회의 균형적 발전을 이끌어냈다.

넷째 중국의 성장은 과거 굴기가 동반해온 폭력적 성격을 극복했다. 서방의 굴기는 일정수준에서 전쟁충돌과 함께 무력정복의 역사라 보아도 무방하다. 과거 굴기는 서방대국들 간의 전쟁으로 대국들 사이의 힘의 이동과 권력교체로 나타났으며, 1·2차 세계대전은 서방내부의 경쟁적 대결의 결과로 발생했다. 또 굴기는 서방국가들이 대외침략과 무력정복을 진행하는 과정에서 자신들의 경제발전에 필요한 원자재를 확보하고, 전 세계를 식민지 혹은 속국으로 삼는 것을 말하는 것이었다. 그래서 중국은 처음부터 과거 서방의 역사를 답습하지 않기 위해 평화발전과 협력발전의 기치를 높이 치켜세웠다. 이 때문에 중국은 성장과정에서 대외적 침략과 분쟁의 일으

킴 없이 산업화 과정에서 발생한 국내문제의 해결에 주력하며, 제로섬 게임과 국가안보 문제를 극복하고, 국제사회와 함께 상호이익을 통한 공동번영을 추구하기 위해 노력하고 있다. 이러한 점들은 모두 중국의 성장이 갖는 평화적 특징을 잘 보여주고 있다.

이를 통해 알 수 있듯이 중국은 평화적 발전이란 새로운 경로를 개척하는 과정 중에 있다. 이러한 경로에서 중국은 생존의 몸부림을 치던 시기에서 국가건설 발전의 시기를 겪으며, 종합국력과 국제사회적 지위가 올라가면서 먹는 것이 부족했던 인민들의 생활을 전반적인 소강(小康)의 역사로 이끌었고, 대외 관계에서는 대화와 협력, 그리고 상호이익을 실현했다. 오늘날 중국은 새로운 역사의 시작점에서 더욱 적극적이고, 평화적이며, 협력적인 자세로 국제사무에 참여하여 세계 경제의 성장과 평화와 안정을 이끌고 있다.

2. 변화의 성과와 도전

개혁은 인류사회의 영원한 과제로서 어떠한 사물이 새로운 객관적 환경에 적응할 수 없을 경우 그에 따른 변화로써 요구된다. 그런데 여기서 말하는 개혁은 어떤 사물이나 사건의 작은 변화가 아닌, 사회의 구조적 형태와 관련된 국가 운영모델과 인간의 관념상에 나타나는 근본적인 변화를 말한다. 미국의 학자 C.E. Black의 말에 따르면 인류사에는 3번의 위대한 혁명적 변화가 존재했다고 한다. 첫째는 100만 년 전 원시생명이 일억 만년의 진화과정을 거쳐 현생인

류로 나타나게 된 것이며, 둘째는 인류가 원시적인 상태에서 문명사회로 진입하게 된 변화이며, 셋째는 최근 몇 세기 동안 우리가 겪고 있는 변화인데, 전 세계의 각기 다른 지역과 민족, 그리고 국가들은 농업문명 또는 유목문명으로부터 공업문명으로의 변화와 진보과정을 말한다. 우리는 이 인류사의 셋째 혁명적 변화를 현대화로 이해하고 있는데, 이것은 인류의 생활과 환경이 전통사회로부터 현대사회로 넘어가는 거대한 변화의 물결을 말한다.

현대사적 관점에서 볼 때 현대성(現代性)은 유럽에서 먼저 발현한 것으로 볼 수 있다. 유럽의 현대성이 아시아로부터 많은 영향을 받아왔다는 사실과는 별개로, 과거 유럽은 정치적으로 항상 사분오열했으며 경제적으로도 여러 중심지가 경쟁적으로 형성되어 있었기 때문에, 독점적 권위로서의 통일된 정권이 존재하지 못했다. 이렇게 분산되어 있는 정치 국면과 무역 체계는 새로운 지식이 유럽 전 지역으로 확산되도록 끊임없이 불을 지피면서, 유럽 각 군주들 간의 힘겨루기와 경쟁으로 번져, 결국 주권국가를 한 단위로 하는 현대적인 국제체제를 만들어냈다. 이렇게 유럽은 나머지 비 서방세계들과 비교하여 이미 강력한 근대적인 지식을 갖추어 점차 힘과 제도, 가치측면에서 확실한 우위를 점하게 되었다. 이러한 결과는 유럽의 비 유럽국가와 지역에 대한 전면적 침략과 지배로 이어지면서 아메리카 대륙과 태평양 지역은 유럽문명의 세력팽창을 상징하게 되었고, 아시아 대륙과 함께 아프리카 대부분의 지역들이 유럽의 식민지 또는 속국으로 전락하게 되었는데, 오스만투르크를 비롯한 오래된 제국들도 이러한 식민지화의 운명을 피할 수 없었다.

  중국이 전통사회에서 현대사회로의 전환을 맞이하게 된 것은 유럽의 새로운 지식과 산업화의 힘이 전 세계를 휩쓸 때이다. 농업문명의 시기에는 중국은 언제나 동방의 중심에 자리 잡고 있었다. 몇천 년의 기나긴 역사 속에서 왕조들이 끊임없이 교체되고, 외부의 위협이 항상 존재했던 것과는 관계없이 중국의 기본적인 사회구조와 문화 관념상에는 큰 변화가 일어나지 않았다. 과거 중국의 농업기술과 관료체제는 높은 평가로 다른 국가들에 받아들여졌으며, 도자기와 실크는 유럽 상류사회의 상징이었고, 동아시아 전체는 중국과의 관계가 가까운 정도에 따라 구별되어지는 화이질서가 존재해 왔다. 그러나 일찍이 농업 문명시대에 계속 앞서있던 중국이란 큰 배는 근대사회로 진입하자마자 국제체제의 가장 낙후된 항구에 정박되어 버리는 신세로 전락하고 만다. 만약 중국이 상대적으로 폐쇄적인 환경에 처해있었다면 "타강산—좌강산—주강산"(천하를 차지하고—다스리고—잃어버리는)의 악순환이 계속 이어졌을 수 있었을 것이다. 서방의 굴기는 중국에 엄청난 자극과 충격으로 근본적인 변화를 가져오게 된다. 이러한 변화는 근대 이후 중국사회가 경험해온 거대한 역사로서 많은 애국지사들의 노력에 의해 끊임없이 연구되었다.

  백 년의 근대사를 살펴보면 중국이 개혁을 통해 추구하는 목표가 분명히 드러나는데, 그것은 약해서 당할 수밖에 없는 피동적인 상태로부터 벗어나 중화민족의 위대한 부흥을 다시 한 번 실현하는 것이다. 그러나 이러한 개혁의 구체적인 방식에 있어서는 많은 이견이 존재해왔다. 일부는 복고주의를 표방하며, 서방문명을 재앙으로 여겨 나라를 구하는 방법을 전통적 경험에서 찾을 것을 희망했고, 다른 일부는 낭만주의를 신봉하며 과거로부터의 완전한 단절을 주장하면서, 서방의 문물을 적극 받아들이는 것으로 부국민강(富国民强)을 실현하려 하였다. 전자는 변화의 방향이 과거로의 회귀로 서방의 침략을 이겨내는데 있어 전혀 도움이 되지 않았고, 역으로 산업화의 힘에 의해 철저하게 정복당했다. 후자는 맹목적인 서방화를 의미하며 계속 토양에 맞지 않는 묘목들을 심어 독립적 의식과 전통적 기초를 상실하게 하는 악영향을 초래하였다. 중국은 상당히 긴 시간 동안 전자와 후자 사이에서 갈팡질팡해왔지만 최종적으로 절충주의 노선을 택해 개방성과 주체성 사이의 평행을 추구했다. 서방에 대해서는 단순한 모방과 이식이 아닌 국내수요에 따라 주동적이며 선택적으로 학습하고, 전통에 대해서는 기존체제의 폐단에 대한 반성과 동시에 가치 있는 부분들을 발전시키면서 역사의 계승도 중시했다.

이러한 제3의 노선은 중국사회의 성공적인 변화에 기초를 다졌다. 혁명시기에 마오쩌둥을 대표로 하는 중국공산당은 마르크스-레닌주의의 기본원리와 중국의 국정상황을 결합하여 농촌을 통해 도시를 포위하는 새로운 전략을 택함으로써, 결국 신민주주의 혁명의 위대한 승리를 쟁취할 수 있었다. 본격적인 국가건설의 시기에 있어 중국은 한편으로는 개방적인 자세를 취하면서 근대화를 실현할 수 있는 모든 선진지식과 문물들을 학습하고, 다른 한편으로는 계속해서 주체성을 유지하면서 중국이 실질적으로 직면해있는 문제에서 출발하여 중국특색사회주의란 새로운 국면을 열어나갔다. 오늘에 이르러서야 중국인들은 중국의 개혁이 매우 성공적이었다고 말할 수 있게 되었다. 도구적인 측면에서 볼 때 중국경제는 더 이상 자급자족 형태의 소농경제가 아닌, 현대과학기술과 기계화 대량생산을 기초로 만들어진 공업경제이며 전통적인 농업부문에서도 적지 않은 현대화가 이루어졌다. 제도적인 측면에서는 시장경제체제가 자리 잡기 시작하여 중국 특색의 법률문화체제가 점차 개선되는 과정 중에 있으며, 사회주의 민주정치도 안정적으로 추진되고 있다. 관념적인 측면에 있어서도 현대성과 서로 연결된 독립정신과 권리의식, 그리고 계약정신의 씨앗이 중국인들의 의식 속에 싹트고 있으며, 더욱 많은 사람들이 현대사회의 생존과 발전에 필요한 기술과 능력을 익히고 있다.

그러나 역사적인 사회개혁이라는 막중한 임무는 아직 완성되지 않았다. 중국은 개혁을 통해 올린 전대미문의 성과와 함께 전대미문의 위기와 도전에 직면해있는데, 여기서 핵심적인 문제는 서로 다른 계급과 다양한 노선, 그리고 다원화된 힘과 경쟁적 이념이 모두 개혁과정에 존재하고 있다는 것이다. 중국은 지역 간 발전이 매우 극심한 불균형 문제와 함께 근대와 현대, 그리고 포스트모더니즘적인 요소를 갖춘 서로 다른 의제에 직면해 있다. 글로벌화, 공업화, 정보화, 민주화 등이 동시에 발전하면서 서로 영향을 주고 있다. 중국 국내에서는 이익집단, 네티즌들의 정치참여, 관료정치, 지방정치 등 다원화된 힘들이 다양한 방식으로 함께 표출되고 있는데, 이것은 사회전체에 활기를 불어넣으면서 국가 지도자들의 정책결정 과정을 복잡하게 만들어 대외정책과의 조화에 있어 거대한 도전이 되고 있다. 또 향후 발전방향에 대해서도 서로 다른 견해가 존재하기 때문에 자유파, 신좌파, 전통파의 논쟁, 사상과 인식의 불일치도 과거 전 래를 찾아보기 힘들 정도로 극명한 대립을 보이고 있다.

이렇게 거대하고 복잡한 환경 속에서의 사회개혁은 전 세계 그 어떤 국가들과 비교해 보아도 어렵고 힘들다. 경제적인 측면에서는 고속성장 기조를 유지하는 가운데 경제발전방식을 어떻게 개혁해야 하는지에 대한 무거운 과제가 놓여있다. 과거 30여 년간 중국은 고 속성장을 기반으로 힘을 강화해나갔다. 중국은 앞으로도 10년간 일 억 명 이상의 구직자들 일자리 문제를 해결해야 하기 때문에 고속 성장 추세를 유지하는 것을 필요로 한다. 그러나 상당히 오랜 기간 동안 경제가 급속한 팽창을 거듭해온 결과 경제발전은 계속 더 큰 어려움에 봉착하고 있다. 높은 에너지 소비와 오염을 동반한 성장 방식은 지속 불가능한 성장방식이며, 낮은 생산비용에 대한 이점은 계속 줄어들고 있다. 이 밖에도 중국은 세계에서 경제적 지위가 높 아짐에 따라 무역마찰 문제에 대한 부담이 계속 증가되고 있다. 이 러한 도전들은 경제구조의 개혁을 가속화시키지만 문제는 구조개혁 이 단기적인 면에서 반드시 성장에 영향을 미치며, 그것이 다수 국 민들의 경제사정을 변화시키는데 있다. 그러므로 앞으로 고속성장 과 구조조정 사이에서 어떻게 균형을 잡는가 하는 문제가 국가지도 자들의 능력을 평가하는 도마 위에 올라 있다.

정치적인 측면에서 가장 중요한 문제는 정치적 권위가 하락하는 가운데 민주와 법치를 기초로 하는 제도적 장치를 어떻게 마련하느 냐에 달려 있다. 현대사회로 진입하기 이전 중국은 오랜 세월 동안 "하늘 아래 왕의 땅이 아닌 곳이 없으며, 왕의 백성 아닌 사람이 없다(普天之下, 莫非王土, 率土之濱, 莫非王臣)"는 황권체제 하에 놓여 있었다. 그렇기 때문에 중국의 정치는 근대로 들어서면서 장기간 혼란과 분열상태에 빠지게 되었고, 이후 특수한 정치시기로 진입하게 된다. 개혁개방 이래 정치는 강력한 리더십에서 기술전문가에 의한 치국으로 점진적 변화를 거치며, 중앙정부의 권위는 계속 하락하고 있고, 이에 따라 합의를 만들어내는 능력이 약화되고 있는 실정이다. 그러나 중국은 이러한 정부권위의 하락에 따른 공백을 메워줄 독립적이며 안정적인 시민사회가 형성되지 않아 민주와 법치건설에 있어 어려움에 부딪히고 있다. 이러한 상황에서 많은 정부관료들은 사적 이익만을 쫓아, 권력으로 사익을 취하고 국민들을 희생시키며 많은 부패와 정치적 혼란을 만들었다. 만약 중국에 대한 서방세력들의 "분화촉변(分化促变)"의 압박을 다시 상기해본다면, 이익집단들의 고착화 및 국민들의 정치참여에 대한 요구는 중국의 정치개혁에 있어 매우 심각한 문제가 될 수 있다.

사회적인 면에서는 빠른 개혁과 성장에 따른 성장통을 앓고 있다. 빈부격차 문제는 나날이 심각해지며 동시에 부는 계속해서 소수에 집중되고 있고, 계층이동의 가능성은 계속 줄어들고 있는 추세다. 일반 국민들이 피부로 느끼는 상대적 박탈감과 낮은 행복지수, 그리고 높은 수준의 인플레이션과 부동산 가격 때문에 불만이 계속 높아지고 있다. 각 지역과 도·농간의 발전이 심각한 불균형 상태에 있는데 동부 연안지역의 경제는 이미 유럽수준에 도달했지만, 서부의 많은 지역은 여전히 아프리카수준에 머물고 있다. 많은 인재와 기회가 대도시로 집중되는 경향을 보여 농촌의 토지는 잡초만

무성하고 독거노인가정이 나타나고 있다. 이익이 계속해서 분화됨에 따라 사람들의 사상과 인식도 다원화되고 있는데, 일부에서는 도덕적 타락과 가치허무, 사상의 혼란으로 갈피를 잡지 못하고 헤매고 있다. 이렇게 드러나고 있는 각종 사회적인 불안과 위험으로 집단적인 형태의 사건들도 끊임없이 나타나고 있는 실정이다. 정책적인 조정과 제도적 개혁을 통해 사회적 모순을 해소하는 것은 정부가 해결해야 할 가장 중요한 과제가 되었다.

이상의 내용을 살펴볼 때 사회개혁은 맹목적인 성장주의식 발전이 되어서는 안 되며, 과거와의 단절이 반드시 아름다운 미래를 보장하는 것이 아니라는 것을 알 수 있다. 중국의 개혁은 여전히 많은 우여곡절과 반복, 심지어 후퇴의 가능성도 존재하고 있다. 규모나 시간적인 면에서도 세계적으로 유래를 찾아볼 수 없을 정도로 막중한 부담이 되고 있다. 성공적인 개혁의 실현과 중진국 함정을 피하는 것은 중국의 현대화와 민족부흥의 실현에 있어 결정적인 부분이다. 그렇기 때문에 중국은 지속적인 성과를 만들어 가면서 동시에 그것에 취해 안일함으로 개혁을 다루어서는 안 되며, 항상 개발도상국이란 신분을 잊지 말고, 한층 더 진보된 개혁과 개방의 확대로, 무거운 책임과 임무에 대응하여 더 나은 미래를 만들어나가야 한다.

3. 개혁의 특성, 어려움 그리고 난관의 돌파

사회개혁의 과정 중에 나타나는 문제점들은 더욱 진일보된 개혁을 통해서만 해결될 수 있다. 다시 말해 개혁은 과거의 불공정하고 불합리한 면들을 없애고, 그 위에 새로운 제도정책을 세우는 것을 말하는데 다양한 인류사적 경험을 비춰볼 때 한 국가의 지속적인 발전은 항상 크고 작은 문제들을 야기해왔다. 예를 들면 경직된 정치제도, 이익의 불균형, 계급 간 모순의 심화가 있다. 이러한 문제들이 나타날 때는 국가가 나서 서로 다른 이익집단 간의 관계를 조율하여 각 요소·집단의 힘을 재조정하여 국가발전의 새로운 동력으로 활용할 수 있어야 한다. 일반적으로 국가의 변혁에는 혁명과 개혁 두 가지 방식이 존재하고 있다. 먼저 혁명은 사회적 모순이 첨예하게 대립하여 더 이상의 타협이 불가능한 수준에 도달했을 때, 어쩔 수 없이 취하게 되는 일종의 조치로 볼 수 있다. 혁명은 어느 정도의 폭력성을 가지고 있으며, 많은 대가를 지불해야 하는 특성으로 인해 우선시되는 선택이 아니다. 여기에 생각해야 될 부분은 과학기술의 발전과 이데올로기가 정형화됨에 따라 혁명을 이끄는 계급과 기술, 그리고 사회적 조건이 계속 약해지고 있다는 것이다. 따라서 개혁은 국가가 이익 관계를 조절하고 새롭게 발전역량을 집중시키는 최선의 방식으로 여겨지고 있다.

1978년의 개혁개방을 계기로 중국은 세계에 다시 참여하는 위대한 역사의 발걸음을 내딛었다. 지난 30여 년간 중국정부는 여러 개혁사업을 적극적이며 안정적으로 추진해왔는데, 다양한 개혁의 범위와 거대한 영향력은 과거 한 세기 동안 겪어온 변화를 압도하는 수준이다. 국제적으로 비교하면 중국개혁의 성과는 영국의 명예혁명이나 일본의 메이지 유신과 견줄 수 있다. 이 때문에 중국의 개혁을 정확하게 인식하는 것은 중국이 고속성장을 지속해온 점을 이해하는 시발점이며 동시에 중국의 미래를 전망하고 평가하는데 있어 중요한 근거가 된다. 지난 30여 년의 발전과정을 살펴보면 중국의 개혁이 갖는 4가지 특징을 쉽게 발견할 수 있게 된다.

첫째는 시장화 경향이다. 이점은 후루시초프 시기 소련의 개혁과는 명확하게 구분되는 부분이다. 비록 후루시초프가 소련사회의 여러 문제점들에 대해 인식하고 있었지만, 그는 계획경제체제의 우월성에 대한 강한 믿음이 있었고, 이에 더해 자본주의 제도와의 화평공존(和平共处), 화평경쟁(和平竞争), 화평과도(和平过渡)의 "3화로선(三和路线)"의 필요성을 역설하였다. 이것은 흐루시초프의 개혁이 기존 계획경제 체제 내에서의 아주 작은 변화로써 명확한 시장화 경향이 없었다는 것을 의미한다. 이에 반해 중국의 개혁개방은 "문화대혁명"이 끝난 후 누적된 빈곤과 경제적인 어려움이 극에 달해 전통적인 계획경제체제에 대한 정치지도자들의 믿음이 무너지고, 시장화가 점차 지도층의 전략적 선택으로 부상하며 등장했다. 덩샤오핑이 "모착석두과하(摸着石头过河)"로 중국의 개혁을 표현한 것과 관계없이 개혁의 목표와 방향은 명확히 "하(河)"의 저편에 위치한 시장경제다. 어떻게 이 목표에 도착할 수 있는가는 "흑묘백묘"가 서로의 능력을 발휘하는 데 달려 있을 것이다.

둘째는 동시에 진행된 개혁과 개방이다. 개방은 개혁의 성공에 있어 매우 중요한 조건으로 체제가 충분히 개방되어 있어야 외부로부터 지식을 배우고 익힐 수 있으며, 그것을 자국의 경험과 결합하여 제도적 혁신을 이끌어낼 수 있을 것이다. 반대로 상대적으로 폐쇄된 시스템에서는 개혁의 유연성과 실질효과가 낮은 수준으로 나타나게 된다. 중국은 개혁개방을 시작할 때 이미 미국을 비롯한 서방국가들과 원만한 관계를 유지하고 있었고, 유엔에서의 지위를 회복하여 국내전략사상의 개혁에 있어 유리한 국제환경이 조성되어 있었다. 그래서 중국은 개혁의 시작과 동시에 대외개방을 시작했으며, 적극적이며 주동적으로 국제사회에 참여하면서 해외의 선진기술과제도, 사상을 익혔다. 만약 중미 관계가 여전히 정치적인 적대관계와 이념의 장벽에 막혀있었다면 중국의 국내개혁은 더욱 많은 어려움과 난관을 만났을 것이다.

셋째는 개혁의 다양한 주체다. 중국의 개혁은 중앙정부가 모든 것을 책임지고 일방적으로 추진한 것은 아니며, 다양한 영역에서 잠자고 있던 적극성을 충분히 활용함으로써 추진될 수 있었다. 비록 개혁이 여전히 중앙의 기술 관료들에 의해 주도된 측면이 있지만 그들은 개혁에 대한 열정과 함께 상당한 전문지식을 확보하고 있었다. 이 밖에 정부에 지나치게 집중되어 있는 권력을 축소하면서 지방정부도 개혁의 중요한 주체로 활약할 수 있었다. 또 개방과 함께 물밀듯이 밀려들어온 대규모 외국인 투자도 또 다른 개혁의 주체로서 공헌하였다. 여기에 더해 안휘성 풍양현 소강촌에서 실시된 농업경영의 가족단위화는 9억의 농민들을 중요한 개혁의 주체로 이끄는 혁신을 가져왔다. 마지막으로 70년 이후와 80년대 초 정부는 농촌이나 다른 지역으로 하방(下放)되었던 지식인들이 도시로 몰리는 데 따른 부담을 줄이기 위해, 자영업에 대한을 제한을 풀면서 자영업자들도 개혁의 주체로써 활약할 수 있었다. 21세기로 들어서면서 과학기술의 눈부신 발전과 더불어 나날이 강해지는 뉴스와 인터넷 매체의 영향력은 중국의 개혁을 이끄는 또 하나의 중요한 힘으로 작용하고 있다.

넷째는 점진적인 개혁이다. 과거 소련의 개혁은 후루시초프나 고르바초프 시기에 관계없이 전면적인 부정방식을 통해 과거 전임자들에 대한 비판으로 자신들의 정권을 정당화했다. 이러한 흑백논리에 입각한 개혁논리는 개혁을 진행함에 있어 사회적 모순을 심화시키고, 정치안정성을 훼손하면서 목표를 실행하는데 불리하게 작용한다. 중국의 개혁은 선경제후정치의 중량개혁노선을 걸어왔는데, 여기서 이 중량개혁이란 과거전체를 뒤집고 부정하는 것이 아니라 기존의 체제를 인정하고 받아들여 그것을 기초로 시장과 국제, 그리고 현대적이며, 전문적인 요소를 새롭게 추가하는 개혁을 말한다. 이러한 선이후난(先易后难)의 개혁노선은 점진과 절충의 페이비어니즘을 신봉하면서, 이상적인 상태는 한 번에 이를 수 없다는 것을 인정하고 점진적인 개혁을 진행하는 것을 말한다. 역사적으로 볼때 점진적인 개혁도 많은 문제들을 야기해왔지만 전반적으로 비교적 적은 비용과 높은 성과로 중국의 평화발전에 지속적인 동력을 제공해왔다.

앞에서 언급한 중국개혁의 4가지 특징들은 중국특색사회주의사업을 안정적으로 추진하고, 중국의 국력이 계속 빠르게 성장할 수 있도록 돕고 있다. 그러나 경제사회가 한 단계 더 발전하면서 중국의 개혁은 전대미문의 어려움을 겪고 있는 실정이다. 개혁은 이익간의 조정을 의미하며 일부의 이익을 희생해 다른 일부의 이익을 채워주는 것을 필요로 한다. 만약 확고한 정치적 권위가 존재하지 않는다면 개혁의 진행이 얼마나 어려울지 짐작할 수 있다. 개혁개방 초기의 국가권력은 대부분 "문혁"이후 복권된 1세대 혁명가들 손에 주어져 있었는데, 그들은 높은 정치적 명망을 누리며, 당 내·외의 여러 장애물을 제거할 수 있었기 때문에 개혁을 강하게 추진할 수 있는 능력을 갖추고 있었다. 재차 언급하면 30여 년의 발전을 겪어오면서 중국의 정치는 이미 기술전문가들에 의한 집단적 지도시기에 진입했으며, 중요한 결정은 지도자 한 사람에 의한 결정이 아닌 공동협의의 결과물로 나타난다. 집단지도체제는 한편으로 정책의 과학성을 보장하며 독단에 의한 폐단을 피할 수 있지만, 다른 한편으로는 정치권력의 분산으로 정책결정의 변수가 커지면서 정책의 효율성과 실제집행능력에 나쁜 영향을 미칠 수 있다. 이러한 점들이 개혁의 장애물로 작용할 수 있다는 점은 의심할 여지가 없을 것이다.

이를 통해 알 수 있듯이 중국의 개혁은 중요한 기로에 놓여있다. 개혁은 처음부터 선이후난의 노선을 걸어왔기 때문에 30여 년간 추진되어온 개혁은 "심수구"(深水区)에 들어섰으며, 개혁을 방해하고 저지하는 힘들이 계속 터져 나오고 있다. 앞으로 개혁을 계속 추진해나가는 것은 전면적인 소강사회와 현대화의 건설에 깊이 연결되어있다. 그렇기 때문에 후진타오는 중국공산당 성립 90주년 경축대회에서 "개혁개방은 당이 새로운 역사적 조건하에서 인민들을 혁명으로 이끄는 위대한 사업으로써, 당대 중국의 운명을 결정짓는 중요한 선택이며 동시에 중국특색 사회주의의 유지와 발전, 그리고 중화

238

민족의 위대한 부흥을 실현하기 위해 반드시 걸어야 할 길로 오직 개혁개방만이 중국과 사회주의, 마르크스주의의 발전을 이끌어 낼 수 있다"고 개혁개방에 대한 태도를 명확히 하였다. 원자바오 총리 또한 "중국이 30여 년간 겪어온 변화는 개혁개방으로부터 나왔고, 앞으로 중국의 미래발전은 여전히 개혁개방을 필요로 한다. 개혁개방은 중국의 현대화 건설에 있어 시작과 끝을 의미하며, 후퇴와 정체의 퇴로는 있을 수 없다"고 강조했다. 앞으로의 30년은 중국이 지금보다 더욱 강한 용기와 결심으로 개혁을 추진해야만 개혁과 발전 과정에서 나타나는 불균형문제와 성장의 지속 불가능한 문제 등을 극복할 수 있고, 비로소 중국특색 사회주의 사업에 강한 동력을 주입할 수 있다.

4. 굴기는 아직 오지 않은 단계

중국이 직면한 문제는 국내 문제뿐만 아니라 외부환경에서도 온다. 과거 30여 년간 중국이 고속성장을 유지할 수 있었던 것은 모든 국민이 하나가 되어 개혁을 추진한 것 외에도 안정적인 국제환경이 중요한 역할을 하였다. 안정적인 국제환경은 국가지도자들에 "시대적 주제로서 평화와 발전"의 판단을 내리게 하여 중국이 선진문물을 배우는데 유리한 환경을 제공하면서, 국제사회 무대로 나아가 다른 국가들과 교류하며 대국의 이미지를 드러냄에 있어 중요한 전제조건이다. 중국이 점차 "세계경제대국"으로 성장하면서 국제환경은 복잡해지고 있고, 전략적 위험은 증가하고 있는 상황이다. 만약 중국이 이러한 상황에 적절히 대응하지 못한다면 개혁개방 사업과 현대화 건설은 더욱 어려워질 수 있다.

20세기의 국제 관계를 살펴보면 "세계 경제대국"의 역할에는 항상 많은 어려움이 뒤따랐다. 과거 독일과 소련, 그리고 일본 모두 눈부신 영광과 함께했지만, 얼마 지나지 않아 승리의 재물로 전락하는 비운을 겪었다. 1871년 철혈재상 비스마르크는 3번의 전쟁을 통해 수백 년간 지속되어온 게르만 민족의 분열을 종식시키고, 주권을 통일함으로써 유럽 중부지역에 독일이란 강한 국가를 새겨 넣었다. 그리고 통일 독일의 등장에 따른 다른 유럽지역의 걱정과 근심을 불식시키기 위해 그는 "만족(滿意)"과 "신중함(審愼)"의 외교원칙으로 독일의 평화를 이끌어냈다. 그러나 이후 윌리엄 2세는 유럽의 패권과 함께 전 세계적인 범위에서 전략적 요충지를 선점하려 함으로써 다른 유럽 국가들의 강한 반대에 부딪혀, 결국 제국의 꿈을 무너뜨리는 결과를 자아냈다. 안타깝게도 2차 세계대전 이후 소련도 독일의 전철을 밟게 된다. 소련은 미국 다음으로 강한 국력과 국제사회적 지위를 누리며, 사회주의 진영의 중심축으로 활약했지만 2인자의 위치에 만족하지 않고 미국과의 경쟁에 지나치게 많은 공력을 소비하여 돌이킬 수 없는 강을 건너고 만다. 80년대의 일본은 전후 지속되어온 노력과 투쟁의 결과 소련을 뛰어넘어 세계 제2의 경제대국으로 성장하게 된다. 그러나 일본은 경제적 성공이 가져온 우월감과 자만심으로 미국인들의 신경을 자극하여 순식간에 과거의 영광을 뒤로한 채 결국엔 장기 경제침체의 늪에 빠지고 말았다.

　이런 측면에서 볼 때 중국의 입장에서는 "세계 경제대국"은 자긍심과 함께 새로운 위험으로 다가오고 있는 실정이다. 덧붙여 말하자면 앞으로 10년 혹은 더욱 긴 시간 동안 중국의 부상은 "장기미기(將起未起)" 단계로 접어들 것이다. 여기서 "장기미기"라 함은 중국의 발전이 전 세계로부터 주목을 받고는 있지만, 아직 그것이 보편적으로 인정되거나 받아들여지고 있지 않음을 말한다. 이러한 민감한 시기에 지역정치가 가져오는 복잡성은 중국이 크지만 가난하다면, 다른 국가의 도발을 걱정할 필요가 없을 것이며, 완전한 굴기를 통해 국제사회로부터 인정받는 지도 국가가 된다면 다른 국가에서 먼저 도발할 수 없겠지만, 장기미기의 단계에서 중국은 앞으로 계속해서 국제사회의 권력과 심리변화에 따른 압박을 느낄 수밖에 없다는 것이다.

　이상의 내용을 살펴볼 때 현대국제체제로 뒤늦게 합류한 중국에 대한 국제사회의 평가와 시선은 아래로부터 위로 변화하는 진통기에 놓여있는 것으로 볼 수 있다. 장기미기란 굴기 단계에서 세계 각국은 중국의 정책의도와 장기동향을 둘러싼 전대미문의 논쟁을 벌여왔다. 희망과 공포의 심리가 상호 교차하면서 포용과 적대적 경향이 동시에 나타나고 있는데, 중국의 발전성과에 대해서는 놀라움을 금치 못하면서도 향후 중국의 미래에 대해서는 불안감을 느끼고 있다. 이러한 상호 모순된 반응은 중국의 굴기를 사실로써 인정하지만, 중국이 걸어온 전혀 다른 형태의 성장방식에 대해서는 인정하고 받아들이기 힘든 측면이 있기 때문이다. 이 때문에 중국에 더 많은 국제사회적 책임을 요구하면서도 영향력의 확대에는 강한 의혹을 제기하고 있다.

장기미기(将起未起) 단계의 복잡한 국제환경과 마주하고 있는 중국이 앞으로 어떻게 대처해 나가야 하는가에 대해 중국인들은 우선 기존의 대외전략 사상을 유지해야 한다고 본다. 개혁개방 이후 외교적 실천을 통해 점차 발전되고 성숙되어온 사상체계는 외교철학에서 평화발전을 주제로 하는 시대관과 유일 초강대국 미국을 중심으로 하는 질서관, 그리고 상호신뢰와 이익을 핵심으로 하는 새로운 국가안전관으로 나타났다. 중국은 전략적인 면에서는 도광양회(韬光养晦)와 유소작위(有所作为)의 정책방향을 지지하며, 항상 낮은 자세에서 겸손함과 신중한 자세를 유지하고 있다. 외교구조에서는 대국을 매우 중요한 대상으로, 주변국은 가장 중요한 대상으로, 개발도상국은 외교구조의 기초로 여기며 다자시스템을 중시한다. 근본적으로 지향하는 외교적 목표는 평화발전으로써 내적으로 화합과 발전을, 외적으로는 평화와 협력을 추구한다. 이러한 대외전략사상은 중국이 처해있는 국제환경의 평화유지로 기능하고 있으며, 앞으로도 계속해서 영향을 미칠 것이다.

다음으로 중국은 주동적으로 합리적인 수준에서 더욱 많은 국제적 책임을 감당할 필요가 있다. 국제여론들은 중국이 감당해야 할 책임들에 대해 현실과 거리가 먼 기대치를 보여주고 있지만, 중국의 입장에서도 국력이 계속 신장됨에 따라 더 이상 우리만의 입장을 고수하거나 무임승차 식의 정책적 선택을 할 수 없게 되었다. 다시 말해 전 세계적으로 발생하고 있는 많은 문제들에 대해 중국은 다시금 "사불관기, 고고괘기(事不关己, 高高挂起, 자신과 관계없는 일은 거들떠보지 않음)"할 수 없으며, 외부에서 충돌과 마찰이 발생할 때 중재자의 역할뿐만 아니라 근본적인 해결책을 제시할 필요가 있다. 그리고 외부의 비난과 질책에 대해서는 소극적인 움직임보다는 주동적이며 선택적으로 국제사회의 책임을 감당하는 것이 좋을 것이다. 이것은 장기적으로 볼 때 중국이 국제사회에서의 영향력과 발언권을 높이는 데 도움이 된다.

마지막으로 적극적인 공공외교를 추진하고 소프트파워를 강화해야 한다. 중국과 외부세계와의 문제는 객관적으로 존재하는 구조적 모순 외에도, 서로 간에 존재하는 인식상의 큰 차이가 있다. 역사와 사유방식, 그리고 관점 등의 차이로 인해 중국과 외부세계 간에는 항상 서로에 대한 시기질투가 존재해왔다. 때문에 중국의 빠른 굴기는 중국에 대한 외부세계의 전략적 의혹을 증폭시키는 기폭제로 작용해왔다. 중국의 굴기가 의미하는 것이 무엇인지, 중국이 그간 축적된 힘을 어떻게 사용할 것인지, 중국이 서방주도의 국제질서에 도전할 것인지 아닌지와 같은 문제들이 계속해서 외부세계의 신경을 자극해왔다. 이러한 외부세계의 관심에 대해 중국은 적극적인 소통과 해명으로, 특히 외국인들이 이해하고 받아들일 수 있는 언어로 중국의 정책을 소개하고, 객관적이며 다양한 방식으로 우호적인, 협력적인 중국을 전 세계에 보여주어야 할 것이다.

5. 앞으로 중국이 나아가야 할 길

역사의 새로운 시작점에서 중국의 발전성과는 전 세계로부터 더욱 많은 관심을 받고 있다. 오늘날 중국은 이미 세계 제2의 경제대국으로 성장했으며, 세계 최대 무역수출국이자 외환보유국이다. 지난 북경올림픽에서 중국은 강한 조직 동원능력과 현대화의 성과를 전 세계에 드러냈으며, 건국 60주년 국경절의 대열병식은 군사와 국방능력의 성장을, 상해엑스포는 중국의 과학기술과 혁신능력을 선보인 무대로, 여기에 더해 쓰촨성 대지진에서부터 글로벌 금융위기에 대한 대처까지 중국은 다양한 방식을 통해 강해진 국력을 전 세계에 드러내 보였다. 이러한 성과는 중국이 근대 100여 년 이래 겪어왔던 수많은 고통과 설움 위에 빚어낸 역사적인 결과로써, 또 오래된 농업전통 국가가 새로운 공업문명의 환경에서도 강한 적응능력을 보인 것으로, 중국인들의 가슴속에 중화민족의 위대한 부흥에 대한 믿음이 오늘날같이 강했던 적은 없었다.

그러나 동시에 중국은 여전히 개발도상국의 입장에서 무거운 개혁의 부담을 안고 있다. 중국은 전 세계 7.9%의 경지와 6.5%의 담수자원으로 전 세계인구 20%를 부양하고 있는데, 이것은 결코 쉬운 일이 아니다. 현재 중국의 1인당 GDP는 4,400달러로 전 세계 100위권이며, 4,000만 명의 인구가 절대빈곤 상태에 놓여있다. IMF의 예측에 따르면, 중국이 앞으로 매년 10%의 고속성장을 유지한다고 가정해도, OECD 가입국의 평균수준에 도달하기 위해서는 아직도 30여 년의 시간을 필요로 한다. 더욱 중요한 점은 빠른 공업화가 야기한 심각한 문제들과 도전인데 부의 양극화, 이익 불균형 등의 문제는 현재 매우 심각한 수준이다. 중국정부는 경제건설을 중심기조로 유지하면서도 나날이 깊어지고 있는 사회적 불평등 문제를 해결해야 막중한 임무를 안고 있는데, 그 부담감은 전 세계적으로도 유래가 없는 수준이다. 이처럼 13억의 인구를 이끌고 현대화를 실현하는 것은 하루아침에 이루어질 수 없는 것이며, 장기적인 발전과 안목을 필요로 한다.

성과와 도전이 공존하고 있다는 점에서 중국이 가진 특수성이 드러나며, 고속성장에 따른 빠른 부의 축적과 함께 전대미문의 대내·외적 위험에 직면해 있다. 중국정부는 공평과 평등에 대한 국민의 요구에 부응해 더욱 조화로운 국내사회 건설을 필요로 하면서도, 외부세계가 품고 있는 각종 의혹을 제거하며 평화롭고 안정적인 국제환경을 유지하는 것이 필요하다. 이러한 특수성을 대함에 있어 중국은 그동안 이루어낸 성과들로 교만하게 행동해서는 안 되며, 또 어려움에 대해 지나치게 비관적으로 낙담할 필요도 없다. 100여 년 전과 비교해 중국은 더욱 개방적이며 자신감을 갖춘 대국으로서 강한 힘과 유연성으로, 나날이 복잡해지는 국내·외 문제에 대응할 수 있는 실력을 갖추게 되었다. 중국인들은 중국이 계속해서 평화발전 경로를 유지하고 개혁개방을 추진한다면 현재 직면한 여러 문제들을 극복할 수 있으며, 이를 통해 더욱 밝은 미래를 맞이할 것이다.

우선 중국은 향후 지속 가능한 번영과 발전을 위해 경제발전에 더 많은 역량을 집중시키면서 지속적으로 생산력의 해방과 발전을 이루어내야 한다. 중국은 새로운 역사를 맞이하여 과학발전관을 지도사상으로 삼아 3대 개혁의 실현에 힘쓸 것이다. 첫째는 경제발전 방식의 개혁이다. 중국은 과거 GDP 성장률에 집착했던 양적 성장에서 과학기술과 인적자원에 의한 질적 성장으로 성장 동력의 전환이 필요하며, 경제성장은 수출주도형에서 내수로, 특히 소비수요에 의한 성장이 필요하다. 둘째는 도시와 농촌, 그리고 지역 간의 불균형 문제를 개선하는 것이다. 정부는 농촌지역과 서부지역에 대한 정책지원을 확대하고 낙후지역의 잠재력을 충분히 활용하면서, 도농과 각 지역 간의 상호 보완적 협력발전에 박차를 가해야 한다. 셋째는 극심한 소득격차 개선하는 것이다. 파이를 키우면서도 분배를 더욱 공평하게, 특히 중·저소득계층의 소득수준을 늘리면서 모든 국민들이 경제발전의 성과를 함께 누릴 수 있도록 해야 한다.

다음으로 미래의 중국은 민주법치국가가 되어야 한다. 민주와 법치는 인류가 공동으로 추구하는 이상이자 중국이 장기적으로 쟁취해야 할 목표이다. 그러나 세계 각국은 역사배경, 문화전통, 그리고 경제발전조건 등에 있어 많은 차이가 존재하며, 이러한 차이는 각국이 민주법치를 실현하는 방식과 경로, 그리고 발전상의 차이로써 나타난다. 인민민주는 사회주의 생명이고, 민주가 없으면 사회주의의 존재의미가 없다. 신중국 성립 이후, 특히 개혁개방 이후 중국의 민주와 법치는 장족의 발전을 이루어왔다. 그러나 부인할 수 없는 점은 중국에는 여전히 심각한 부정부패, 권력남용 등의 문제가 존재하고 있다는 것이다. 앞으로 중국은 정치체제개혁에 더욱 박차를 가해 적극적인 정부직능과 법률시스템의 개선, 그리고 점진적으로 인민들의 정치참여 기회를 확대하여 정부권력이 사회 각 계층으로부터 충분한 감시와 감독을 받을 수 있게, 또 국가정책이 진정으로 국민의 이익을 위해 봉사할 수 있도록 해야 한다. 중국특색사회주의가 더욱 성숙해짐에 따라 중국의 민주와 법치는 반드시 새로운 도약을 보일 것이다.

다시 한 번 강조하자면 미래의 중국은 조화와 문명의 국가라는 것이다. 오늘날의 중국사회는 급속한 사회변혁기에 놓여있으며 공업화, 도시화, 국제화에 따른 각종 문제들이 계속 나타나고 있다. 기존의 제도규범과 일부 정부 관료들의 행위는 사회적 모순을 심화시키며 중국사회를 더 높은 위험에 노출시키고 있다. 이에 대해 정부는 한편으로 민생개선, 일자리 확대, 교육과 위생 등 공공사업에 대한 우선적 지원, 또 도농 주민의 사회보장시스템 강화 등으로 사회적 모순을 줄이기 위해 최선을 다하고 있으며, 다른 한편으로는 민의를 반영하는 다양한 루트를 확보개선하고, 사회조직을 육성 발전시켜 국민들이 불만을 이성적이며 원만하게 해소할 수 있도록 노력하고 있다. 이와 동시에 계속해서 개방과 포용, 그리고 낮은 자세로 전통문화로부터 영감을 얻고, 선진국의 경험을 배우고 있다. 또 국내문제와 더불어 인류가 공동으로 직면한 문제들에 대해서도 함께 고민하여, 서로 다른 문명 간의 평등한 대화와 함께 다양성이 존중되는 조화롭고 이상적인 상태를 만들고자 한다.

중국은 평화발전 경로를 통해 전 세계인구 5분의 1의 현대화를 실현하였고, 이것은 인류역사상 유래가 없는 큰 사건이다. 세계 최대 개발도상국으로서 중국은 그동안 이루어낸 눈부신 성과와 함께 무거운 도전에 직면해 있는 상황이다. 미래를 전망함에 있어 중국은 계속해서 사회주의 현대화사업을 추진하고, 그 과정에서 발생하는 국내·외 문제들을 잘 해결하여 중화민족의 위대한 부흥을 실현한다는 강한 믿음을 갖고 있다. 이러한 거대한 역사발전의 과정에

서 중국은 계속해서 상호이익과 개방협력의 대외전략기조를 유지하
고, 국제사회와 함께 글로벌 문제에 대응하고, 발전을 추구하면서
세계평화와 인류문명을 위해 더 많은 공헌을 해야 할 것이다.

중국의 미래

초판 1쇄 인쇄	2015년 6월 20일
초판 1쇄 발행	2015년 6월 30일

저　자	진찬롱(金燦榮)
옮긴이	김승일, 김도훈
발행인	김승일

펴낸곳	경지출판사
출판등록	제 2015-000026호
판매 및 공급처	도서출판징검다리 / 경기도 파주시 산남로 85-8
	Tel : 031-957-3890~1 Fax : 031-957-3889
	e-mail : zinggumdari@hanmail.net

ISBN 979-11-955508-2-1　03320